Forschung und Praxis an der FHWien der WKW

Reihe herausgegeben von

FHWien der WKW, FHWien der WKW, Wien, Österreich

AF142690

Die Schriftenreihe der FHWien der WKW richtet sich an Fach- und Führungskräfte in Unternehmen, an Experten und Expertinnnen aus Wissenschaft und Wirtschaft sowie an Studierende und Lehrende. Zu den vorrangigen Themengebieten zählen Unternehmensführung, Finanzwirtschaft, Immobilienwirtschaft, Journalismus und Medien, Kommunikationsmanagement, Marketing und Sales, Personal und Organisation ebenso wie Unternehmensethik und Hochschuldidaktik. In den einzelnen Bänden werden neue Entwicklungen und Herausforderungen der wirtschaftlichen Praxis mit innovativen Ansätzen untersucht. Aufbauend auf den Ergebnissen der vielfältigen Forschungs- und Entwicklungsaktivitäten werden wissenschaftlich fundierte Handlungsempfehlungen und Werkzeuge für die Praxis vorgestellt. Durch die systematische Verbindung von Wissenschaft und Praxis unterstützt die Reihe die Leser und Leserinnen in der fundierten Erweiterung ihres Wissens und ihrer Kompetenzen in aktuellen Handlungsfeldern der Wirtschaftspraxis.

Walter Mayrhofer · Gerald Schneikart

Hybrides Projektmanagement

Die praktische Anwendung
deterministischer und agiler
Projektmanagementmethoden

Walter Mayrhofer
FHWien der WKW
Wien, Österreich

Gerald Schneikart
FHWien der WKW
Wien, Österreich

ISSN 2510-2281 ISSN 2510-229X (electronic)
Forschung und Praxis an der FHWien der WKW
ISBN 978-3-658-46535-3 ISBN 978-3-658-46536-0 (eBook)
https://doi.org/10.1007/978-3-658-46536-0

Die Deutsche Nationalbibliothek verzeichnet diese Publikation in der Deutschen National-
bibliografie; detaillierte bibliografische Daten sind im Internet über https://portal.dnb.de
abrufbar.

© Der/die Herausgeber bzw. der/die Autor(en), exklusiv lizenziert an Springer Fachmedien
Wiesbaden GmbH, ein Teil von Springer Nature 2025

Das Werk einschließlich aller seiner Teile ist urheberrechtlich geschützt. Jede Verwertung, die
nicht ausdrücklich vom Urheberrechtsgesetz zugelassen ist, bedarf der vorherigen Zustimmung
des Verlags. Das gilt insbesondere für Vervielfältigungen, Bearbeitungen, Übersetzungen,
Mikroverfilmungen und die Einspeicherung und Verarbeitung in elektronischen Systemen.
Die Wiedergabe von allgemein beschreibenden Bezeichnungen, Marken, Unternehmensnamen
etc. in diesem Werk bedeutet nicht, dass diese frei durch jede Person benutzt werden dürfen. Die
Berechtigung zur Benutzung unterliegt, auch ohne gesonderten Hinweis hierzu, den Regeln des
Markenrechts. Die Rechte des/der jeweiligen Zeicheninhaber*in sind zu beachten.
Der Verlag, die Autor*innen und die Herausgeber*innen gehen davon aus, dass die Angaben und
Informationen in diesem Werk zum Zeitpunkt der Veröffentlichung vollständig und korrekt sind.
Weder der Verlag noch die Autor*innen oder die Herausgeber*innen übernehmen, ausdrücklich
oder implizit, Gewähr für den Inhalt des Werkes, etwaige Fehler oder Äußerungen. Der Verlag
bleibt im Hinblick auf geografische Zuordnungen und Gebietsbezeichnungen in veröffentlichten
Karten und Institutionsadressen neutral.

Springer Gabler ist ein Imprint der eingetragenen Gesellschaft Springer Fachmedien Wiesbaden
GmbH und ist ein Teil von Springer Nature.
Die Anschrift der Gesellschaft ist: Abraham-Lincoln-Str. 46, 65189 Wiesbaden, Germany

Wenn Sie dieses Produkt entsorgen, geben Sie das Papier bitte zum Recycling.

Vorwort

Das moderne Arbeitsleben ist in vielen Bereichen von Projekten geprägt. Die Mitarbeiter*innen sind oftmals als Projektteammitglieder, Projektleiter*innen, Projektmanager*innen, Projektbeirät*innen, Projektauftraggeber*innen gleichzeitig in mehrere Projekte involviert. In manchen Branchen, wie z. B. im Bauwesen, Anlagenbau oder der Unternehmensberatung, besteht die Tätigkeit fast ausschließlich aus Projekten.

Projekte und die damit einhergehenden Begrifflichkeiten werden mitunter inflationär gebraucht. In einigen Organisationen wird für viele vom Tagesgeschäft abweichende Aufgaben sofort ein Projekt ins Leben gerufen und ein Projektteam „installiert". Es herrscht die „Projektitis".[1]

Vielfach werden jene Personen zu Projektmanager*innen ernannt, die in dem Fachgebiet, in dem ein Projekt durchgeführt wird, zwar sehr hohe Qualifikationen besitzen, jedoch die Fähigkeiten und Methoden, welche für die erfolgreiche Abwicklung von Projekten nötig sind, oftmals nur sekundär betrachtet werden. Diesen Personen und auch allen anderen Interessierten soll dieses Buch eine Hilfestellung sein, um sich rasch das methodische Handwerkszeug für die effiziente Planung und erfolgreiche Abwicklung von Projekten anzueignen!

Im Wesentlichen unterscheidet man im Projektmanagement zwischen deterministischen (klassischen) und agilen Ansätzen. Dieses Buch stellt die geläufigsten Methoden der Projektplanung und des Projektcontrollings beider Ansätze vor, da diese im modernen Projektmanagement immer häufiger in hybriden Projektvorgehensmodellen kombiniert werden, um sowohl Effizienz als auch Effektivität bei der Projektabwicklung zu maximieren.

In Kap. 1 wird das Wesen von Projekten kurz skizziert und die grundlegende Terminologie vorgestellt, um Aufgaben und Vorhaben, welche eines Projektes bedürfen, von solchen, die kein Projekt benötigen, unterscheiden zu können. Unter den vielen möglichen Betrachtungs- und Herangehensweisen für das Projektmanagement ist für dieses Buch die Darstellung und die Gliederung in Phasen am geeignetsten. Außerdem stellt das Kap. 1 mögliche Formen der Gliederung in Projektlebenszyklen vor.

Das Kap. 2 beschäftigt sich mit Methoden der Projektplanung, welche für viele Projektmanager*innen das Kernstück eines Projektes darstellt. Diese umfasst die Leistungsplanung, die Ablauf-, Fristen- und Terminplanung

---

[1]Diesen nicht ganz ernsthaft gemeinten Ausdruck prägte Univ.-Prof. Gerold Patzak.

sowie die Ressourcen- und Kostenplanung, welche als deterministisches Vorgehen verstanden werden. Für die Lehre der Anwendung agiler Prinzipien greift dieses Buch auf die beiden populärsten Methoden auf diesem Gebiet zurück, nämlich das Sprint-Rahmenwerk und die Herangehensweise nach Kanban. Daran anknüpfend wird demonstriert, was man unter dem Begriff „hybrides Projektmanagement" versteht. Das Kapitel wird schließlich mit einer Erörterung der für das Projektmanagement unerlässlichen Risikoplanung ergänzt.

Das Kap. 3 stellt die wichtigsten Methoden des Projektcontrollings vor, auf die eine Projektleitung zurückgreifen kann, um ein Projekt effektiv und effizient an die zu erreichenden Ziele hinzuführen.

An dieser Stelle soll der Leser darauf aufmerksam gemacht werden, dass dieses Buch das Ziel hat, die Grundlagen des Projektmanagements und die Demonstration der wichtigsten Methoden der Projektplanung und des Projektcontrollings für die praktische Anwendung in hybriden Projekten zu vermitteln. Theorien, Modelle und Ansätze des Personalmanagements, welche als Fähigkeiten für ein erfolgreiches Projektmanagement gleichermaßen persönlich aufgebaut werden sollten, befinden sich deshalb außerhalb dieses Lehrbuchrahmens.

Um die vorgestellten Theorien und Methoden möglichst praxisnah zu veranschaulichen, wird anhand eines realen Forschungsprojektes, welches als hybrides Projekt abgewickelt wurde, illustriert, wie diese in der Realität eingesetzt werden können.

Für die Demonstration der praktischen Anwendungen im Beispielprojekt wurden aufgrund der mitunter limitierten Verfügbarkeit spezialisierter Projektmanagement-Software in Unternehmen ausschließlich Microsoft Project und Microsoft Excel verwendet. Die Projektmanagement-Literatur verwendet in verschiedenen Bereichen unterschiedliche Begrifflichkeiten für dieselben Sachverhalte. Sämtliche Fachbegriffe und Schlagwörter sind im Fließtext bei erstmaliger Erwähnung fett hervorgehoben, um dem Leser auf ihre Definition im Glossar aufmerksam zu machen. Dies trifft auch auf einige Bezeichnungen in Microsoft Project zu, welche von allgemein anerkannten Standards abweichen können, insbesondere in Abhängigkeit von der verwendeten Betriebssprache (z. B. Englisch vs. Deutsch). Um Verwirrungen zu vermeiden, sind sämtliche Erörterungen auf die Nomenklatur von Microsoft Project ausgerichtet und gegebenenfalls werden alternative Bezeichnungen angeführt.

Wien, Österreich   Walter Mayrhofer
                                                                            Gerald Schneikart

Danksagung

Herzlicher Dank ergeht an Dipl.-Ing. Özer Kaan, der an der Urfassung des Skriptums, auf dem dieses Buch aufbaut, mitgewirkt hat. Weiterer Dank ergeht an die Firma tecteam GmbH Bildungsinstitut, welche es im Rahmen der Erstellung des Telekurses „Projektmanagement" ermöglichte, an den grundlegenden Inhalten zu arbeiten. Außerdem gilt besonderer Dank Univ.-Prof. Gerold Patzak. Er stand lange Zeit als Mentor von Walter Mayrhofer zur Verfügung und ist oftmals, ohne explizit genannt zu werden, geistiger Vater bestimmter Begrifflichkeiten und Ideen, die in dieses Buch eingeflossen sind.

Besonderer Dank ergeht an die beiden Gründer der Firma BOOXit, Dr. Peter Entenfellner und Dipl.-Ing. Andreas Holzleithner. Sie lieferten die ursprüngliche Vision eines digital unterstützten Box-Regalsystems, welches als Ausgangspunkt des in diesem Buch präsentierten Beispielprojektes diente, und sie haben uns in vielen bereichernden Diskussionen die Herausforderungen der modernen Logistik nähergebracht. Darüber hinaus ergeht besonderer Dank auch an das Team und die Konsortialpartner des Forschungsprojektes DigiPharmaLogNet,[1] welches zur Anwendung und Weiterentwicklung der BOOXit-Technologie ins Leben gerufen wurde und als Vorlage für das in diesem Buch verwendete Beispielprojekt diente. Gleichzeitig bitten wir alle Projektbeteiligten, die der Verbesserung der Anschaulichkeit und Pädagogik geschuldeten Freizügigkeiten bei der Planung des Beispielprojektes nachzusehen.

Ganz besonderer Dank ergeht an Fr. Claudia Rosenbaum und Fr. Merle Schäfer vom Springer-Gabler-Verlag. Sie haben uns von Anfang bis zum Ende dieses „Buchprojektes" mit Rat und Tat begleitet.

Ich, Gerald Schneikart, möchte Walter Mayrhofer als meinem Mentor und Freund für diese großartige Möglichkeit, gemeinsam mit ihm dieses Lehrbuch zu schreiben und zu gestalten, meinen ganz besonderen Dank ausdrücken. Außerdem möchte ich mich hiermit bei meiner Lebensgefährtin Gisela Gassner und meinen Eltern bedanken, denn ohne ihre uneingeschränkte Unterstützung wäre mein Beitrag nicht realisierbar gewesen.

---

[1] DigiPharmaLogNet: „Nutzung des Digitalisierungspotentials der Pharmalogistik durch selbstorganisierende Mehrweg-Transportgutträgersysteme". Forschungsprojekt der FHWien der WKW, gefördert von der Österreichischen Forschungsförderungsgesellschaft (FFG). Projektwebsites: https://www.fh-wien.ac.at/forschung/forschung-an-der-fhwien/digipharmalognet/. https://projekte.ffg.at/projekt/4159808. Zugegriffen: 26. Juni 2024.

Inhaltsverzeichnis

1	**Grundlagen**	1
	1.1 Begriffe und Definitionen	1
	1.1.1 Problem, Prozess, Projekt	1
	1.1.2 Projektarten	2
	1.1.3 Projektbedarf	3
	1.1.4 Projektmanagement	3
	1.2 Phasen des Projektmanagements	5
	1.2.1 Startphase	6
	1.2.2 Ausführungsphase	27
	1.2.3 Abschlussphase: Test und Übergabe	28
	1.3 Projektlebenszyklen	30
	1.3.1 Der deterministische Ansatz	30
	1.3.2 Der iterative Ansatz	30
	1.3.3 Der inkrementelle Ansatz	31
	1.3.4 Der agile Ansatz	32
	1.3.5 Der hybride Ansatz	35
	Literatur	38
2	**Projektplanung**	39
	2.1 Deterministisches Vorgehen	40
	2.1.1 Leistungsplanung	40
	2.1.2 Ablauf-, Fristen- und Terminplanung	41
	2.1.3 Ressourcenplanung	62
	2.1.4 Kostenplanung bzw. -schätzung	71
	2.2 Agiles Vorgehen	74
	2.2.1 Sprint-Projekte mit Scrum	74
	2.2.2 Kanban	87
	2.2.3 Weitere agile Rahmenwerke	92
	2.3 Hybrides Vorgehen	92
	2.4 Risikoplanung	95
	2.4.1 Definition von Risiko	95
	2.4.2 Risikoportfolio	96
	2.4.3 Risikoprävention und Chancenoptimierung im Risikoportfolio	98
	Literatur	100

3   Projektcontrolling 101
    3.1   Termin- und Ressourcencontrolling 102
        3.1.1   Meilensteintrendanalyse 102
        3.1.2   Doppelbalkenplan 104
        3.1.3   Earned-Value-Analyse 106
        3.1.4   Kumulierte Cashflow-Analyse 110
    3.2   Controlling in agilen Projekten 114
        3.2.1   Burndown- und Burnup-Charts 115
        3.2.2   Kanban Board analysieren 121
        3.2.3   Work-in-Progress-Limit 123
        3.2.4   Earned-Value-Analyse im agilen
                Projektmanagement 124
    Literatur 126

Resümee und Ausblick 127

Glossar 129

„Projektmanagement ist wie das Jonglieren mit drei Bällen: Zeit, Kosten und Qualität. "

Geoff Reiss (Windolph (2015))

1.1 Begriffe und Definitionen

Projekte werden meistens durch Ideen zur Lösung eines Problems oder als zielgerichtete Initiative zur Findung einer Lösung ins Leben gerufen.

1.1.1 Problem, Prozess, Projekt

Das Wort „Problem" stammt von dem altgriechischen Wort *problematon* und bedeutet „das zu Lösende". Die Lösung bzw. der Lösungsweg beinhaltet implizit Schwierigkeiten, die es zu lösen bzw. zu umgehen gilt, um eine gestellte **Aufgabe** (Hinweis: im Fließtext fett hervorgehobene Begriffe sind zusätzlich im Glossar definiert) zu bewältigen. Damit wird eine unbefriedigende Anfangssituation in eine befriedigende oder befriedigendere Endsituation umgewandelt.

Ein „Prozess" (lateinisch *procedere*, voranschreiten) ist eine Summe logisch zusammenhängender Aktivitäten, welche einen Input in einen definierten Output transformieren. Dafür nimmt ein Prozess **Ressourcen** in Anspruch und ist von organisatorischen Strukturen unabhängig (Wojda, 2007, OP22).

Auslöser für Projekte sind meist Probleme oder Ideen zur Lösung von Problemen, aber nicht alle Aktivitäten, die unter dem Begriff „Projekt" firmieren, sind im engeren Sinn auch tatsächlich als Projekt zu sehen. Der Project Management Body of Knowledge (PMBOK®) Guide definiert ein **Projekt** wie folgt:

▶ **Projekt** „Ein zeitlich definiertes und begrenztes Vorhaben, mit dem Ziel, ein einmaliges Produkt, eine Dienstleistung oder ein Ergebnis zu schaffen." (Project Management Institute, 2021, S. 246)

Der Umstand der Einmaligkeit ist auch das primäre Unterscheidungskriterium zwischen den Begriffen „Projekt" und „Prozess".

Ein Projekt ist ein Vorhaben, aber nicht jedes Vorhaben ist ein Projekt! Zur besseren Unterscheidung zwischen Projekten und Nicht-Projekten sind die für Projekte typischen Merkmale nachfolgend aufgelistet:

© Der/die Autor(en), exklusiv lizenziert an Springer Fachmedien Wiesbaden GmbH, ein Teil von Springer Nature 2025
W. Mayrhofer, G. Schneikart, *Hybrides Projektmanagement*, Forschung und Praxis an der FHWien der WKW, https://doi.org/10.1007/978-3-658-46536-0_1

- **Neuartigkeit**
Projekte beschäftigen sich mit neuen Inhalten, Technologien, Abläufen, Strukturen oder Umfeldbedingungen. Für das Projektmanagement ist dies herausfordernd, denn *neu* bedeutet Unsicherheit und **Risiko**. Enthält ein Projekt nichts Neues, handelt es sich um kein Projekt, sondern um eine Wiederholung bzw. einen Prozess.

- **Zeitliche Abgrenzung**
Projekte haben einen definierten **Anfangstermin** und eine geplante **Dauer**, woraus sich ein **Endtermin** errechnet. *Vice versa* kann aus einem definierten Endtermin, unter Berücksichtigung der geplanten Dauer, der nötige Anfangstermin errechnet werden. Hat ein Vorhaben keinen definierten Anfang und kein definiertes Ende, spricht man von einer Daueraufgabe und nicht von einem Projekt.

- **Ziele**
Jedes Projekt hat Ziele. Diese lassen sich in Sach- und Formalziele aufspalten. Sachziele sind Ziele, welche die Frage „*Was* soll erreicht werden?" beantworten, während Formalziele die Antwort auf die Frage „*Wie* sollen die Sachziele erreicht werden?" geben. Anders formuliert, wird der Inhalt des Projektes durch Sachziele definiert und durch die Formalziele in Bezug auf Zeit- und Ressourcenaufwand beschränkt. Werden keine Ziele verfolgt, sind Orientierungslosigkeit und Ressourcenverschwendung vorprogrammiert.

- **Projektauftrag**
Projekte sind nicht Selbstzweck, sondern brauchen einen klaren Projektauftrag. Darin sollten unmissverständlich die Aufgabenstellung, die **Projektziele** und mitunter die **Nicht-Ziele** dargestellt sein. Dies ist zur effizienten Zielerreichung, aber auch zum Schutz der **Projektmanager*in** und des Projektteams vor sich permanent ändernden Zielsetzungen wichtig.

- **Komplexe Struktur und Dynamik**
Projekte haben meistens so umfangreiche Aufgabenstellungen, dass dadurch komplizierte Vernetzungen zwischen der Projektaufgabe und dem Umfeld auftreten. Diese Vernetzungen wiederum sind dynamisch und ändern sich während der Projektdauer.

- **Interdisziplinarität**
Abgesehen von spezialisierten Forschungs- und Entwicklungsprojekten sind Projekte meist auf die Zusammenarbeit von Personen aus mehreren Fachbereichen angewiesen, um erfolgreich abgewickelt werden zu können. Bestimmte Fachbereiche entwickeln meist eine eigene Sprache und Arbeitskultur. Das Aufeinandertreffen unterschiedlicher Kulturen bei der Zusammenarbeit in fächerübergreifenden Projektteams birgt Konfliktpotenzial. Ist ein Projekt zu sehr auf ein einziges Fachgebiet konzentriert, ist es meist eine Tätigkeit und kein Projekt.

- **Bedeutung**
Innerhalb einer Organisation haben Projekte Auswirkungen auf Akzeptanz, Kosten und wirtschaftliche Erfolge, weshalb sie für alle Beteiligten von Relevanz sind. Haben sie nicht die entsprechende Bedeutung, lohnt sich womöglich der organisationale Aufwand nicht, der für die Abwicklung eines Projektes notwendig ist.

1.1.2 Projektarten

Projekte gibt es in vielfältigen Variationen und diese können in unterschiedliche Kategorien eingeteilt werden. Als Ansatz zur Kategorisierung können die folgenden Gliederungskriterien dienen:

- **Projektinhalt**
Der Inhalt von Projekten ist wahrscheinlich das häufigste Unterscheidungskriterium und sagt viel über den Charakter eines Projektes aus. Es gibt z. B. Forschungsprojekte, Entwicklungsprojekte, Akquisitionsprojekte, Investitionsprojekte, Strategieprojekte, (Re-) Organisationsprojekte, Bauprojekte, Qualitätsprojekte, Innovationsprojekte, Sanierungsprojekte u. v. m.

- **Projektauftraggeber*in**
Entsprechend der Beziehung zum oder zur **Projektauftraggeber*in** lassen sich Projekte

in interne und externe Projekte aufteilen. Dementsprechend unterscheidet man zwischen internen und externen Projektauftraggeber*innen (Kund*innen). Die Erfahrung zeigt, dass interne Projekte meist weniger rigoros geplant, ausgeführt und kontrolliert werden (insbesondere hinsichtlich der Kosten). Dies kann ein nicht zu unterschätzendes Risiko darstellen.

- **Wiederholungsgrad**
  Weiterhin lässt sich in einmalige Projekte und Standardprojekte mit hohem Anteil sich wiederholender Aufgaben (Projektprozess) unterscheiden. In weiterer Folge können sich Standardprojekte zu (Projekt-)Prozessen entwickeln.
- **Geografischer Umfang**
  Entsprechend dem geografischen Umfang unterscheidet man zwischen In- und Auslandsprojekten, grenzübergreifenden Projekten, internationalen Projekten etc.
- **Risiko**
  Risiko ist ein inhärentes (innewohnendes) Merkmal von Projekten. Das Spektrum reicht von risikoarmen bis hin zu risikoreichen Projekten. Außerdem kann die Art des Risikos, wie z. B. Terminrisiko, Finanzierungsrisiko, technisches Realisierungsrisiko, Verwertungsrisiko etc., von entscheidender Bedeutung sein.
- **Projektbeteiligte**
  Projekte können eine, mehrere (Multifirm-Projekte) oder eine größere Anzahl von beteiligten Organisationen in einem Projekt vereinen (Konsortialprojekte). Im Allgemeinen steigt mit der Anzahl der Projektbeteiligten der Organisations- und Kommunikationsaufwand überproportional.

1.1.3 Projektbedarf

Projekte entstehen oft intuitiv, aufgrund einer neuen Situation, eines Bedürfnisses, eines Problems, einer sich ergebenden Möglichkeit oder einfach aus Ratlosigkeit. Dabei wird häufig voreilig ein Projekt definiert, ein*e Projektmanager*in ernannt und ein Projektteam zusammengesetzt, um nach kurzer Zeit festzustellen, dass für das Projekt eigentlich kein Bedarf besteht und

die Projektinhalte auch von bestehenden Organisationen oder Linienfunktionen bewältigt werden können.

Projekte müssen sich aus einem Bedarf heraus entwickeln. Jedoch benötigt nicht jedes Problem oder jede Chance ein Projekt. Natürlich können Projekte auch durch Bedarf von außen (Kundenprojekt) entstehen. Folgende Fragen sollten im Hinblick auf den **Projektbedarf** überprüft werden:

- Gibt es etwas Neuartiges in diesem Projekt?
- Gibt es eine*n Projektauftraggeber*in?
- Ist die Problemstellung komplex und dynamisch?
- Ist das Projekt interdisziplinär?
- Hat das Projekt Bedeutung für die Organisation?

Nur bei überwiegender und klarer Beantwortung dieser Fragen mit „Ja" besteht Projektbedarf!

1.1.4 Projektmanagement

Der Begriff **Projektmanagement** wird laut PMBOK folgendermaßen definiert:

▶ **Projektmanagement** „[d]ie Anwendung von Wissen, Fähigkeiten, Werkzeugen und Methoden auf Projektaktivitäten, damit die Anforderungen des Projektes erfüllt werden." (Project Management Institute, 2021, S. 247)

Betrachtet man Projekte auf diese Weise, lassen sich folgende Feststellungen treffen:

- Projekte haben Stakeholder*innen.
- Projekte benötigen eine Organisationsstruktur.
- Projekte haben Kernaufgaben, unterstützende Aufgaben und Managementaufgaben.
- Projekte verursachen Kosten und generieren Nutzen.

Als **Stakeholder*innen** bezeichnet man Individuen, Institutionen oder Interessenvertretungen, welche aktiv am Projekt beteiligt sind oder vom Projekt bzw. durch das Projektergebnis beeinflusst werden können.

Anders als Unternehmen haben Projekte eine klar definierte und begrenzte Dauer. Jedoch kann ein Projekt als für eine begrenzte Zeit etabliertes Unternehmen aufgefasst werden. Dahingehend ist der oder die Projektmanager*in der oder die Leiter*in eines zeitlich begrenzten „Unternehmens im Unternehmen".

Um ein Projekt abschließen zu können, muss das Resultat den oder die **Projektauftraggeber*in** (Stakeholder*innen bzw. Kund*innen) nachhaltig zufrieden stellen. Damit dies erreicht wird, bedient man sich eines systematischen Projektmanagements. Dieses wird, wie oben definiert, als die Gesamtheit aller Führungsaufgaben, -organisationen, -techniken und -mittel zur Abwicklung eines Projektes verstanden, wobei die eigentlichen ausführenden Tätigkeiten zur unmittelbaren Leistungserbringung (das Erreichen der Projektziele) ausgeklammert sind.

Das Projektmanagement ist integraler Bestandteil eines Projektes. Dabei übernimmt es oftmals die Rolle eines Katalysators oder Ermöglichers („*Enabler*"), der alle Ressourcen zusammenführt, sodass die Projektziele möglichst effizient und effektiv erreicht werden.

Das Projektmanagement plant, strukturiert, kontrolliert, korrigiert, koordiniert und dokumentiert die inhaltliche Arbeit und motiviert das Team, um das Projekt nachhaltig zum Erfolg zu führen.

Die **Projektmanagementaufgaben** lassen sich wie folgt zusammenfassen:

- **Planen**
  Die Planung stellt den ersten Schritt dar, um die notwendigen inhaltlichen Tätigkeiten zur Abwicklung eines Projektes sowie ihre gegenseitigen Abhängigkeiten zu erkennen und sinnvoll anordnen zu können.
- **Kontrollieren**
  Dabei handelt es sich um Methoden und Techniken zur laufenden Überwachung des Einsatzes von Ressourcen (Mitarbeiter, Infrastruktur, Material, finanzielle Mittel) einerseits und die Kontrolle des inhaltlichen Projektfort-

schrittes andererseits. Bei Abweichungen vom Plan sind diese zu analysieren und entsprechende Korrekturmaßnahmen zu setzen.
- **Organisieren**
  Dies sind alle Tätigkeiten zum Aufbau einer Struktur, welche die Abwicklung des Projektes ermöglichen. Dabei sind auch Aufgaben enthalten, wie z. B. die Definition von Schnittstellen innerhalb des Unternehmens und zur Organisationsumgebung (interne und externe Schnittstellen) sowie die Verteilung von Rollen und Verantwortlichkeiten.
- **Führen**
  Die Mitarbeiterführung ist als übergeordnete Managementaufgabe zu verstehen. Dazu gehören unterschiedliche Aufgaben, wie z. B. das Setzen und Verfolgen von (individuellen) Zielen, die Motivation der Projektbelegschaft, die Gestaltung einer Projektkultur und Aspekte der Gruppendynamik sowie die Schlichtung von Konflikten.

Die Anforderungen an Projektmanager*innen sind vielfältiger Natur und aufgrund der Einzigartigkeit von Projekten für jedes Projekt unterschiedlich. Wie in Abb. 1.1 illustriert, greifen die beschriebenen Aufgaben ineinander und deshalb sollte ihnen gleichermaßen Beachtung geschenkt werden.

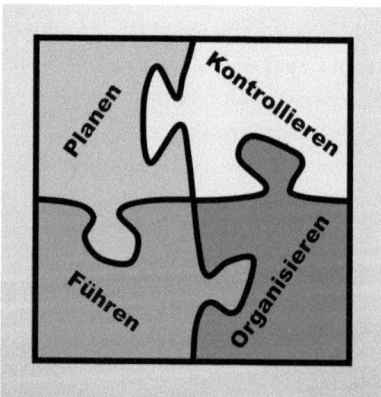

Abb. 1.1 Projektmanagementaufgaben. (In Anlehnung an Wojda, 2007, 01_OP_07, OP27–28)

1.2   Phasen des Projektmanagements

Das Projektmanagement übernimmt die oben beschrieben Aufgaben von der Definition des Projektes bis zur erfolgreichen Übergabe. Zwischen diesen beiden Eckpunkten laufen Projekte meist in mehr oder weniger klar erkennbaren Phasen ab. Typischerweise durchläuft ein deterministisches Projekt die in Abb. 1.2 dargestellten **Projektphasen**. Die **Initialisierungsphase** und ein Teil der **Explorationsphase** können unter dem Überbegriff **Vorprojektphase**, der restliche Teil der Explorationsphase sowie die **Planungsphase** unter dem Begriff **Angebotsphase** und alles andere unter Auftragsabwicklung zusammengefasst werden. Das Projekt endet üblicherweise mit der **Abschlussphase**.

Die in Abb. 1.2 gezeigte Anordnung entspricht dem **Wasserfallmodell**, dem wahrscheinlich intuitivsten und bekanntesten **Vorgehensmodell** (Timinger, 2017, S. 38–40). Die Einteilung in Projektphasen anhand von Vorgehensmodellen dient der Komplexitätsreduktion. Sie hat positive Auswirkungen auf die Plan- und Steuerbarkeit von Projekten und erleichtert die Orientierung innerhalb des Projektes mit Hinblick auf offene Punkte und noch zu setzende Aktivitäten.

Der Output einer Phase ist meistens der Input für die nachfolgende und grenzt somit die Phasen voneinander ab. Dennoch ist es nicht ungewöhnlich, wenn sich Phasen teilweise überlappen, d. h. keine klar definierten Grenzen aufzeigen. Informationen (Output und Input) werden in solchen Fällen meistens in mehreren Schritten von einer Phase in die nächste übergeben.

Es gibt unterschiedliche Vorgehensmodelle zur Einteilung der Phasen in einem zweckerfüllenden, chronologischen Kontext. Jedoch kann das Projektmanagement bzw. ein Unternehmen, abhängig von der Projektart, sein eigenes bewährtes Vorgehensmodell entwickeln. Diese können eine unterschiedliche Anzahl von Phasen aufweisen, um die Bedürfnisse und speziellen Eigenschaften des jeweiligen Unternehmens zu reflektieren. Das hier vorgestellte generische Phasenmodell berücksichtigt insbesondere auch den Prozess der Ideengenerierung und -konkretisierung.

Die allgemeinste Phasenaufteilung beinhaltet mindestens drei Phasen:

1) die Startphase,
2) die Ausführungsphase und
3) die Abschlussphase.

In der **Startphase** werden notwendige Vorbereitungen getroffen, um in der anschließenden **Ausführungsphase** die **Projektidee** umzusetzen. Die Abschlussphase umfasst notwendige „Aufräumarbeiten", um das Projekt in einer geordneten Art und Weise zu Ende zu bringen.

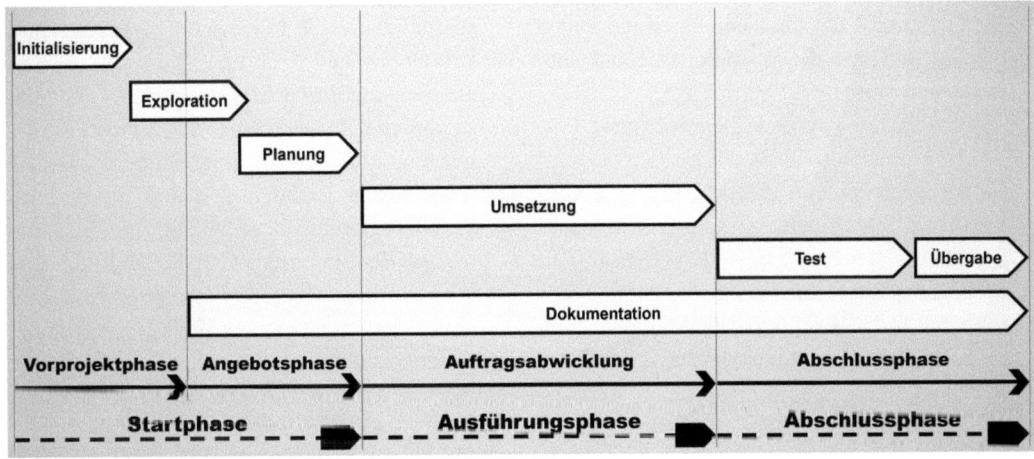

Abb. 1.2 Einfaches Phasenmodell eines Projektes (nicht skaliert)

1.2.1　Startphase

Die Startphase besteht aus drei kleineren (kürzeren) Phasen, nämlich der Initialisierungsphase, der Explorationsphase und der Planungsphase. Die Initialisierungsphase und ein Teil der Explorationsphase können auch zur Vorprojektphase zusammengefasst werden (Abb. 1.2). Ähnlich verhält es sich mit einem Teil der Explorationsphase und der Planungsphase, welche zur Angebotsphase zusammengefasst werden können. Die Initialisierungs- und die Explorationsphase sind der Planung vorgelagert und besonders wichtig, da sie die Grundlage für die nachfolgenden Planungen bilden. In der Vorprojektphase gemachte Fehler (hinsichtlich grundlegender Annahmen und Daten) können oftmals kaum oder nur mit überproportional hohen Aufwänden kompensiert werden.

Das Beispielprojekt DigiCirCont

Anhand eines konkreten Projektes mit dem Titel „Entwicklung und Pilotierung eines digital unterstützten Mehrwegcontainersystems für die Logistik" (kurz: „DigiCirCont") wird die Anwendung der in diesem Lehrbuch behandelten Grundlagen und Methoden des Projektmanagements dargestellt.

DigiCirCont ist an ein reales Projekt im Bereich der angewandten Forschung angelehnt, welches als Konsortialprojekt (siehe Abschn. 1.2.1.1) von Forschungseinrichtungen, Start-up- und Logistikunternehmen ins Leben gerufen und von der öffentlichen Hand subventioniert wurde.

Obwohl das zugrunde liegende reale Projekt bereits erfolgreich abgeschlossen ist, wird für das abgewandelte Projekt DigiCirCont im Kap. 3 ein Statusdatum gewählt (bei welchem zwei Drittel der Projektperiode von insgesamt drei Jahren abgeschlossen sind), damit sämtliche im Buch beschriebenen Methoden und Problemstellungen praxisrelevant veranschaulicht werden können. ◄

1.2.1.1　Projektentstehung: Initialisierung und Exploration

Den Anstoß zur Initialisierungsphase liefert eine Projektidee, welche mögliche Chancen bzw. den Wunsch der Kundschaft (Projektauftraggeber*in) in sehr allgemeiner Form wiedergibt.

Die Projektidee von DigiCirCont

DigiCirCont entstand aufgrund zunehmenden Nachfrage nach nachhaltigen Produkten und deren Integration mit Industrie-4.0-Technologien. Insbesondere in der Paketlogistik ist die digitale Transformation (Logistik 4.0) im Vergleich zu anderen Branchen nur in Teilbereichen umgesetzt. Hinzu kommt, dass bevorstehende EU-Richtlinien (European Commission, 2022) zukünftig Logistikunternehmen zur Implementierung von Kreislaufwirtschaftssystemen zwingen, um der ansteigenden Abfallbelastung durch die Logistikbranche entgegenzuwirken.

Das Start-up-Unternehmen Out-of-the-Box entwickelt eine technische Lösung für ein Mehrwegboxensystem, welches mit Internet-of-Things-Technologien (z. B. Sensoren für Tracking und Tracing oder digitale Assistenzsysteme für die Semi-Automatisierung von Lieferprozessen) integrierbar ist. Out-of-the-Box soll als Mehrweglösung Logistikunternehmen helfen, mittelfristig Papierabfall (durch Kartonaverpackungen) zu reduzieren und, aufgrund des Automatisierungspotenzials von Logistikprozessen, langfristig Kosten zu sparen sowie die logistische Leistungsfähigkeit zu erhöhen. Um die erfolgreiche Weiterentwicklung dieser Mehrweglösung sicherzustellen und finanzkräftige Investoren zu gewinnen, sind eine umfassende Pilotierung unter realen Bedingungen und Studien zur Technologiefolgenabschätzung (z. B. langfristige Reduktion des CO_2-Fußabdrucks und Verbesserung von Arbeitsbedingungen aufgrund des Einsatzes von digitalen Assistenzsystemen) nötig.

Daraus ergab sich folgende Projektidee:

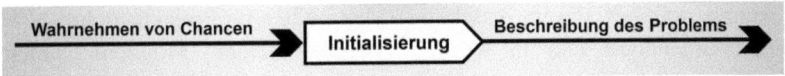

Abb. 1.3 Initialisierungsphase

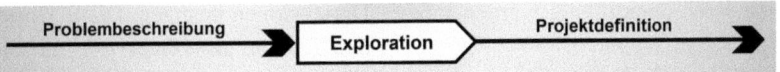

Abb. 1.4 Explorationsphase

Durch die Pilotierung sowie einer darauf aufbauenden Analyse der ökonomischen und ökologischen Auswirkungen eines digital unterstützten Mehrwegboxensystems für die Paketlogistik soll die wissenschaftliche Basis für die Nutzung digitaler Mehrweglieferprozesse auf der letzten Meile (*last mile*) geschaffen und die Vision von einem Internet-of-Things-basierten Mehrweglogistik-Ökosystem realisiert werden. Da das Start-up-Unternehmen Out-of-the-Box die hierfür benötigten Kompetenzen insbesondere in den Forschungsbereichen künstliche Intelligenz und Nachhaltigkeit nicht darstellen kann und pilotwürdige Logistikprozesse betriebsintern fehlen, entschloss man sich für eine Projektpartnerschaft (Konsortialprojekt; siehe Abschn. 1.2.1.1) mit Organisationen, die diese Kompetenzen einbringen können. ◄

Auf die Projektidee folgt die systematische Analyse der Idee, aus der sich eine Beschreibung des zugrunde liegenden Problems[1] ergibt (Abb. 1.3) und die auf Projektwürdigkeit (Projektbedarf) geprüft werden kann.

Der Projektbedarf von DigiCirCont

Die Projektidee von DigiCirCont wurde durch eine staatliche Fördergebergesellschaft geprüft und entsprechend den Kriterien der Förderschiene auf Projektwürdigkeit (bzw. Förderwürdigkeit)

geprüft. Die Prüfungskommission kam dabei, unter anderem, zu folgenden Ergebnissen:

Aufgrund der hohen Bedeutung der Projektidee für die Problematik des Klimawandels sowie die Komplexität der zu entwickelnden Technologie und der damit einhergehenden Notwendigkeit des Zusammenwirkens von Personen aus unterschiedlichen Organisationen (Out-of-the-Box, Partnerunternehmen aus den Bereichen Internet-of-Things und Softwareentwicklung sowie Industrie- und Forschungseinrichtungen) ergibt sich ein förderbares Projekt und somit Projektbedarf für das Projekt DigiCirCont. ◄

Ist ein Projektbedarf gegeben und das Problem definiert, sollen in der Explorationsphase die Lösung des Problems (Projektidee) verfeinert und daraus die Projektziele erstmals definiert werden.

Anschließend werden die Grenzen des Systems abgesteckt und die Schnittstellen analysiert. Dies geschieht durch die sogenannte **Projektumfeldanalyse**.

Das Ergebnis der Explorationsphase ist eine **Projektdefinition** (Abb. 1.4), welche eine genaue Darstellung der Projektziele unter Berücksichtigung des **Projektumfeldes**, einen vorläufigen **Meilensteinplan**, eine inhaltliche Beschreibung des Projektvorhabens, eine zeitliche, organisatorische und kostenmäßige Abgrenzung sowie kritische Erfolgsfaktoren enthält.

Um am Ende der Explorationsphase zu einer Projektdefinition zu gelangen, muss ein mehr oder weniger konkreter Prozess durchlaufen werden. In diesem werden, von der Projektidee aus-

---

[1]Der Begriff *Problem* soll im Weiteren sowohl in seiner negativen als auch in seiner positiven Bedeutung (im Sinne von Möglichkeit oder Chance) verwendet werden.

gehend, Projektziele definiert, die im Anschluss in die Projektumfeldanalyse und in weiterer Folge in die Projektdefinition münden. Gelegentlich gibt es Rückkopplungen (Feedbacks) an vorangegangene Prozessschritte, die dann eventuell wiederholt bzw. überarbeitet werden müssen (Abb. 1.5).

Projektziele

Der Prozess „Ziele setzen" ist nötig, um diese zukünftigen Zustände bewusst anstreben zu können. Im Sinne der Projektplanung ist ein Ziel jener Zustand, der mittels eines Planes (als eine sinnvolle Reihenfolge von Aktionen) erreicht werden soll:

▶ **Ziel** „Etwas, auf das Arbeit hin ausgerichtet ist, eine angestrebte strategische Position, ein zu erfüllender Zweck, ein zu erzielendes Ergebnis, ein herzustellendes Produkt oder eine zu erbringende Dienstleistung." (Project Management Institute, 2021, S. 255)

Ziele lassen sich weiter in zwei Kategorien unterteilen: **Sachziele** und **Formalziele** (Abb. 1.6) Sachziele beschreiben den anzustrebenden Endzustand inhaltlich, geben also eine Antwort auf die Frage „*Was* soll erreicht werden?". Ergänzend dazu geben Formalziele eine Antwort auf die Frage „*Wie* soll das Sachziel erreicht werden?".

Die Sachziele richten ein Projekt auf die globale Problemlösung aus. Die Formalziele legen die Bedingungen fest, die zur Realisierung der erwünschten Lösung nötig sind. Formalziele haben meist unterschiedliche Dimensionen, wobei häufig betriebswirtschaftliche oder funktionale Zielsetzungen dominieren. Um diesen unterschiedlichen Dimensionen gerecht zu werden, sollten für Projekte multiple Zielansätze verwendet werden. Mögliche Dimensionen einer multiplen Zielsetzung sind in Abb. 1.7 dargestellt.

Natürlich wird nicht jedes Projekt Zielsetzungen in diesen oder darüber hinausgehenden Dimensionen besitzen. Diese Dimensionen können jedoch als Checkliste für die Festlegung eines spezifischen Formalzielsystems dienen.

Damit Projektziele eine eindeutige Richtung des zukünftigen Projektverlaufs einleiten, müssen diese auf eine Weise formuliert werden, sodass für jede*n Stakeholder*in verständlich bleibt, *was wie wann* erreicht werden soll bzw. wird. Für die Formulierung von Zielen empfiehlt sich deshalb das Prinzip S.M.A.R.T. (Timinger, 2017, S. 58).

▶ **S.M.A.R.T.** **S**pecific-**M**easurable-**A**chievable-**R**ealistic-**T**imely

Dementsprechend sind bei der Zielformulierung folgende Punkte zu beachten:

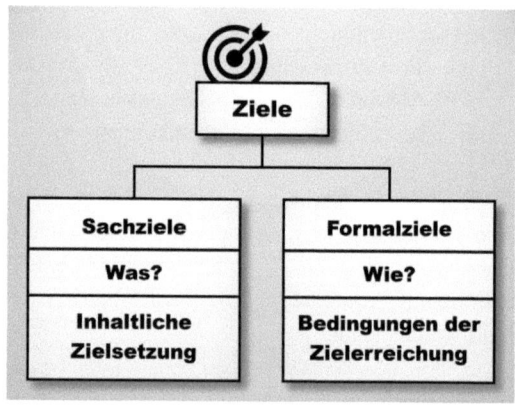

Abb. 1.6 Sachziele und Formalziele definieren die Projektziele. (In Anlehnung an Wojda, 2007, OP12)

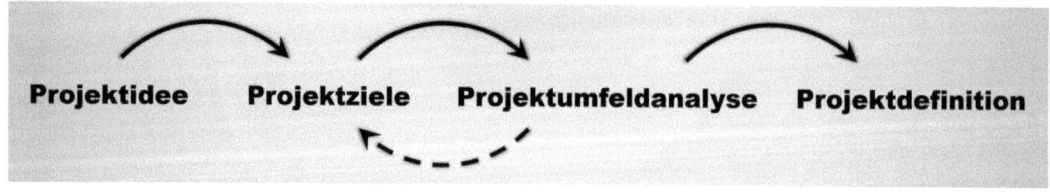

Abb. 1.5 Prozess der Explorationsphase von der Projektidee bis zur Projektdefinition

Abb. 1.7 Mögliche
Dimensionen einer
multiplen Zielsetzung.
(In Anlehnung an
Wojda, 2007, OP13)

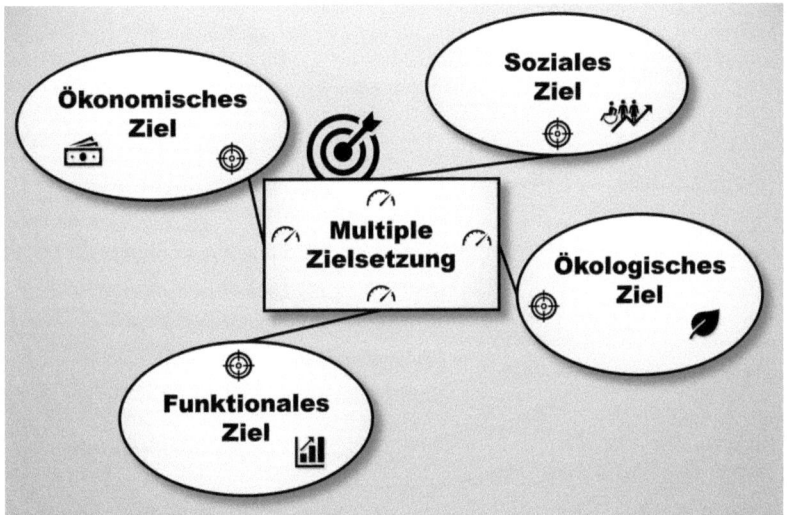

- **Ziele sollten einfach und konkret sein.**
  Ziele sollten möglichst einfach und unmissverständlich formuliert sein, jedoch auch die spezifischen Umstände der Aufgabenstellung berücksichtigen.
- **Ziele sollten messbar sein.**
  Wenn die Zielerreichung nicht durch objektive Kriterien bemessen werden kann, sollte anhand belegbarer Umstände und Vorgänge festgelegt werden, ab wann das Ziel als erreicht gilt.
- **Ziele sollten ehrgeizig, aber bewältigbar sein.**
  Das Definieren herausfordernder, aber erreichbarer Ziele ist wichtig für die Motivation des Projektteams. Oft hilft das Aufteilen in kleinere Teilziele.
- **Ziele sollten realistisch sein.**
  Unrealistische Ziele können im Team zu Demoralisierung und Resignation führen, sogar schon bevor mit der eigentlichen Projektarbeit begonnen wurde.
- **Ziele sollten auch eine Zeitkomponente besitzen.**
  Aufgrund der beschränkten Dauer von Projekten sollten die Ziele auch die zeitlichen Umstände berücksichtigen.

Darüber hinaus sind die nachfolgenden Aspekte nützlich:

- **Ziele und Änderungen der Ziele sollten schriftlich festgehalten werden.**
  Eine Dokumentation ermöglicht es, die Entwicklung und Erreichung der Ziele nachzuvollziehen.
- **Ziele sollten hierarchisch geordnet werden.**
  Mithilfe einer Zielhierarchie können Abhängigkeiten aufgezeigt, Zielkonflikte vermieden und Prioritäten zu ihrer Erreichung gesetzt werden.
- **Ziele müssen vom gesamten Projektteam akzeptiert und mitgetragen werden.**
  Das gesamte Projektteam sollte in die Zielfindung miteinbezogen werden, um Unklarheiten bei der Zielerreichung zu vermeiden. Aufgrund möglicher Meinungsverschiedenheiten sinkt jedoch die Wahrscheinlichkeit für eine erfolgreiche Zielformulierung (bzw. Zielerreichung) mit steigender Anzahl der Projektmitarbeiter*innen.

Die Sach- und Formalziele von DigiCirCont

Als Beispiele sind das Sachziel sowie die wichtigsten Formalziele von DigiCirCont in Abb. 1.8 aufgelistet. ◀

Sachziel:	Durchführung eines Forschungs- und Entwicklungsprojektes zur Überprüfung der ökonomischen und der ökologischen Auswirkungen der Implementierung eines Industrie-4.0-unterstützen Mehrwegboxensystems.
Formalziele:	*Es kann eine multiple Zielsetzung wie folgt formuliert werden:*
Funktionale Ziele:	– Entwicklung und Integration von Sensorik für Tracking and Tracing sowie Blockchain-Anwendungen in die zugrunde liegende Mehrwegboxenlösung – Eignung des Mehrwegboxenprototyps für Logistikprozesse der letzten Meile – Bestimmung der ökonomischen und ökologischen Nachhaltigkeit mit geeigneten Methoden (z.B. mittels ISO-genormter Life Cycle Analysis) – Pilotierung unter möglichst realen Bedingungen – Durchführung einer umfassenden Technologiefolgeabschätzung
Ökonomisches (betriebswirtschaftliches) Ziel:	Maximale Projektkosten: € 2.000.000,–
Ökologisches Ziel:	Verwendung von mindestens 90 % recycelbaren Materialien und erneuerbarer Energie
Soziale Ziele:	Weiblicher Anteil des Projektteams: mindestens 50 %

Abb. 1.8 Die Projektziele von DigiCirCont

Nicht-Ziele

Neben den Zielen sollten auch Nicht-Ziele festgehalten werden. Dies sind Eventualitäten, die mit dem Projekt nicht realisiert werden sollen bzw. keine Relevanz für den Projekterfolg haben.

Die wichtigsten Nicht-Ziele von DigiCirCont

- Keine Entwicklung einer marktfähigen Produktversion der Mehrwegboxenlösung im Rahmen des Projektes (aufgrund der Förderbedingungen)
- Keine Pilotierung der prototypischen Mehrweglösung in Intralogistikprozessen ◄

Rollen und Verantwortungen in Projekten

Bevor das Projekt schließlich definiert werden kann, muss darüber entschieden werden, welche Kompetenzen zur Zielerreichung benötigt werden. Die Kompetenzen stellen individuelle Personen, Teams oder ganze Organisationen bereit. Abhängig von der gewählten Projektorganisation muss auch über Verantwortlichkeiten entschieden werden. Diese sind meist an bestimmte Positionen und Rollen innerhalb des Projektes gebunden.

Die nachfolgenden formellen Positionen sind von besonderem Interesse. Sie sind die Bausteine jeder Projektorganisation.

Projektauftraggeber*in An einem Projekt sind grundsätzlich zwei Akteure beteiligt: einerseits der oder die Projektauftraggeber*in und andererseits der oder die Auftragnehmer*in. Entsprechend dem Anstoß für das Projekt von außen oder innen kann man zwischen internen und externen Projektauftraggeber*innen unterscheiden.

Ein*e externe*r Projektauftraggeber*in bestellt nur ein Produkt oder eine Leistung. Im Normalfall haben diese keinen Einfluss auf die Projektorganisation und die Auswahl des Projektpersonals.

Im Gegensatz dazu haben interne Projektauftraggeber*innen mehr Möglichkeiten, die Projektorganisation zu beeinflussen. Diese Einflussnahme fängt bei der Auswahl des oder der Projektmanager*in an und umfasst projektrelevante Entscheidungen wie z. B. strategische Investitionsentscheidungen und die Festlegung des Rahmens für das **Projektcontrolling**.

Die wesentlichsten Aufgaben von Projektauftraggeber*innen sind folgende:

- Definieren der Anforderungen und der Zielsetzungen des Projektes
- Schaffen und Aufrechterhalten der organisatorischen sowie finanziellen Rahmenbedingungen
- Betreiben von Projektmarketing inner- und außerhalb des Unternehmens

Projektlenkungsausschuss Der **Projektlenkungsausschuss** ist eine dem Projekt übergeordnete Instanz, die zur Koordination der Arbeit zwischen der Projektorganisation und dem Unternehmen dient. Aufgaben des Projektlenkungsausschusses sind die Verabschiedung der Projektziele, die begleitende Kontrolle und die Entscheidung über die Erreichung oder Nichterreichung der Ziele.

Mitglieder des Lenkungsausschusses sind, je nach Größe und Bedeutung des Projektes, der oder die Projektmanager*in, der oder die Projektauftraggeber*in und andere Vertreter*innen des Unternehmens, z. B. die Geschäftsführung oder ein Aufsichtsratsmitglied. Die Koordination der Projektorganisation mit dem Unternehmen wird dadurch erreicht, dass der Lenkungsausschuss die Rolle der internen Kund*innen für das Projekt übernimmt und die Nutzung der Projektergebnisse sicherstellt.

*Projektmanager*in* Der oder die Projektmanager*in (auch Projektleiter*in; im folgenden Abschnitt „die Projektleitung") wird vom Lenkungsausschuss als Hauptverantwortliche*r für das Projekt eingesetzt. Die Projektleitung ist global für die Projektmanagementaufgaben verantwortlich. Dazu gehören die Projektplanung, das Projektcontrolling, das Organisieren (Projektadministration) und die Führung des Projektteams (Abb. 1.1). Konkret bedeutet dies für die Projektleitung, einerseits für ihre Teammitglieder als Coach und Anlaufstelle für Konflikte zu agieren und andererseits für die Erfüllung der Aufgaben und Einhaltung der Termine verantwortlich zu sein.

Über die Dauer des Projektes verändern sich die Aufgaben der Projektleitung. In den ersten Phasen des Projektes sind die primäre Aufgabe die aktive Zielfindung und die Formulierung der Projektdefinition, um in weiterer Folge den Aufbau der Projektorganisation und die Zusammenstellung des Projektteams zu organisieren.

Während der Umsetzungsphase hat die Projektleitung darauf zu achten, dass die Projektorganisation problemlos funktioniert. Dazu gehören Führungsaufgaben und Personalagenden, welche direkt mit dem Projekt verbunden sind. Darüber hinaus hat die Projektleitung für die Gewährleistung einer effizienten Kommunikation und für den nötigen Wissensaustausch zwischen dem Projektteam und dem Projektumfeld zu sorgen.

Die notwendigen Fähigkeiten, welche die Projektleitung einbringen sollte, lassen sich in zwei Kategorien zusammenfassen: die projektunabhängigen und die projektabhängigen Fähigkeiten.

Von den projektunabhängigen Fähigkeiten sind folgende Hard und Soft Skills für Projektleitungen besonders wichtig:

- **Methodisches Wissen**
  Das Wissen um Methoden und Techniken zur effektiven Problemlösung und zum teamorientierten Arbeiten sind wichtige Werkzeuge im Projektmanagement.
- **Kreativität**
  Projekte sind einzigartig, weshalb mit neuartigen Problemen zu rechnen ist, deren Lösung Kreativität verlangt.
- **Kognitive Fähigkeiten**
  Die kognitive Kompetenz ist die Fähigkeit zur Analyse und Einschätzung von Problemen sowie das Erkennen von Chancen und Möglichkeiten.
- **Emotionale Kompetenz**
  Emotionale Kompetenz ist die Fähigkeit, mit den eigenen und den Gefühlen anderer so umgehen zu können, dass ein möglichst produktives Arbeiten ermöglicht wird.

Zu den projektabhängigen Fähigkeiten zählen insbesondere folgende Aspekte:

- Fachwissen und spezifische Kenntnisse von Produkten und Prozessen zur Leistungserbringung im Projekt
- Erfahrungen aus anderen Projekten, die für den speziellen Projekttyp relevant sind
- Wissen im Umgang mit dem projektspezifischen Informationswesen
- Kenntnisse der projektrelevanten Administration
- Fähigkeiten, das Projekt zu vertreten und zu präsentieren

Projektcontroller*in   Die Aufgaben des oder der Projektcontroller*in (nachfolgend „das Projekt-Controlling") sind vielfältig. Die Hauptaufgaben des Projektcontrolling sind wie folgt:

- Inhaltliche Kontrolle des Projektes
- Terminliche Kontrolle des Projektes
- Kostenmäßige Kontrolle des Projektes
- Feedback zum Projektstatus an den Projektaufsichtsrat

Darüber hinaus kann das Projektcontrolling folgende Aufgaben übernehmen:

- Projektplanung unterstützen
- Entscheidungen vorbereiten
- Projektsteuerung durchführen
- Projektdokumentationen erstellen

Die Aufgaben des Projektcontrollings werden bei kleineren Projekten oft auch von der Projektleitung übernommen. Neben dem Fehlen eines „Vier-Augen-Prinzips" können aufgrund unterschiedlicher Anforderungen an die mit den Rollen verbundenen Erwartungen Rollenkonflikte entstehen.

Projektteams

Das Projektteam ist die Gruppe von Personen, welche der Projektleitung für die Bewältigung des Projektes direkt oder indirekt zur Verfügung stehen. Aus der fächerübergreifenden Natur von Projekten ist es meist notwendig, Teams interdisziplinär zu bilden, da es sehr unwahrscheinlich ist, dass nur ein einziges Mitglied alle erforderlichen Tätigkeiten mit der nötigen Kompe-

tenz erledigen kann. Selbst in kleinen Projekten mit stark eingeschränktem Tätigkeitsfeld, für welches eine Person alle notwendigen Kenntnisse besitzt, kann es, aus Gründen der Sicherheit (Erkrankung, Kündigung) oder um kapazitive Überbeanspruchungen zu vermeiden, sinnvoll sein, ein Projektteam zusammenzustellen.

▶ **Team** „Ein Team ist [...] eine aufgabenorientierte Arbeitsgruppe mit starkem persönlichem Kontakt und direkter Kommunikation. Ein gemeinsames Ziel ist demnach Voraussetzung." (Patzak & Rattay, 2023, S. 62)

Teams haben gegenüber dem Individuum in Projekten gewisse Vorteile. Diese Vorteile lassen sich mit den folgenden vier Punkten zusammenfassen:

- **Synergieeffekte**
  Ein Team ist mehr als die Summe seiner Mitglieder. In Experimenten konnte nachgewiesen werden, dass z. B. ein dreiköpfiges Team eine mehr als dreimal so schwere Last bewegen könnte als ein einzelnes Teammitglied.
- **Fehlerkompensation**
  Teammitglieder können sich gegenseitig kontrollieren und korrigieren, um so zu einem qualitativ besseren Ergebnis beizutragen. Dieses Prinzip findet auch bei vielen Sportarten Anwendung, indem es nicht nur eine*n Schiedsrichter*in gibt, sondern mehrere bzw. ein Team diese Aufgabe übernimmt.
- **Motivation**
  Teammitglieder können sich gegenseitig motivieren. Es fällt den Teammitgliedern leichter, sich für die Aufgaben zu begeistern und zu motivieren, wenn sie sehen, dass sie nicht die Einzigen sind, die versuchen, ein bestimmtes Ziel zu erreichen.
- **Ausgleich**
  Wiederholte Diskussionen innerhalb eines Teams führen zum Abbau von Extrempositionen bei Meinungen der Teammitglieder.

Umgekehrt können sich Personen gegenseitig behindern und Synergieeffekte ins Gegenteil verwandeln, Fehler auslösen und sich demotivieren.

Besonders gut eingespielte Teams können auch negative Auswirkungen hinsichtlich des Ausgleiches von Extrempositionen bewirken. Das allgemein unter „Groupthink" bezeichnete Phänomen beschreibt ineffizientes Entscheiden von Gruppen. Dabei kann aufgrund von Überheblichkeit, ähnlichen mentalen Modellen der Gruppenmitglieder, Gruppendruck, Innenorientierung, Abschottung nach außen, Harmoniebedürfnis und Streben nach Einstimmigkeit die Qualität von Entscheidungen leiden. In Projekten kann dies z. B. zur Vernachlässigung von Lösungsalternativen, zum Ausblenden von negativen Aspekten und Risiken, zu selektiver Auswahl von Information und dem Fehlen von Notfallplänen führen.

Als mögliche Maßnahmen zur Vermeidung von *Groupthink* kommen das bewusste Steuern der Zusammensetzung von Teams (*Diversity*), das Einbringen von „Abweichlern und Querdenkern" und „Externen", regelmäßiges Überprüfen von Entscheidungen durch die Projektauftraggeber*innen oder unparteiische Projektmanager*innen in Frage.

Zusammenstellung von Projektteams

Ein Team kann sich durch selbstständiges Erkennen eines gemeinsamen Zieles und der notwendigen Zusammenarbeit bilden oder von außen zusammengestellt werden, d. h. es wird durch eine höhere Instanz nach unterschiedlichen Gesichtspunkten bestimmt. Im Normalfall werden die meisten Teams, die für das Unternehmen relevant sind, von Vorgesetzten entsprechend der fachlichen Qualifikationen (formell) zusammengestellt.

Die Auswahl der richtigen Projektteammitglieder kann mitunter über den Erfolg oder Misserfolg eines Projektes entscheiden. Welche Faktoren sind bei der Auswahl zu berücksichtigen?

> „Bei der Auswahl der richtigen [Teammitglieder] sollten die nachfolgenden Aspekte berücksichtigt werden: Neben der naheliegenden fachlichen Kompetenz ist bei jedem Teammitglied auch ein Mindestmaß an sozialer Kompetenz Voraussetzung." (Patzak & Rattay, 2023, S. 68)

Der oftmals am stärksten betonte Faktor ist jener der fachlichen Kompetenz. Um inhaltlich an einem Projekt oder Arbeitspaket mitarbeiten zu können,

sind mehr oder weniger spezialisierte fachliche Fähigkeiten notwendig. Die Identifikation von Personen mit bestimmten Fähigkeiten ist, insbesondere in großen Organisationen, nicht immer einfach. Zur Lösung dieses Problems werden manchmal „Wissens- und Skills-Datenbanken" gepflegt.

Neben den fachlichen Fähigkeiten sollen angehende Projektteammitglieder auch die soziale Kompetenz haben, die für das Zusammenarbeiten mit den anderen Teammitgliedern notwendig ist. Die „soziale Kompatibilität" ist für die Projektleitung im Vorhinein mitunter schwer einzuschätzen. Daher empfiehlt es sich vor der Aufnahme einer unbekannten Person, ein „Bewerbungsgespräch" durchzuführen, um das Risiko für persönliche Konflikte im Team während der Projektlaufzeit vorab zu reduzieren.

Als dritte Einschränkung sind vorhandene zeitliche Kapazitäten der Teammitglieder zu berücksichtigen, sodass sie konstruktiv am Projekt mitarbeiten können. Um das Risiko für personelle Ausfälle gering zu halten, sollten, wenn möglich, fachliche Redundanzen gebildet werden, um im Falle der Abwesenheit einer Person auf einen entsprechenden Ersatz zurückgreifen zu können. Dies kann dadurch erreicht werden, dass mindestens zwei Mitarbeiter*innen mit ähnlicher fachlicher Qualifikation in das Team aufgenommen oder immer zwei Personen gemeinsam an einer Aufgabe arbeiten.

Bei komplexeren Projekten, welche eine größere Anzahl von Teammitgliedern zur Bewältigung der Aufgaben benötigen, wird aus Gründen der Steuerbarkeit oftmals auch innerhalb des Projektteams eine gewisse Hierarchie gebildet. Rund um die Projektleitung wird ein Projektkernteam gebildet (Abb. 1.9), dessen individuelle Mitglieder jeweils ein Sub-Projektteam leiten, welches die eigentliche inhaltliche Arbeit leistet. Das Kernteam übernimmt in solchen Fällen hauptsächlich koordinierende Aufgaben.

Projektorganisationsarten

Projektorganisationen bauen auf die Unternehmensorganisation auf oder stehen in enger Verbindung mit dieser. Daher werden im Folgenden die Grundlagen der Aufbau- und der Ablauforganisation dargestellt.

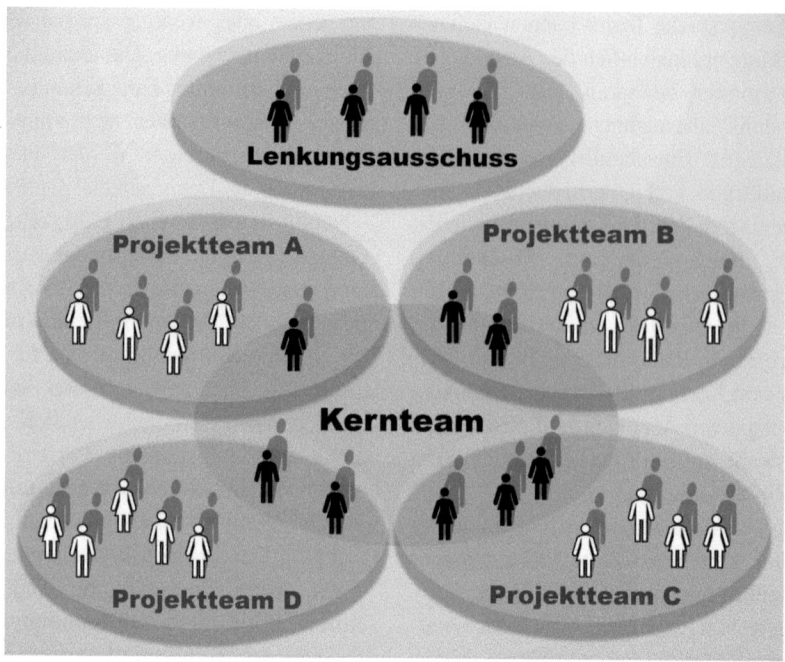

Abb. 1.9 Projektkoordination mittels Kernteams

Die Organisation von Unternehmen lässt sich nach unterschiedlichen Aspekten kategorisieren. Zwei dominante Kategorien sind die Organisation entlang von Prozessflüssen und die Organisation gemäß den hierarchischen Strukturen in Unternehmen.

Prozesse durchlaufen unterschiedliche Abteilungen und benötigen eine entsprechende Organisation zur reibungsfreien Durchführung. Diese wird als **Ablauforganisation** bezeichnet. Die Ablauforganisation beschreibt, wie ein Prozess abläuft, in welcher Beziehung die Organisationseinheiten dabei zueinanderstehen, welche Aufgaben sie übernehmen und in welcher Weise sie miteinander zusammenarbeiten. Die Ablauforganisation kann durch Prozesslandkarten, Ablauf- und Flussdiagramme, Prozessketten oder als Wertschöpfungsdiagramm dargestellt werden.

Die **Aufbauorganisation** beschreibt hauptsächlich (hierarchische) Strukturen. Dabei kann nach unterschiedlichsten Gesichtspunkten strukturiert werden, wie z. B. nach funktionalen (verrichtungsorientierten) Einheiten, geografischer Lage oder Produkt. Aufbauorganisationen lassen sich grafisch in Form von Organigrammen dar-

stellen. Nachfolgende Organigramme zeigen ein internationales Unternehmen differenziert nach den unterschiedlichen Strukturierungsaspekten (Abb. 1.10, 1.11 und 1.12).

Ablauf- und Aufbauorganisation sind keine konkurrierenden Organisationsformen, sondern differenzierte Betrachtungsweisen derselben Organisation. Aufbauend auf diesen Grundformen der Organisation gibt es unterschiedliche Arten der Projektorganisation, welche nachfolgend erläutert werden.

Reine Projektorganisation Bei der **reinen Projektorganisation** wird parallel zur Unternehmensorganisation eine zeitlich begrenzte Organisation aufgebaut. Die reine Projektorganisation zeichnet sich durch ein selbstständiges Projektteam und eine mehr oder weniger unabhängige Projektorganisation aus. Das Projektteam hat eine Projektleitung mit umfassenden Befugnissen bezüglich des Projektes, inklusive Projektorganisation und Projektpersonal. Die Mitglieder der Projektteams werden aus den Unternehmensabteilungen abgezogen, um ausschließlich für das Projekt zu arbeiten (Abb. 1.13).

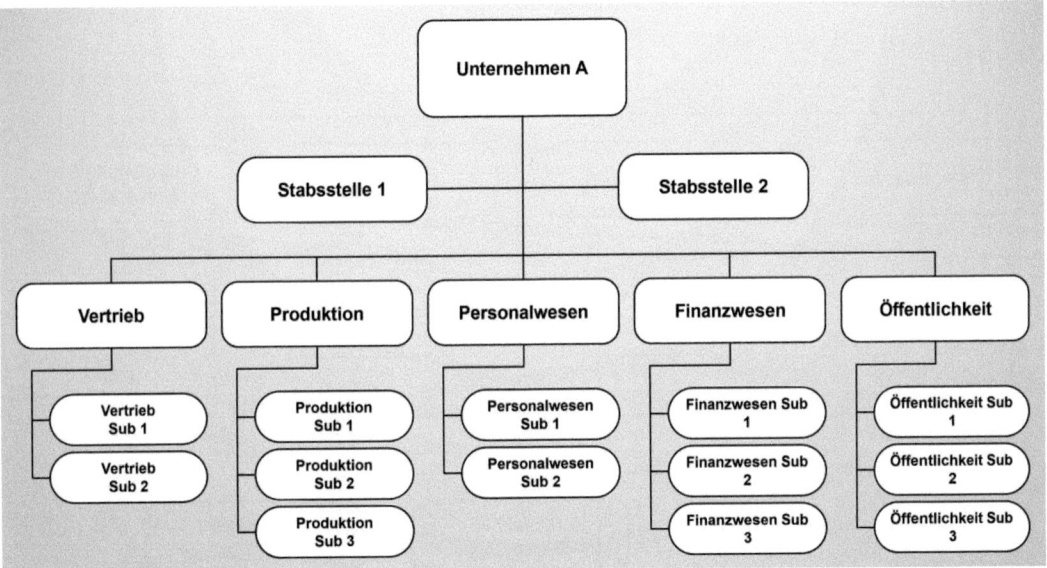

Abb. 1.10 Aufbauorganisation nach funktionalen (verrichtungsorientierten) Einheiten

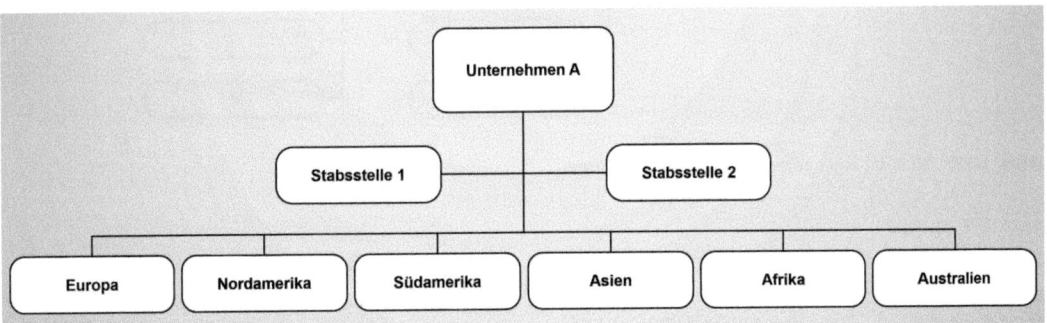

Abb. 1.11 Aufbauorganisation nach geografischer Lage

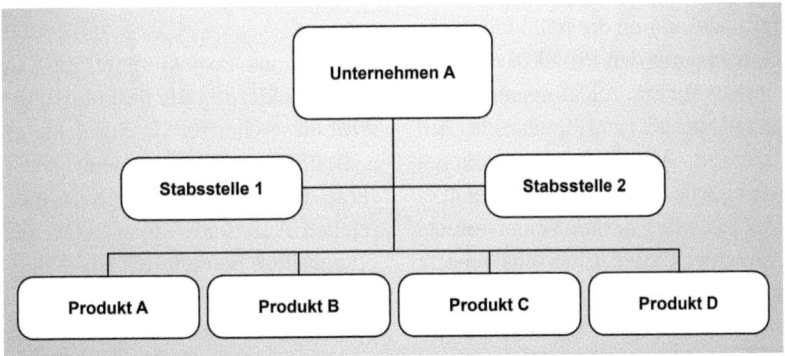

Abb. 1.12 Aufbauorganisation nach Produkt

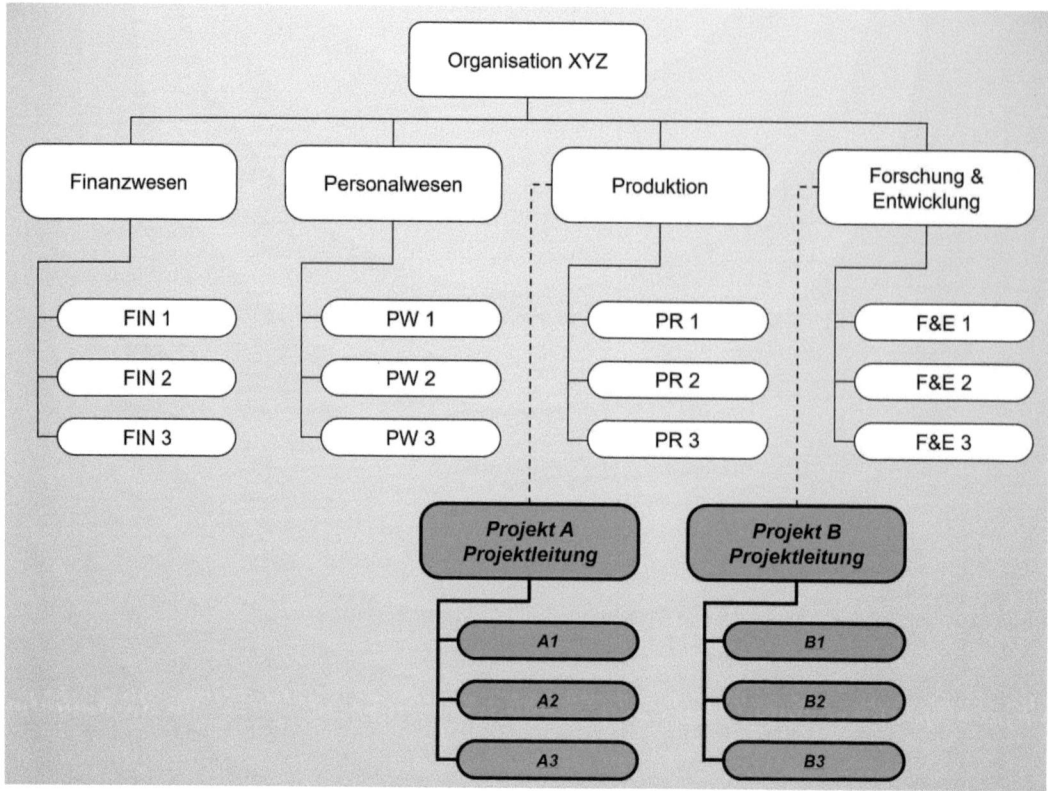

Abb. 1.13 Beispiel einer reinen Projektorganisationen

Die Stärke der reinen Projektorganisation liegt in der Fokussierung auf das Projekt. Jedes Projektmitglied wird nur für die Projektarbeit eingesetzt und kann sich somit zur Gänze auf die zu bewältigende Aufgabe konzentrieren. Zusätzliche positive Effekte dieser Struktur sind die effiziente Kommunikation und die hohe Identifikation des Projektteams mit den Projektzielen.

Nachteilig an der reinen Projektorganisation ist der hohe organisatorische und finanzielle Aufwand, der für kleinere „Alltagsprojekte" nicht notwendig ist. Das zeitliche Herauslösen der Mitarbeiter*innen aus der Linienorganisation kann mitunter ebenfalls zu Problemen führen. Einerseits hinsichtlich der Übernahme der Linientätigkeiten, welche bisher von den für das Projekt abgezogenen Mitarbeiter*innen durchgeführt wurden, andererseits hinsichtlich der Wiedereingliederung der Mitarbeiter*innen in die Abteilungen nach Beendigung des Projektes. Während der Arbeit am Projekt haben die Teammitglieder neue soziale Strukturen

und eine Projektkultur aufgebaut, die auf das Erreichen des Projektziels ausgerichtet ist. Bei der Rückkehr in die Abteilungen kommt es dann mitunter zu Kulturkonflikten („*Reverse Culture Shock*"). Mit Auflösung des Projektteams werden eingespielte Teams und Prozesse wieder aufgetrennt.

Die reine Projektorganisation ist oftmals für den Projekterfolg die beste Lösung. In der Praxis wird diese eher für Großprojekte eingesetzt, wie z. B. ein Bauprojekt, welches sich über mehrere Jahre erstreckt, da der Aufwand zum erfolgreichen Auf- und Abbau einer solchen Projektorganisation beträchtlich ist.

Stab-Projektorganisation Im Gegensatz zur reinen Projektorganisation, in welcher die Projektleitung die „disziplinär" Vorgesetzte ist, bleiben in der **Stab-Projektorganisation** die Projektmitarbeiter*innen in ihren organisatorischen Einheiten verankert und haben als direkte Vorgesetzte auch nur die Leitung der entsprechenden Einheit. Die Projektleitung übernimmt in der Stab-Projektorganisation eine beratende Funktion im Unternehmen, ohne direkte Einflussmöglichkeit auf die Projektbelegschaft. Ihre Aufgabe ist es, das Management in Projektbelangen zu beraten und die Projektarbeit zu koordinieren, nicht aber dem Projektteam direkte Anweisungen zu geben (Abb. 1.14); deshalb wird die Stab-Projektorganisation auch Einfluss-Projektorganisation genannt.

Wenn die Zusammenarbeit zwischen Stabsstelle, d. h. der Projektleitung, und der Linienorganisation gut funktioniert (vorausgesetzt, die Projektleitung hat den nötigen Einfluss), kann dies ein großer Vorteil der Stab-Projektorganisation sein, da eine gute Balance zwischen Projektleitung und Linie gewährleistet wird.

Bei einer schlecht funktionierenden Zusammenarbeit birgt diese Konstellation jedoch hohes Konfliktpotenzial zwischen der Linienorganisation und der Projektleitung. Die Stab-

stelle wird eventuell als Störenfried empfunden, welche zudem geringe Durchgriffsrechte hat. Durch die verlängerten Kommunikationswege kann es auch zu einer Verschlechterung in der Nachvollziehbarkeit von Entscheidungen kommen und sich negativ auf Moral und Motivation auswirken.

Matrix-Projektorganisation Eine Mischform der Stab-Projektorganisation und der reinen Projektorganisation ist die **Matrix-Projektorganisation**. In der Matrix-Projektorganisation wird keine ausgegliederte Projektorganisation aufgebaut. Trotzdem existiert ein Projektteam mit projektbezogener Hierarchie, d. h., es gibt eine Projektleitung, die direkte Vorgesetzte der Projektbelegschaft ist. Das Besondere an der Matrix-Projektorganisation ist, dass die Projektleitung, wie in der Stab-Projektorganisation, eine Stabsstelle bleibt. Sie berät und koordiniert zwar, kann aber ohne längere Kommunikationswege direkten Einfluss auf die Linienmitarbeiter*innen in Bezug auf die Projektbelange nehmen (Abb. 1.15).

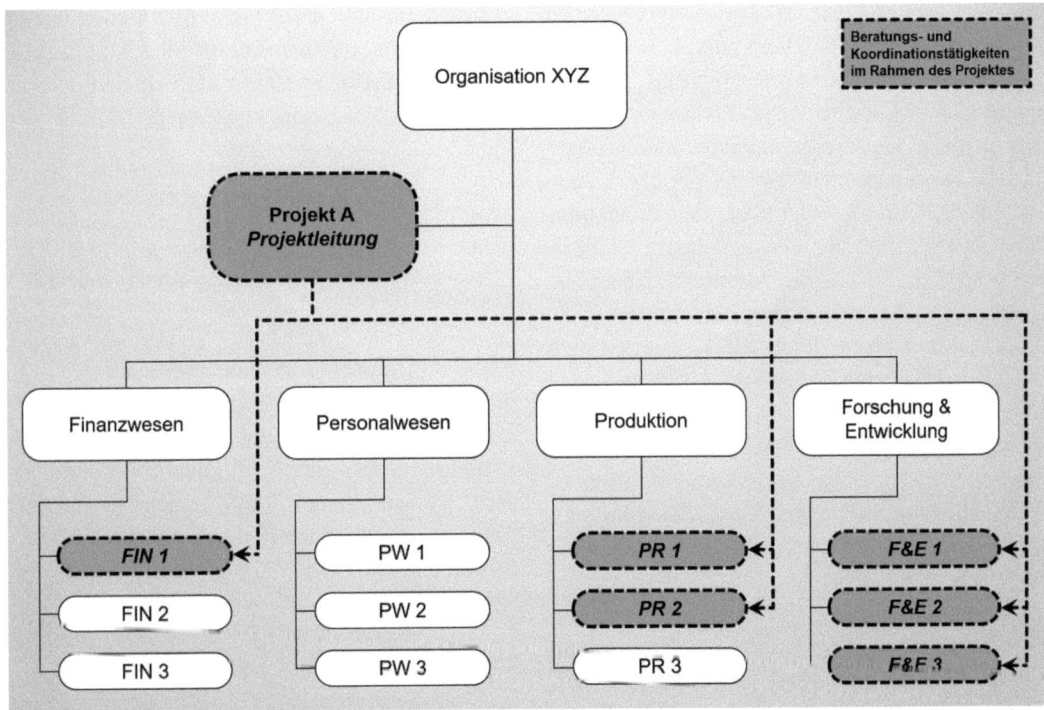

Abb. 1.14 Beispiel einer Stab-Projektorganisation

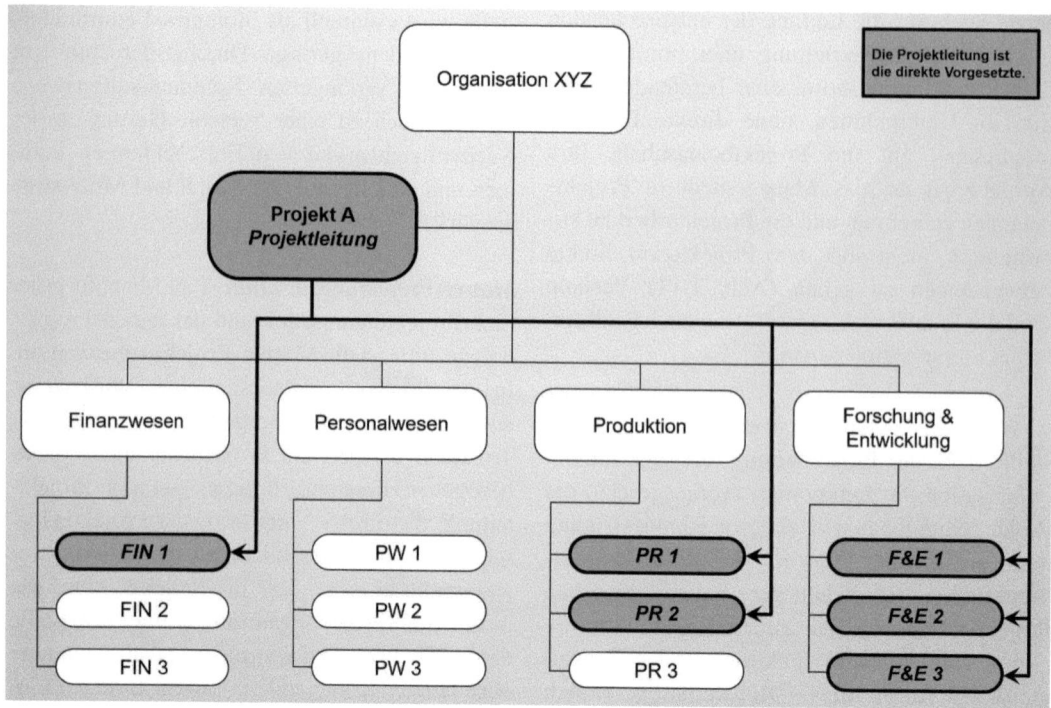

Abb. 1.15 Beispiel einer Matrix-Projektorganisation

Die Matrix-Projektorganisation kann die Nach-teile der beiden anderen Organisationsformen ausgleichen. Durch die Hierarchie wird der Ein-fluss der Projektleitung entsprechend gestärkt, womit klarere Entscheidungsstrukturen entstehen und unnötig lange Kommunikationswege ver-mieden werden. Zudem gibt es geringere Aus- und Eingliederungsprobleme bei den Projektmit-arbeiter*innen und der Personaleinsatz ist flexi-bel gestaltbar, da auf die Mitarbeiter*innen im Unternehmen variabel zugegriffen werden kann. Zusätzlich entstehen durch die Kommunikation zwischen den Expert*innen in den verschiedenen Abteilungen auch Lerneffekte, welche positive Auswirkungen auf die gesamte Organisation haben.

Jedoch kann, im Vergleich zur reinen Projekt-organisation, die verminderte Identifikation der Projektmitarbeiter*innen mit einem Projekt nachteilig sein. Ferner kann es bei unklaren Ver-antwortlichkeiten, Kompetenz- und Ressourcen-regelungen und, aufgrund der Zweifachunter-stellung der Projektbelegschaft, zu Irritationen und Konflikten kommen.

Inwieweit die Vor- oder Nachteile der Matrix-Projektorganisation zur Geltung kommen, hängt von der Unternehmenskultur ab. Man unter-scheidet nämlich zwischen starken und schwa-chen Matrix-Projektorganisationen:

> „In einer **starken** Matrix[-Projektorganisation] hat das Projekt Priorität vor Linientätigkeiten und Projektmanager*innen können auf die notwendigen Ressourcen zugreifen, die sie brauchen. In einer **schwachen** Matrix[-Projektorganisation] ist es genau umgekehrt." (Reithofer-Reinhardt, 2020, S. 49)

Expert*innen-Pool-Projektorganisation
In projektorientierten Unternehmen gibt es mit-unter den Spezialfall der **Expert*innen-Pool-Projektorganisation** (z. B. Beratungsunterneh-men), wo aus einem Expert*innen-Pool heraus Projekte entsprechend den personellen An-forderungen mit Expert*innen belegt werden.

Der Vorteil einer Expert*innen-Pool-Pro-jektorganisation liegt in der bedarfsgerechten Be-setzung von Projektteams und dem positiven Ein-fluss auf die Flexibilität der Mitarbeiter*innen.

Nachteilig sind mitunter die fehlende Perspektive für die Mitglieder und das Fehlen von klassischen Karrierepfaden. Außerdem sind in einer Expert*innen-Pool-Projektorganisation die Ansprüche an die Unternehmenskultur, die Organisation und die Führungssysteme sehr hoch.

Projektkonsortium Unter gewissen Umständen können sich unterschiedliche Organisationen zu einem (Projekt-)**Konsortium** zusammenschließen. Die Projektleitung stellt in diesem Fall eine ausgewählte Organisation, die somit die Konsortialführerschaft übernimmt (Abb. 1.16). Die Hintergründe für solch einen Zusammenschluss sind mit jenen der Expert*innen-Pool Projektorganisation vergleichbar und können z. B. ähnliche Interessen der Partnerunternehmen (auch **Konsortialpartner** genannt) sein, wobei die im jeweiligen Unternehmen fehlenden Kompetenzen durch die Zusammenarbeit mit den Partnerunternehmen kompensiert wird. Dabei müssen nicht zwangsläufig alle Mitarbeiter*innen eines Unternehmens Projektmitglieder sein. Nur die Mitarbeiter*innen, die auf effektive Weise

ihre Kompetenzen entsprechend den personellen Anforderungen des Projektes einbringen können, sollten am Projekt mitarbeiten.

Der Vorteil ist, ähnlich wie bei einer Expert*innen-Pool-Projektorganisation, ein effizienter Zusammenschluss von unterschiedlichen Kompetenzen und Ressourcen, die eine einzelne Organisation eventuell nicht aufbringen könnte. In anderen Worten, die Erfolgswahrscheinlichkeit für eine effektive und effiziente Erarbeitung komplexer Projektziele kann durch das Bilden eines Konsortiums bedeutend gesteigert werden.

Jedoch beinhalten Konsortialprojekte einen, im Vergleich zu den anderen genannten Projektorganisationsformen, erhöhten Managementaufwand und entsprechende Risiken. Der Spielraum für Entscheidungen, Controlling und Anweisungen bzw. Coaching durch den Konsortialführer ist nämlich begrenzt. Deshalb ist eine Grundvoraussetzung für ein erfolgreiches Konsortium eine bestehende Vertrauensbasis zwischen den Konsortialpartnern bzw. den Projektteammitgliedern sowie gute, umfassende vertragliche Regelungen über Aufgaben

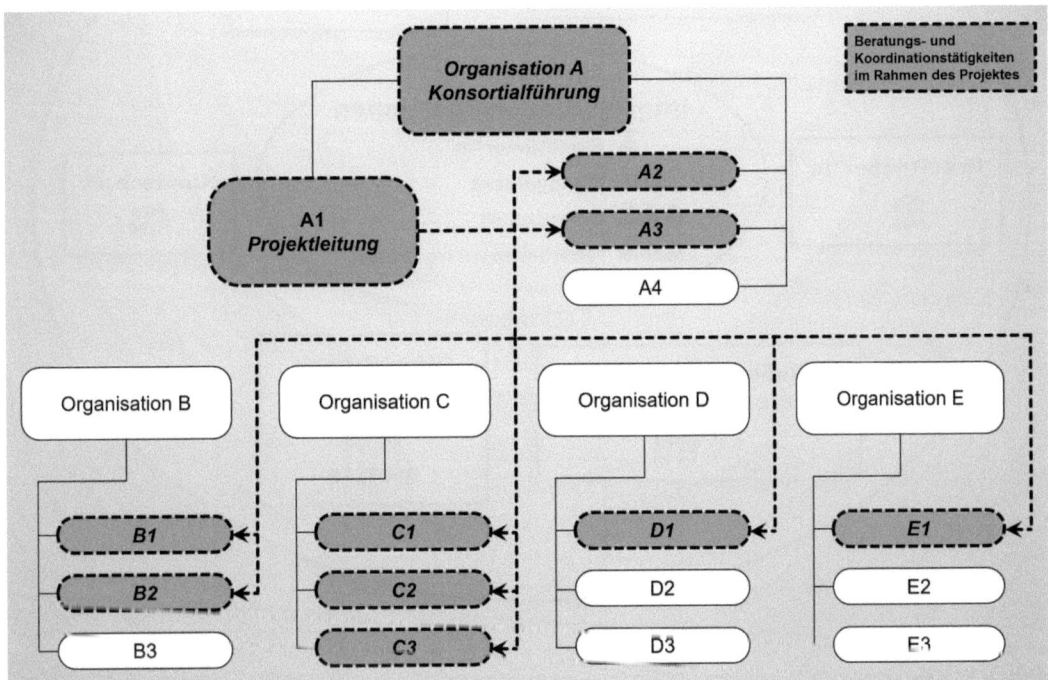

Abb. 1.16 Beispiel eines Konsortiums

und Verantwortlichkeiten, welche meist in einem Konsortialvertrag vereinbart werden.

Projektumfeldanalyse
Sobald das Projektteam feststeht, kann mit der Projektumfeldanalyse begonnen werden, um die Rahmenbedingungen des Projektes und deren Rückwirkungen auf die Ziele des Projektes zu untersuchen.

Der Begriff „**Projektumfeld**" schließt alle internen und externen Stakeholder*innen (Anspruchsgruppen, Interessengruppen) ein, die direkt oder indirekt das Projekt beeinflussen oder vom Projekt beeinflusst werden (Abb. 1.17). Der PMBOK® Guide definiert Stakeholder*innen folgendermaßen:

▶ Stakeholder*in: „Eine Person, Gruppe oder Organisation, die auf ein Projekt, Programm oder Portfolio einwirken kann, von einer Entscheidung, einem Vorgang oder dem Ergebnis eines Projektes, Programms oder Portfolios betroffen sein kann oder sich als betroffen wahrnimmt." (Project Management Institute, 2021, S. 251)

Zur systematischen Erfassung aller Stakeholder*innen im Projektumfeld dient die Projektumfeldanalyse (auch **Stakeholder*innen-Analyse** genannt), die der PMBOK® Guide folgendermaßen definiert:

▶ **Stakeholder*innen-Analyse** „Eine Methode zur systematischen Sammlung und Analyse quantitativer und qualitativer Informationen, um

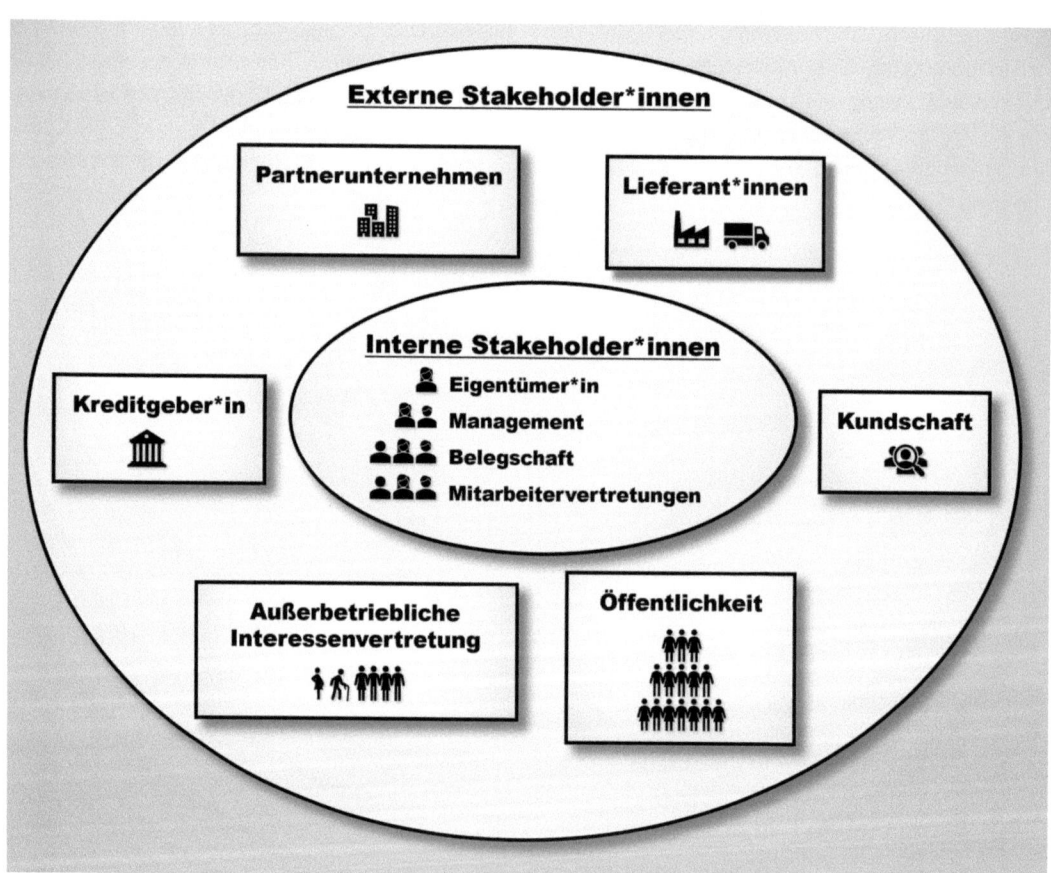

Abb. 1.17 Interne und externe Stakeholder*innen. (In Anlehnung an Wojda, 2007, AN21)

festzustellen, wessen Interessen während der Projektdauer berücksichtigt werden sollten." (Project Management Institute, 2021, S. 251)

Die Berücksichtigung der Stakeholder*innen-Interessen ist notwendig, da diese auch Risikofaktoren für den Projekterfolg darstellen können. Obige Definition deutet darauf hin, dass die Einflüsse der Stakeholder*innen im Projektumfeld von unterschiedlichem Ausmaß sind, d. h. unterschiedliche Risikopotenziale darstellen. Die Stakeholder*innen-Analyse hilft dabei, mögliche Risiken, die im Zusammenhang mit sämtlichen Stakeholder*innen stehen, zu erfassen und zu bewerten. Somit kann Problemen (z. B. Konfliktpotenziale) durch geeignete Gegenmaßnahmen (z. B. bei der Teamauswahl) vorgebeugt werden.

Dabei sind üblicherweise folgende Punkte zu klären:

- Wer sind die Stakeholder*innen im Projekt?
- Welche Auswirkungen hat das Projekt auf seine Umwelt (soziale, physikalische, ökonomische, ökologische)?
- Welche projektrelevanten Randbedingungen und Einflussfaktoren, wie z. B. Gesetzestexte oder technologische Einschränkungen, gibt es?
- Welche Projektrisiken existieren?
- Welche Handlungsalternativen und Projektvarianten gibt es?
- Wie sehen eventuelle Ausweichpläne bei Veränderungen in der Umwelt aus?
- Wie müssen interne Schnittstellen zum Unternehmen und externe Schnittstellen zur Umwelt gestaltet werden, damit die Kommunikation – eines der wichtigsten Mittel zur Akzeptanzerhöhung – effizient und effektiv ist?
- etc.

Zur Bewertung von Stakeholder*innen-Interessen und -Risiken können alle als relevant erscheinenden Faktoren betrachtet und qualitativ als auch quantitativ analysiert werden. Dabei wird allgemein folgendermaßen vorgegangen:

a. Erkennen und Erfassen aller Stakeholder*innen (Personen oder Interessengruppen) im Projektumfeld

b. Strukturieren, Kategorisieren und Bewerten der identifizierten Stakeholder*innen nach Relevanz in Bezug auf deren Auswirkungen auf das Projekt oder in Bezug auf die Auswirkungen des Projektes auf die Stakeholder*innen

c. Erstellen eines Maßnahmenkataloges (Strategien) zur Vermeidung unerwünschter Risiken und Verstärkung von Chancen

Bei der Identifikation des Projektumfeldes sollten zwar möglichst alle Stakeholder*innen und Informationen über diese erfasst werden, um anschließend eine gründliche Bewertung durchführen zu können. Jedoch sollte der Aufwand für die Stakeholder*innen-Analyse im Verhältnis zum zugrunde liegenden Nutzen stehen. Gegebenenfalls kann die zu analysierende Umwelt „verkleinert" werden, indem ein besonderer Fokus auf die bedeutendsten Stakeholder*innen gerichtet wird. Am Ende sind etwaige Rückwirkungen der Projektumfeldanalyse auf die Projektziele zu berücksichtigen.

Hat man das Projektumfeld und dessen Einflussfaktoren auf das Projekt qualitativ erfasst, kann man diese quantitativ bewerten und in ein sogenanntes **Stakeholder*innen-Portfolio** aufnehmen. Dieses ermöglicht die grafische Darstellung von Projekteinflussfaktoren in einer zweidimensionalen Matrix, z. B. kann die x-Achse das Interesse der Stakeholder*innen und die y-Achse deren Macht oder Einfluss repräsentieren (Timinger, 2017, S. 124). Durch die sich daraus ergebende relative Verteilung der Stakeholder*innen in einer Matrix können diese priorisiert werden und strategische Maßnahmen (z. B. in Bezug auf den Interaktionsbedarf) vorbereitet werden (in Abb. 1.18 links).

Dieses Analyseprinzip kann zum Bubble-Plot erweitert werden, um zusätzlich Konfliktpotenziale der Stakeholder*innen (oder andere Risikofaktoren) im Vergleich gegeneinander zu veranschaulichen. Dabei stellt jeder Kreis einen oder eine Stakeholder*in dar, wobei die Größe des Kreises proportional zum relativen Konfliktpotenzial ist (in Abb. 1.18 rechts).

Für eine quantitative Auswertung können erfasste Risikofaktoren (z. B. Konfliktpotenzial) auch als sogenannte **Risikoprioritätszahl** (RPZ)

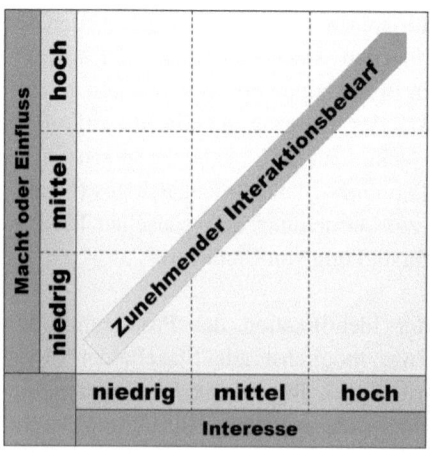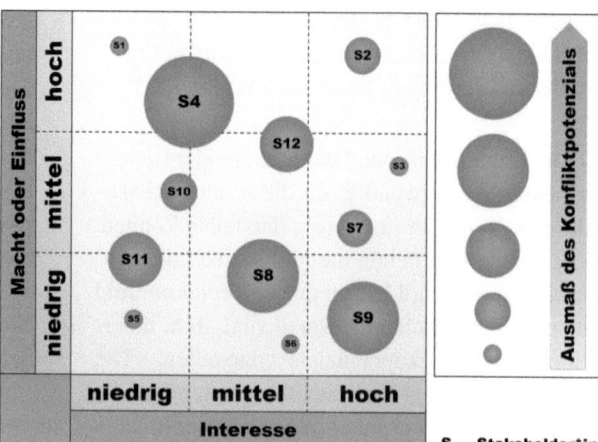

Abb. 1.18 Projektumfeldanalyse. (In Anlehnung an Timinger, 2017, S. 124)

ausgedrückt werden. Dies ermöglicht eine Aufnahme in ein Risikoportfolio (vgl. mit dem Stakeholder*innen-Portfolio) und eine bewertende Auflistung von Gegenmaßnahmen sowie deren grafische Darstellung in einer Risikomatrix (ähnlich wie im Abschn. 2.4 beschrieben).

Die Stakeholder*innen-Analyse im Projekt DigiCirCont

Das Beispielprojekt DigiCirCont ist als Konsortialprojekt organisiert, um die Kompetenzen und Ressourcen von unterschiedlichen Organisationen zu vereinen, die für die Erreichung der Projektziele benötigt werden. Dadurch entsteht für ein Forschungsprojekt dieser Art eine hohe Komplexität des Projektumfeldes. Um das Prinzip einer qualitativen und quantitativen Bewertung verschiedener Stakeholder*innen für die Lehrzwecke dieses Buches sinnvoll illustrieren zu können, wird nachfolgend eine allgemeine und stark vereinfachte Projektumfeldanalyse des Beispielprojektes DigiCirCont beschrieben. Diese beschränkt sich auf den Konsortialführer (das Digitalization Institute) sowie auf die Konsortialpartnerunternehmen und die wichtigsten externen Stakeholder*innen-Gruppen (die Projektauftraggeber*in, die Lieferant*innen und die Patentanwältin von Out-of-the-Box).

Für die qualitative Analyse der ausgewählten Teammitglieder sowie des Geschäftsführers des Digitalization Institute wurden diese in einer Tabelle (Stakeholder*innen-Portfolio) gelistet und den Einflussfaktoren „Interesse am Projekt", „Macht und Einfluss" und „Erwartbare Konflikte" gegenübergestellt (Abb. 1.19). Für die qualitative Analyse wurde beim Faktor „Interesse am Projekt" ferner zwischen „Erwartungen vom Projekt" und „Erwartungen an das Projekt" unterschieden.

Zusätzlich wurden in der Tabelle diese Einflussfaktoren anhand der einzelnen Beschreibungen auf einer Skala von 1 bis 10 (subjektiv) bewertet. Aus der grafischen Darstellung des Stakeholder*innen-Portfolios geht somit hervor, dass der Projektleiter Gerald Schneikart, der Forschungsleiter Walter Mayrhofer und der Geschäftsführer als die einflussreichsten Stakeholder*innen identifiziert wurden (Abb. 1.20). Dies ist wenig überraschend auf ihre Führungsrollen zurückzuführen. Trotzdem stellten bei der Analyse die Kolleg*innen Maria Bello und Josef Schlau aufgrund ihrer Situation (tendenziell überlastet, da Teilzeitkraft und in mehreren parallel laufenden Projekten beschäftigt; vgl. Abb. 2.23) bzw. seine Charakterzüge größere Konfliktpotenziale dar (Abb. 1.19).

Stakeholder*in	Interesse am Projekt Faktor	Erwartungen vom Projekt	an das Projekt	Macht und Einfluss Faktor	Bemerkung	Erwartbare Konflikte Faktor	Bemerkung
Gerald Schneikart\n\nProjektleiter	10	Zuverlässigkeit bei sämtlichen administrativen Angelegenheiten	Maximalen Output - Ergebnisse, die sich publizieren lassen	9	Als Projektleiter verantwortlich für das gesamte Projektmanagement	3	Konfliktpotenzial bei Nichteinhaltung von Abmachungen
Walter Mayrhofer\n\nForschungs-leiter	7	Reibungslose Zusammenarbeit mit dem Fördergeber	Sieht bedeutendes wirtschaftliches Potenzial	10	Absolute Freiheit bei Entscheidungen, die das Digitalization Institute betreffen	2	Konfliktpotenzial bei mangelndem Interesse einer der Projektpartner*innen
Susi Maier\n\nSoftware-Entwicklerin	7	Bereitstellung ihrer Expertise im Bereich Software-Entwicklung	Publikations-möglichkeiten	4	Expertise und Ehrfahrung erfolgsentscheidend, aber keine Personalverantwortung	1	Von Ihrer Meinung stark überzeugt
Anna Huber\n\nData Scientist	7	Bereitstellung ihrer Expertise im Bereich Data Science	Persönliche und berufliche Weiterentwicklung	2	Expertise und Ehrfahrung erfolgsentscheidend, aber keine Personalverantwortung	1	gering
Maria Bello\n\nLabor-technikerin	3	Ergreifen der Chance, sich durch das Projekt weiterzubilden	Möglichkeit, Projekterfahrung zu sammeln	1	Expertise und Ehrfahrung erfolgsentscheidend, aber keine Personalverantwortung	8	Aufgrund ihrer Teilzeitanstellung manchmal überlastet und dadurch gereizt
Josef Schlau\n\nProzess-manager	5	Bereitstellung seiner Expertise im Bereich Prozessmanagement	Chance, wissenschaftlichen Beitrag zu leisten	2	Expertise und Ehrfahrung erfolgsentscheidend, aber keine Personalverantwortung	6	Manchmal übermäßiger Hang zum Detail und kann streitlustig sein
Bruce Wayne\n\nCEO	6	Rückendeckung gegenüber externen Stakeholder*innen in potentiellen Konfliktsituationen	Erfolg des Projektes	10	Hat formal absolute Entscheidungsgewalt, vertraut jedoch Walter Mayrhofer	1	Konfliktpotenziale bei nicht planmäßigem Projektfortschritt und schlechtem Informationsaustausch

Abb. 1.19 Qualitative Analyse des Teams am Digitalization Institute (Konsortialführer*in)

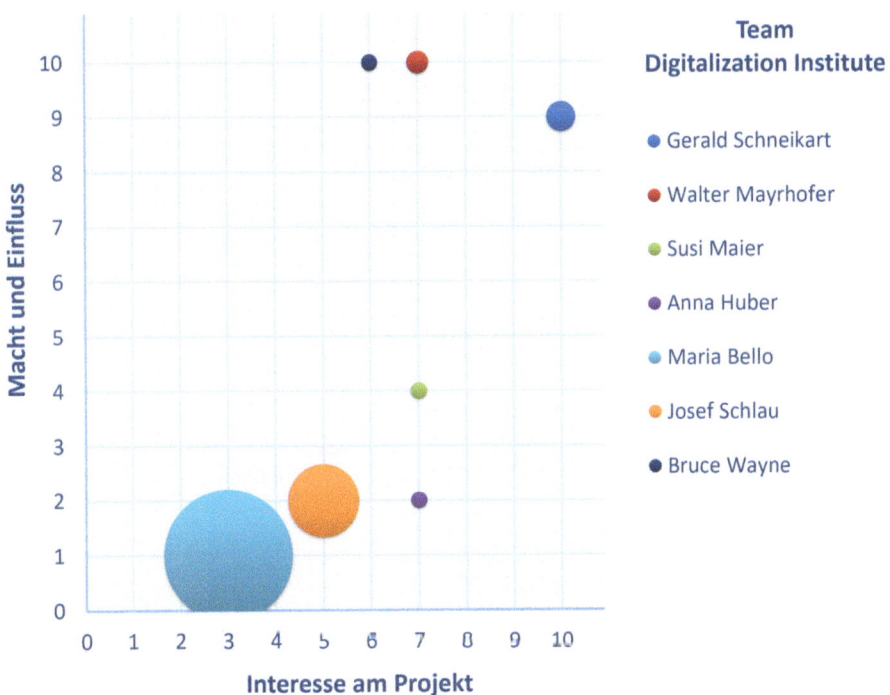

Abb. 1.20 Quantitative Analyse des Teams am Digitalization Institute (Konsortialführer)

Analog wurde eine qualitative (Abb. 1.21) und quantitative Analyse (Abb. 1.22) der Konsortialpartnerunternehmen sowie der wichtigsten externen Stakeholder*innen-Gruppen durchgeführt.

Ähnlich wie bei der internen Projektumfeldanalyse (Abb. 1.20) ist zu erkennen, dass nicht notwendigerweise die einfluss-reichste Stakeholder*innen-Gruppe das größte Konfliktpotenzial darstellt. Die Analyse der externen Stakeholder*innen-Gruppen zeigt, dass von einer oder eine der Lieferant*innen (B) ein bedeutendes Risiko ausgeht, da es in einem anderen Projekt zu einem Lieferausfall kam. Trotzdem wurde der Einfluss der Lieferant*in auf das Projekt als relativ gering ein-

Stakeholder*in	Interesse am Projekt – Faktor	Erwartungen – vom Projekt	an das Projekt	Macht und Einfluss – Faktor	Bemerkung	Erwartbare Konflikte – Faktor	Bemerkung
Digitalization Institute / Konsortialführer*in	10	Zuverlässigkeit bei sämtlichen administrativen Angelegenheiten	Maximalen Output - Ergebnisse, die sich publizieren lassen	10	Als Konsortialführer verantwortlich für das gesamte Projektmanagement	2	Gute Beziehung zu den Projektpartner*innen
Out-of-the-Box / High-Tech Logistik Start-up	8	Leadership der Teilaufgabe 3.4	Wissenschaftliche Daten für das Mehrwegboxensystem	7	Business-Development zwischen den Konsortial- und Netzwerkpartnern	7	Potentieller IP-Konflikt; Geschäftführer sehr visionsorientiert
BoxChain / IT-Start-up	7	Leadership des Teilaufgabe 3.3	Erleichterter Eintritt in den Logistikmarkt	7	Verantwortlich, die Entwicklung der Softwaresteuerung voranzutreiben	6	Potentieller IP-Konflikt; Unternehmen ist auch mit anderen Projekten beschäftigt
AI-Institute / Forschungseinrichtung	4	Leadership des Hauptaufgabe 5	Wissenschaftliche Innovation für Folgeprojekte	4	Verantwortlich, die Technologiefolgenabschätzung voranzutreiben	7	Manche der Mitarbeiter*innen haben den Ruf, schwer erreichbar zu sein; hat viele aktive Projekte
A-Z Delivery / Logistikunternehmen	2	Bereitstellung von Prozessressourcen	Exklusiver Zugang zu neuartiger Technologie	6	Sehr wichtiger Stakeholder für die Umsetzung der Pilotierungsphase im Projekt	4	Prioritäten des Unternehmens könnten sich ändern; Forschung steht nicht im Vordergrund
Fördergebergesellschaft / Projektauftraggeber*in	8	Reibungslose Zusammenarbeit bei den Auszahlungen	Reibungslose Zusammenarbeit mit dem Digitalization Institute	10	Als Fördergeber sehr viel Macht über das Projekt	5	Probleme mit der zugeteilten Kontaktperson bei einem der Vorgängerprojekte
Lieferant*in A / CAD-Design und 3D-Druck	1	Zuverlässigkeit der Lieferung	Erleichterter Zugang zu neuartiger Technologie	3	Entscheidend bei der Netzwerkbildung	2	Konfliktpotenzial schwer abschätzbar; keine Erfahrung mit dem Partner
Lieferant*in B / Elektronikbauteile	1	Zuverlässigkeit der Lieferung	Erleichterter Zugang zu neuartiger Technologie	2	Entscheidend bei der Netzwerkbildung	9	Lieferung könnte ausfallen; kam bereits in einem anderen Projekt vor
Lieferant*in C / Kunststoffmaterial	1	Zuverlässigkeit der Lieferung	Erleichterter Zugang zu neuartiger Technologie	1	Entscheidend bei der Netzwerkbildung	2	Konfliktpotenzial schwer abschätzbar; keine Erfahrung mit dem Partner
Patentanwalt / von Out-of-the-Box	3	Juristische Rückendeckung von Out-of-the-Box	Einigung bei der Erstellung des Konsortialvertrags	3	Einfluss bei der Konsortialvertragserstellung, danach nur bei potentiellen juristischen Konflikten	8	Sehr kritisch, sehr detailorient sowie sehr hartnäckig; könnte den Projektstart gefährden

Abb. 1.21 Qualitative Analyse der Konsortialpartnerunternehmen und der wichtigsten externen Stakeholder*innen-Gruppen

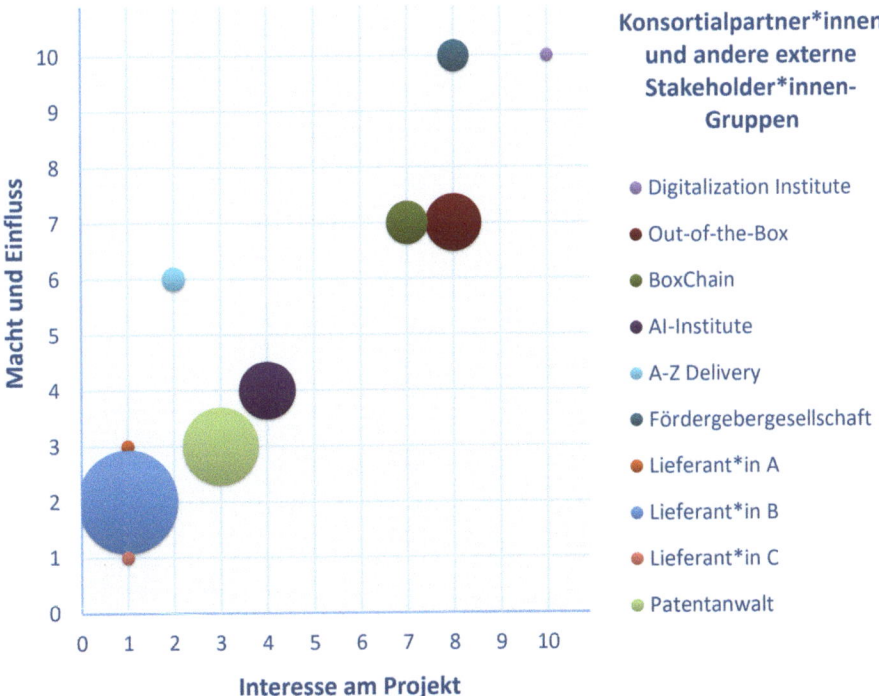

Abb. 1.22 Quantitative Analyse der Konsortialpartnerunternehmen und der wichtigsten externen Stakeholder*innen-Gruppen

gestuft, da es auf dem Markt alternative Lieferant*innen gibt. In solch einem Fall sollten geeignete Maßnahmen vorbereitet werden, wie z. B. einen oder eine andere Lieferanten*in in Betracht zu ziehen, auf den oder die notfalls ausgewichen werden kann, wenn es tatsächlich zu einem Lieferausfall kommt. ◄

Projektdefinition
Am Ende der Explorationsphase steht die Erstellung einer Projektdefinition, welche Ausgangspunkt für die Projektplanung und die weitere Arbeit im Projekt ist. Entsprechend dem Umfang des Projektes kann diese unterschiedlich detailliert aufbereitet werden. Als Möglichkeit für eine übersichtliche Zusammenstellung und Kommunikation der Projektdefinition bietet sich der **Projektsteckbrief** an (Patzak & Rattay, 2023, S. 710; Timinger, 2017, S. 378) (Abb. 1.23).

- **Projektname**
  Zum Zeitpunkt der Erstellung der Projektdefinition ist es ratsam, „dem Kind einen

Namen" zu geben. Der **Projektname** soll eine einfache Identifikation mit den Projektzielen ermöglichen und diese auch nach außen kommunizieren.

- **Projektnummer**
  Wenn in einem Unternehmen mehrere Projekte gleichzeitig ablaufen, ist die Vergabe einer **Projektnummer** bzw. eines Projektcodes sinnvoll. Oftmals dient der Projektcode auch dazu, projektbezogene Daten (Kosten, Personal, etc.) EDV-gestützt zu verwalten.

- **Ausgangssituation und Problemstellung für das Projekt**
  Unter diesem Punkt sollten die Ausgangssituation, aus welcher die Projektidee entstand, sowie die in der Projektumfeldanalyse gewonnenen Erkenntnisse und die daraus resultierende Problemstellung des Projektes beschrieben werden.

- **Projektziele**
  Die möglichst klare und konkrete Definition der Sach- und Formalziele ist Voraussetzung für das effektive und effiziente Arbeiten im Projekt.

Abb. 1.23 Projektsteckbrief

Projektsteckbrief			
Projektname:		Projektnummer:	
Problemstellung und Ausgangssituation (Motivation):			
Sachziele:			
Formalziele:			
Nicht-Ziele:			
Inhaltliche Projektbeschreibung:			

Zeitliche Abgrenzung		
Ereignisse		Datum
Projektanfang:		
Meilenstein 1:		
Meilenstein 2:		
...		
Erwartetes Projektende:		

Organisatorische Abgrenzung		
Projektteam		Organisationseinheit
Projektauftraggeber*in:		
Projektleitung:		
Projektteam:		

Kostenabgrenzung		
Budgetierte Kosten [Tausend Euro]		Begründung
Personalkosten:		
Kosten Dritte:		
Sachkosten:		
Reisekosten:		
Sonstige Kosten:		
Gesamte Projektkosten:		

Kritische Erfolgsfaktoren

- **Inhaltliche Projektbeschreibung**
  Hier soll das Vorhaben hinsichtlich der zu tätigenden Aufgaben, der zu behandelnden Inhalte, des erwarteten Leistungsumfangs und der Qualität der Leistungen unter Berücksichtigung gegenseitiger Abhängigkeiten grob beschrieben werden.
- **Zeitliche Abgrenzung**
  Aufbauend auf der inhaltlichen Projektbeschreibung soll eine (zumindest grobe) zeitliche Projektplanung gemacht werden. Dem Um-

stand, dass Projekte definitionsgemäß nur eine begrenzte Dauer besitzen, sollte durch einen definierten Anfangs- und einen erwarteten Endzeitpunkt Ausdruck verliehen werden. Dazwischen ist es ratsam, **Meilensteine** zu definieren. Meilensteine sind besondere Ereignisse, Entscheidungen oder Ergebnisse des Projektes.
- **Organisatorische Abgrenzung**
  Die organisatorische Abgrenzung umfasst die Benennung des oder der Projektauftraggeber*in, des oder der Projektmanager*in sowie die No-

minierung des Projektteams. Dabei kann insbesondere bei größeren Projekten zwischen Kernteammitgliedern und dem erweiterten Projektteam unterschieden werden (Abb. 1.9). Ebenso kann der Vermerk der Organisationseinheit, aus welcher das Projektteammitglied in das Projektteam entsandt wurde, hinsichtlich der Ausgewogenheit der Zusammensetzung des Projektteams hilfreich sein.

- **Kostenabgrenzung**
  Die zeitliche und organisatorische Abgrenzung ist die Basis für die Berechnung der Projektkosten, die durch die Beschäftigung der Projektmitarbeiter*innen, den Einsatz von materiellen oder sonstigen betrieblichen Ressourcen sowie etwaige Dienstreisen entstehen. Dementsprechend werden Kosten grundsätzlich in Personal-, Sach-, Reisekosten, Kosten Dritter und Sonstige Kosten aufgegliedert und müssen durch das **Projektbudget** gedeckt werden. Um ein Budget erstellen zu können, muss schon zu Beginn des Projektes eine gute Abschätzung über die zu erwartenden Projektkosten vorliegen.
- **Kritische Erfolgsfaktoren**
  Die Definition kritischer Erfolgsfaktoren (Faktoren, die für das Projekt besonders wichtig sind bzw. bei Nichterfüllung zum Scheitern bringen können) ist essenziell für eine planmäßige Entwicklung des Projektverlaufs.

Die Projektdefinition von DigiCirCont

Der Projektsteckbrief in Abb. 1.24 und Abb. 1.25 fasst die Projektdefinition von DigiCirCont übersichtlich zusammen. Die in der Projektdefinition angeführten Termine sowie das Budget entsprechen zu diesem Zeitpunkt in der Explorationsphase Schätzungen und werden erst in der Detailplanung genauer bestimmt. ◄

1.2.1.2 Planung
Nachdem das Projekt definiert und beschlossen wurde, müssen alle Tätigkeiten und Ressourcen

zur Erreichung der vorgegeben Ziele koordiniert werden. Die Planungsphase (Abb. 1.26) liefert einen vollständigen Projektplan in Form eines Ablauf-, Fristen- und Terminplans, eines Ressourcenplans, eines Kostenplans bzw. einer Kostenschätzung sowie eines Risikoplans, einschließlich der in der Projektumfeldanalyse identifizierten Stakeholder*innen-Risiken. Aufgrund der zentralen Bedeutung werden die Methoden der Projektplanung im nachfolgenden Kap. 2 detailliert beschrieben und deren praktische Anwendung veranschaulicht.

1.2.2 Ausführungsphase

Sobald ein Detailplan erstellt wurde, können dem Plan entsprechend die eigentlichen Projektinhalte erarbeitet werden. Parallel zur Umsetzung müssen die Arbeiten dokumentiert werden. Obwohl mit der Dokumentationsphase bereits vor der Ausführungsphase gestartet wird (z. B. bei der Ideenentwicklung oder bei der Herleitung der Projektdefinition), ist sie hauptsächlicher Begleiter der Umsetzungsphase. Beide Phasen werden nachfolgend skizziert.

1.2.2.1 Umsetzung
Die Umsetzungsphase (Abb. 1.27) zeichnet sich durch die konkrete Herstellung eines Produktes oder einer Dienstleistung aus. Nur in dieser Phase wird wertschöpfend gearbeitet. Um zu gewährleisten, dass die Projektziele erreicht werden, ist ein effektives Projektcontrolling essenziell. Gängige Controlling-Methoden und deren praktische Anwendung werden im Kap. 3 detailliert beschrieben und veranschaulicht. Am Ende der Umsetzungsphase steht das (fast) fertige Produkt oder die erbrachte Dienstleistung.

1.2.2.2 Dokumentation
Die Projektdokumentation (Abb. 1.28) ist nicht chronologisch am Ende des Projektes zu sehen, sondern zieht sich durch das gesamte Projekt und sollte bereits bei der Ideenentwicklung beginnen.

Projektsteckbrief			
Projektname:	DigiCirCont	Projektnummer:	2025-12
Problem-stellung und Ausgangs-situation (Motivation):	Durch soziale und rechtliche Entwicklungen in der Güterlogistik steigt die Nachfrage nach kreislauffähigen Mehrwegbehältersystemen. Ein Schlüsselfaktor für den wirtschaftlichen Erfolg ist die Nutzung von Internet-of-Things-Technologien, die neben den ökologischen Vorteilen auch Effizienzgewinne und damit ökonomische Vorteile gegenüber Einwegsystemen, wie z.B. Papierboxen, bieten. Mittels Pilotierung sowie einer darauf aufbauenden Analyse der ökonomischen und ökologischen Auswirkungen eines digital unterstützten Mehrwegcontainersystems für die Paketlogistik kann die wissenschaftliche Basis für die Nutzung digitaler Mehrweglieferprozesse auf der letzten Meile (Last Mile) geschaffen werden, die zur Realisierung der Vision eines Mehrweglogistik-basierten Kreislaufwirtschaftssystems nötig ist. Da die für die Erreichung der Projektziele nötigen Kompetenzen nicht alleine vom Start-up-Unternehmen Out-of-the-Box, welches ein digital unterstütztes Mehrwegcontainersystems entwickelt und die Projektidee ins Leben gerufen hat, gestellt werden können, wurde für die Erarbeitung der Projektinhalte ein Konsortium bestehend aus zwei nicht-profitorientierten Forschungseinrichtungen, zwei Start-up-Unternehmen und einem Logistikunternehmen gebildet. Die Konsortialführerschaft übernimmt die Forschungseinrichtung Digitalization Institute.		
Sachziele:	Durchführung eines Forschungs- und Entwicklungsprojektes zur Überprüfung der ökonomischen und ökologischen Auswirkungen der Implementierung eines Industrie-4.0-unterstützen Mehrwegboxensystems.		
Formalziele:	• Entwicklung und Integration von Sensorik für Tracking and Tracing sowie Blockchain-Anwendungen in die zugrunde liegende Mehrwegboxenlösung • Eignung des Mehrwegboxenprototyps für Logistikprozesse der letzten Meile • Bestimmung der ökonomischen und ökologischen Nachhaltigkeit mit geeigneten Methoden (z.B. mittels ISO-genormter Life Cycle Analysis) • Pilotierung unter möglichst realen Bedingungen • Durchführung einer umfassenden Technologiefolgeabschätzung • Maximale Projektkosten: € 2.000.000,– • Verwendung von mindestens 90 % recycelbaren Materialien und erneuerbarer Energie • Weiblicher Anteil des Projektteams: mindestens 50 %		
Nicht-Ziele:	• Keine Entwicklung einer marktfähigen Produktversion der Mehrwegboxenlösung im Rahmen des Projektes (aufgrund der Förderbedingungen) • Keine Pilotierung der prototypischen Mehrweglösung in Intralogistikprozessen		
Inhaltliche Projekt-beschreibung:	Es soll ein Prototyp des Mehrwegbehältersystems, inklusive einer dazugehörigen Regaleinheit, entstehen, der mit Internet-of-Things-Sensorik für Real-Time-Temperaturmessung des Boxen-Innenraums, zur Verriegelung der Boxen im Regal und zum Tracking der Boxen ausgestattet ist. Nach erfolgten Tests der Software sowie der physischen Einheiten soll das Box-Regalsystem in ausgewählten Prozessen eines Logistikunternehmens pilotiert werden. Dabei sollen Nachhaltigkeitsdaten mit gleichwertigem Fokus auf die drei Säulen der Nachhaltigkeit – ökologisch, sozial und ökonomisch – generiert werden, welche in weiterer Folge im Rahmen einer Technologiefolgenabschätzung analysiert werden. Die Ergebnisse sollen schließlich noch innerhalb der Projektlaufzeit publiziert werden.		

Abb. 1.24 Projektsteckbrief des Projektes DigiCirCont (Seite 1)

Die Nachvollziehbarkeit und die Dokumentation der geleisteten Arbeit sind von hoher Bedeutung für den oder die Kund*in, den oder die Projekt-auftraggeber*in und das gesamte Projektteam. Die exakte Dokumentation liefert die notwendigen Daten, um auf Probleme bei der Umsetzung zu reagieren und mögliche Schwierigkeiten bei der Übergabe zu vermeiden.

1.2.3 Abschlussphase: Test und Übergabe

Abnahmetests in dieser Projektphase zeigen, ob alle Kriterien des Pflichtenheftes erfüllt (verifiziert) wurden (Abb. 1.29). Bei bestandenen Tests ist das **Produkt** zur Übergabe an die Kundschaft bereit und das Projekt kann abgeschlossen werden.

Zeitliche Abgrenzung	
Ereignisse	*Datum*
Entscheidung des Konsortiums über weiteres Vorgehen	Montag, 20. Dezember 2021
Projektanfang (Kick-off)	Montag, 3. Jänner 2022
Pflichtenheft für den Prototyp erstellt	Freitag, 1. Juli 2022
Prototypische digitale Services entwickelt	Freitag, 29. Dezember 2023
Prototyp Mehrwegbehälter mit IoT-Sensorik fertiggestellt	Freitag, 2. Februar 2024
Pilotierung abgeschlossen	Freitag, 28. Juni 2024
Analysen abgeschlossen	Freitag, 27. Dezember 2024
Erwartetes Projektende:	Dienstag, 31. Dezember 2024

Organisatorische Abgrenzung		
Projektteam		*Organisationseinheit*
Projektauftraggeber*in:		Fördergebergesellschaft
Projektleitung	Digitalization Institute	
Projektteam Digitalization Institute:	Gerald Schneikart	Projektleitung & Forschung	Forschungseinrichtung
	Walter Mayrhofer	Forschungsleiter Digitalization Institute	Forschungseinrichtung
	Susi Maier	Software-Entwicklerin & IT-Forschung	Forschungseinrichtung
	Anna Huber	Data Science und IT-Forschung	Forschungseinrichtung
	Maria Bello	Labortechnikerin	Forschungseinrichtung
	Josef Schlau	Prozessmanager und IT-Forschung	Forschungseinrichtung
Konsortialpartner-organisationen:	AI-Institute		Forschungseinrichtung
	BoxChain		IT-Start-up
	Out-of-the-Box		High-Tech-Logistik-Start-up
	A–Z Delivery		Logistikunternehmen

Kostenabgrenzung		
Personalkosten der jeweiligen Partnerorganisationen [Tausend]:		*Begründung*
Digitalization Institute	€ 340	Durchschnittlicher Verrechnungssatz von € 92,– pro Personenstunde
AI-Institute	€ 225	Durchschnittlicher Verrechnungssatz von € 114,– pro Personenstunde
BoxChain	€ 230	Durchschnittlicher Verrechnungssatz von € 64,– pro Personenstunde
Out-of-the-Box	€ 170	Durchschnittlicher Verrechnungssatz von € 57,– pro Personenstunde
A–Z Delivery	€ 80	Durchschnittlicher Verrechnungssatz von € 80,– pro Personenstunde
Personalkosten (gesamt):	**€ 1 045**	
Kosten Dritte:	€ 150	CAD-Design und 3D-Druck (anteilige Kosten), Patentanwalt
Sachkosten:	€ 300	Kunststoffmaterial, Elektronikbauteile (anteilige Kosten)
Reisekosten:	€ 25	Persönliche Treffen mit Partnern
Sonstige Kosten:	€ 50	Pilotierungsbetrieb, Publikationskosten
Gesamte Projektkosten:	**€ 1 570**	

Kritische Erfolgsfaktoren
• Fertigstellung des Pflichtenhefts so bald als möglich, um zeitnah mit den Entwicklungsarbeiten beginnen zu können
• Zeitgerechte Fertigstellung eines funktionsfähigen Mehrwegboxen-Prototyps
• Rechtzeitiger Start der Pilotierung, um für die Analysen ausreichend Daten zu generieren
• Abschluss der Analysearbeiten vor dem Projektende

Abb. 1.25 Projektsteckbrief des Projektes DigiCirCont (Seite 2)

Abb. 1.26 Planung-sphase

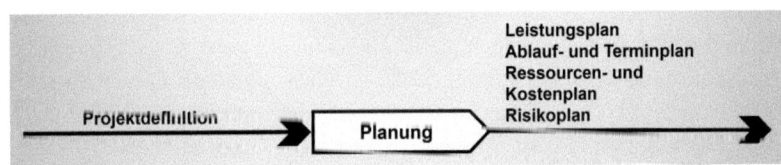

Abb. 1.27 Umsetzungsphase

Abb. 1.28 Dokumentationsphase

Abb. 1.29 Testphase

Abb. 1.30 Übergabephase

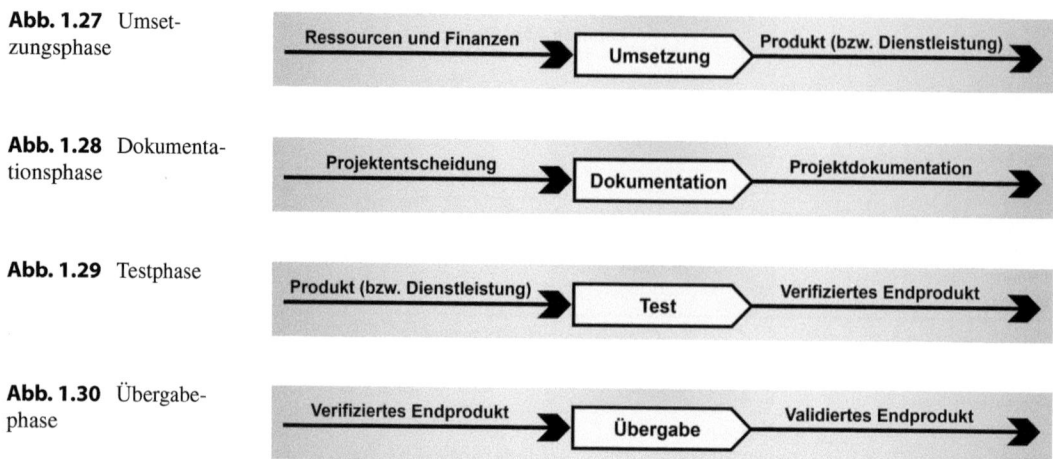

Das verifizierte Produkt kann schließlich dem oder der Projektauftraggeber*in übergeben werden, sobald die **Anforderungen an das Produkt** bzw. die Dienstleistung als erfüllt bestätigt (validiert) wurden. Die Übergabe des Projektes ist immer durch ein Übergabe- bzw. Übernahmeprotokoll zu dokumentieren (Abb. 1.30).

1.3 Projektlebenszyklen

Die Anordnung und Häufigkeit der im vorigen Abschn. 1.2 beschriebenen Phasen nach einem gewählten Vorgehensmodell definieren den **Projektlebenszyklus**.

1.3.1 Der deterministische Ansatz

Deterministische Projektlebenszyklen folgen einer sequenzbasierten Logik. Das bedeutet, dass jede Phase sequenziell durchlaufen wird und das Projektergebnis (Produkt oder Dienstleistung) erst am Projektende übergeben wird (Project Management Institute, 2017, S. 18–21). Dieses Prinzip lässt sich mit dem Wasserfallmodell, einem Vorgehensmodell, das bereits in Abschn. 1.2 erwähnt wurde, veranschaulichen. Es ist eine intuitive Anordnung der Phasen, man denke an Wasser, das Strompassagen durchläuft und am Ende jedes Flussabschnitts über Wasserfälle in nach-

folgende Stromengen geleitet wird, bis es schließlich in ein offenes Gewässer mündet (Timinger, 2017, S. 38–40) (Abb. 1.31).

Diese lineare Abfolge von Projektphasen wird durch Hinzufügen von Meilensteinen zum Stage-Gate-Modell erweitert (Abb. 1.32). Dabei agiert ein Meilenstein als Kontrollpunkt (Gate) zum Übergang von einer Phase in die Nachfolgephase. Das bedeutet, dass eine Phase erst begonnen werden kann, wenn die Vorgängerphase abgeschlossen ist, d. h. ein Gate erfolgreich absolviert worden ist. Die Anwendung von Meilensteinen kann auch in nichtdeterministischen Projektlebenszyklen sinnvoll sein.

1.3.2 Der iterative Ansatz

Auch beim iterativen Ansatz werden die Projektphasen sequenziell durchlaufen und das Projektergebnis erst am Projektende übergeben. Bevor es jedoch zum Projektabschluss kommt, werden einzelne Projektphasen oder Teile davon wiederholt, um das Produkt im Sinne einer Anpassung an sich ändernde Stakeholder*innen-Anforderungen zu verbessern (Abb. 1.33). Hierfür können Feedback von Stakeholder*innen oder Erfahrungswerte aus vorangegangenen Iterationen integriert werden. Dieses Anpassungsprinzip kann eine Umplanung des weiteren Vorgehens zur Folge haben und ist sinnvoll, wenn anfangs ausreichend Un-

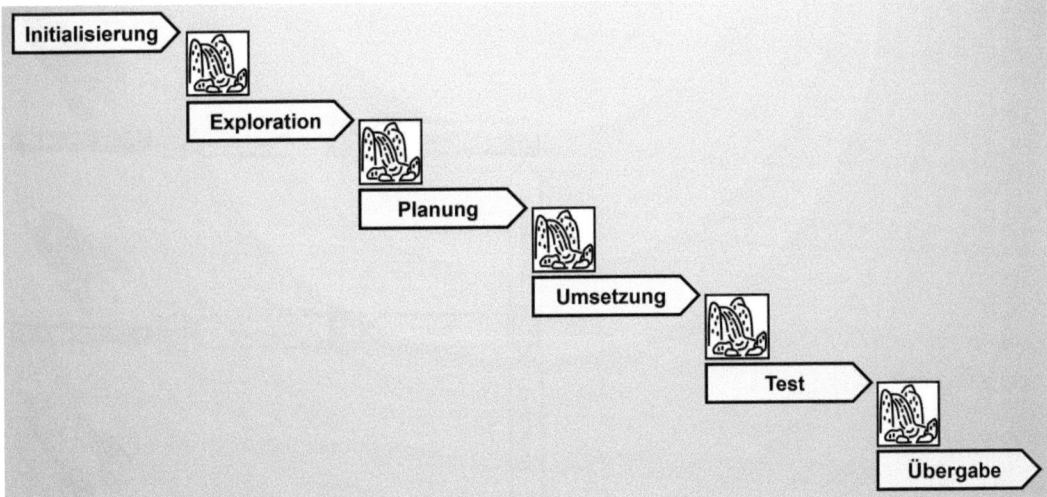

Abb. 1.31 Wasserfallmodell

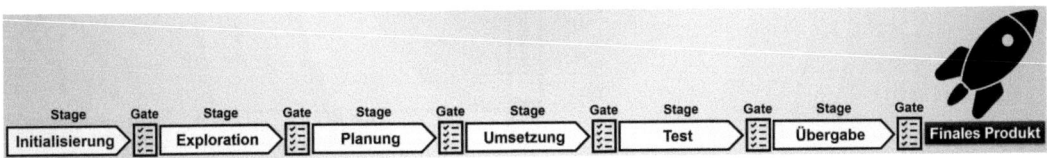

Abb. 1.32 Stage-Gate-Modell

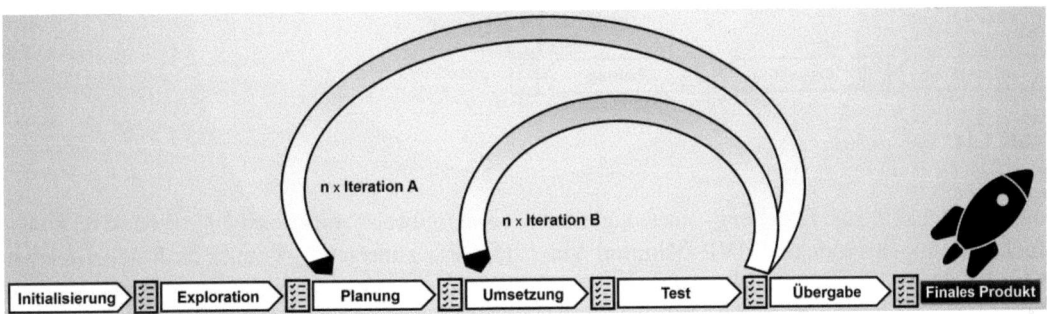

Abb. 1.33 Iterativer Ansatz

sicherheiten in Bezug auf die endgültigen Anforderungen bestehen (Project Management Institute, 2017, S. 18, 21).

1.3.3 Der inkrementelle Ansatz

In inkrementellen Projektlebenszyklen werden im Laufe der Entwicklungen zu bestimmten Zeitpunkten der Umsetzungsphase **Produktversionen** (teilweise funktionsfähige Inkremente) übergeben, welche bereits im Projektplan vorgesehen sind

(Abb. 1.34). Dies passiert unter der Voraussetzung, dass sich die Stakeholder*innen-Anforderungen nicht (oder nur unwesentlich) bis zum Projektende ändern. Auch dieser Ansatz hat das Erlangen von Stakeholder*innen-Feedback oder Erfahrungswerten zum Ziel. Im Gegensatz zum iterativen Ansatz dient der gewonnene Input jedoch der Verifizierung (Abgleich mit den Anforderungen im Pflichtenheft) bzw. der Validierung (Abgleich mit den Anforderungen im Lastenheft) bereits integrierter Funktionalitäten. Aus diesem Grund ist eine weitere Voraussetzung für dieses Vorgehen

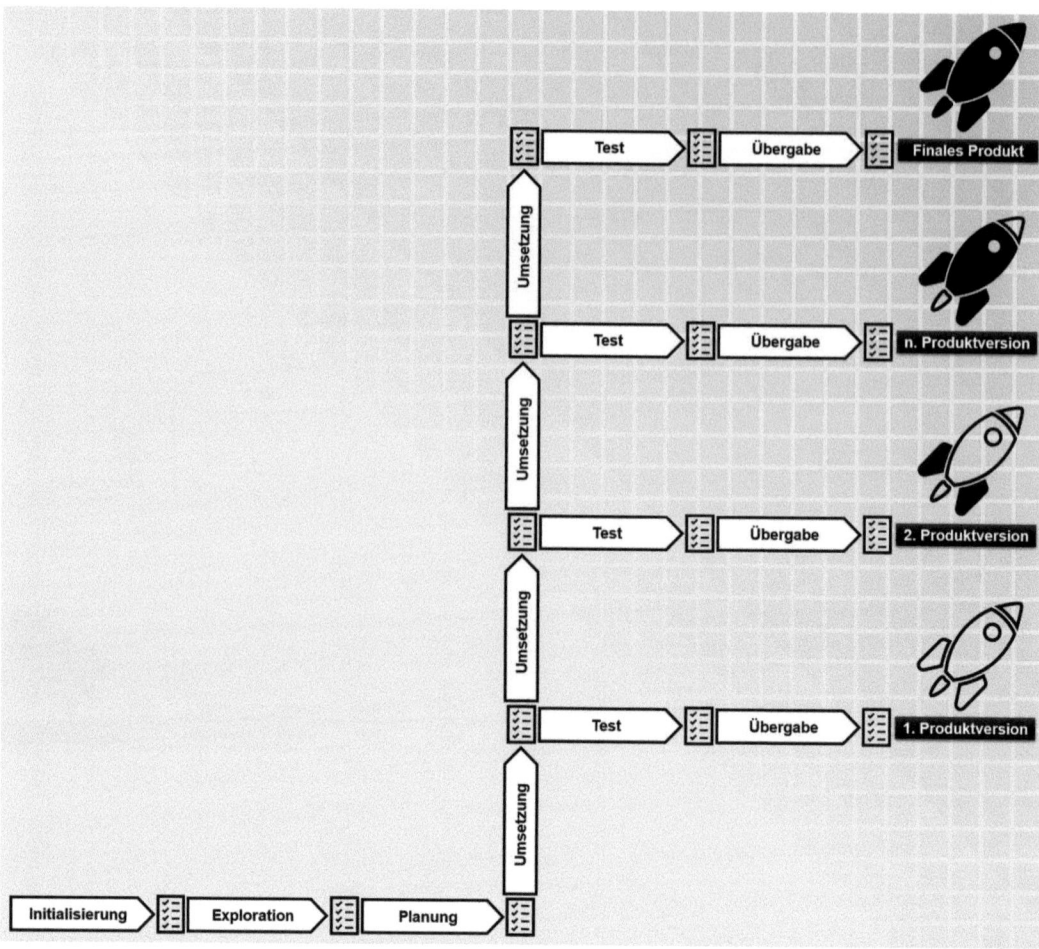

Abb. 1.34 Inkrementeller Ansatz

die Möglichkeit zur Erstellung eines kleinsten funktionsfähigen Produkts (MVP, **Minimal Viable Product**) (Project Management Institute, 2017, S. 18, 22, 23).

1.3.4   Der agile Ansatz

Die Dimensionen, die den iterativen und den inkrementellen Ansatz bestimmen, sind das *Maß an Unsicherheiten* bzw. die *Anzahl von Produktversionen, die bis zum Projektabschluss übergeben werden*. Integriert man beide Dimensionen in einem zweidimensionalen Modell zur Einordnung von Projektlebenszyklen, kann man agile Vorgehensweisen als Kombination der iterativen und der inkrementellen Ansätze verstehen (Abb. 1.35).

Sowohl die Vorteile, in regelmäßigen Abständen **Produktinkremente** zu präsentieren oder

sogar (teilweise) funktionsfähige Produktversionen (MVP) zu übergeben, als auch die Möglichkeit zur Adaption an sich ändernde Stakeholder*innen-Anforderungen sollen auf effizienteste Weise zu effektivsten Ergebnissen führen (Project Management Institute, 2017, S. 18, 19, 24).

Der agile Ansatz entwickelte sich parallel zur modernen Softwareentwicklung, welche durch iterative und inkrementelle Produktentwicklung geprägt ist. Die mittlerweile anerkannten Prinzipien des agilen Vorgehens wurden 2001 im „Manifest für Agile Softwareentwicklung" erstmals definiert (The authors of the Agile Manifesto, 2001), obwohl agile Denkweisen bereits früher entstanden, ohne diese explizit als „agil" zu bezeichnen (Timinger, 2017, S. 161). Sogar das Scrum-Rahmenwerk, welches im Zusammenhang mit agilen Vorgehensweisen am häufigsten beschrieben wird, entstand bereits in den

Abb. 1.35 Die Dimensionen der Projektlebenszyklen. (In Anlehnung an Project Management Institute, 2017, S. 19)

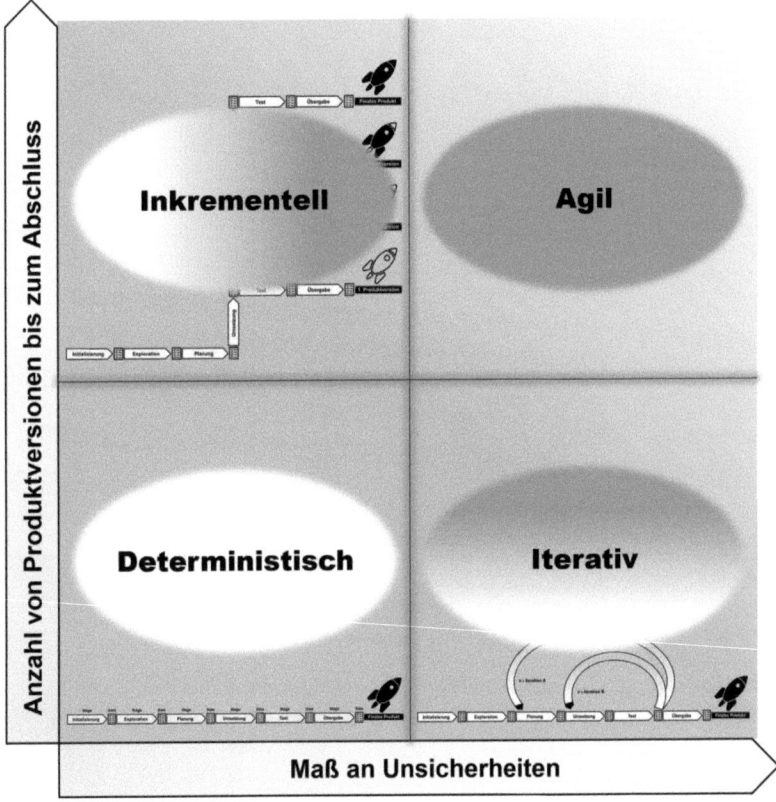

frühen 1990er-Jahren (Schwaber & Sutherland, 2020, S. 1).

1.3.4.1 Agile Werte

Beim deterministischen Ansatz wird der Kundschaft ein fertiges Produkt erst nach dessen Fertigstellung geliefert. Dies ist grundsätzlich mit den Risiken verbunden, dass sich Kundenanforderungen marktbedingt jederzeit ändern und unterschiedliche Wahrnehmungen kommunizierter Information zu Fehlentwicklungen führen können (Abb. 1.36).

Außerdem sind bevorstehende Schwierigkeiten oder Risiken und somit der Projektausgang oftmals kaum oder gar nicht absehbar, insbesondere wenn viele Unsicherheiten in Bezug auf die Kund*innen-Anforderungen bestehen, wie z. B. in einem Produktentwicklungsprojekt oder dann, wenn eine neue Technologie zum Einsatz kommt, deren Potenzial zu Beginn des Projektes nicht abschätzbar ist.

Die aus diesen Unsicherheiten resultierenden Abweichungen von den anfänglichen Projekt-

zielen kommen umso deutlicher zu tragen, je länger ein Projekt dauert. Wer weiß schon, welche Anforderungen in 1, 2, 3 oder mehr Jahren gegeben sein werden oder wie die Kund*innen auf bestimmte Produktfeatures reagieren? Mit späteren Planänderungen ist immer zu rechnen, wie z. B. mit Terminverschiebungen aufgrund unvorhersehbarer Lieferverzögerungen. Der Projekterfolg kann dann nur durch ein Umplanen und eventuelle finanzielle Mehrkosten gesichert werden, weil sich nicht alle Ereignisse bereits in der Projektdefinition einkalkulieren lassen. Der deterministische Projektmanagementansatz eignet sich deshalb am besten für Projekte, die auf ein risikominimierendes Pensum an Erfahrung aufbauen können, wie z. B. ein Bauprojekt (Project Management Institute, 2017, S. 7).

Diese Problematik kam besonders im Bereich der Softwareentwicklung zum Tragen, was in dieser Branche zur agilen Denkweise führte. 2001 veröffentlichten 17 Experten der IT-Branche, darunter Softwareentwickler und Führungskräfte, zusammen das „Manifest für Agile

Abb. 1.36 Unterschiedliche Wahrnehmungen von gleicher Information (licensed under a Creative Commons Attribution 3.0 Unported License (CC BY 3.0 license)). (TheProjectCartoon.comBETA, 2006)

Softwareentwicklung", worin sie die **agilen Werte** festhielten (The authors of the Agile Manifesto, 2001):

> „Wir erschließen bessere Wege, Software zu entwickeln, indem wir es selbst tun und anderen dabei helfen.
>
> Durch diese Tätigkeit haben wir diese Werte zu schätzen gelernt:
>
> - **Individuen und Interaktionen** mehr als Prozesse und Werkzeuge
> - **Funktionierende Software mehr als umfassende Dokumentation**
> - **Zusammenarbeit mit dem Kunden mehr als Vertrag**sverhandlung
> - **Reagieren auf Veränderung** mehr als das Befolgen eines Plans
>
> Das heißt, obwohl wir die Werte auf der rechten Seite wichtig finden, schätzen wir die Werte auf der linken Seite höher ein."

In dieser Liste sind die „agilen" Werte relativiert, indem sie den Eigenschaften gegenübergestellt sind, die im deterministischen Projektmanagement charakterisierend im Vordergrund stehen.

1.3.4.2 Abgrenzung zum deterministischen Ansatz

Um nachvollziehen zu können, wie die Autoren des agilen Manifests die agilen Werte in ihrem Beruf umsetzen, haben sie zusätzlich zwölf **Handlungsprinzipien** formuliert (The authors of the Agile Manifesto, 2001):

> „Wir folgen diesen Prinzipien:
>
> I. Unsere höchste Priorität ist es, den Kunden durch frühe und kontinuierliche Auslieferung wertvoller Software zufrieden zu stellen.
> II. Hei[ß]e Anforderungsänderungen [sind] selbst spät in der Entwicklung willkommen. Agile Prozesse nutzen Veränderungen zum Wettbewerbsvorteil des Kunden.
> III. Liefere funktionierende Software regelmäßig innerhalb weniger Wochen oder Monate und bevorzuge dabei die kürzere Zeitspanne.
> IV. Fachexperten und Entwickler müssen während des Projektes täglich zusammenarbeiten.
> V. Errichte Projekte rund um motivierte Individuen. Gib ihnen das Umfeld und die Unter-

stützung, die sie benötigen und vertraue darauf, dass sie die Aufgabe erledigen.

VI. Die effizienteste und effektivste Methode, Informationen an und innerhalb eines Entwicklungsteams zu übermitteln, ist im Gespräch von Angesicht zu Angesicht.

VII. Funktionierende Software ist das wichtigste Fortschrittsmaß.

VIII. Agile Prozesse fördern nachhaltige Entwicklung. Die Auftraggeber, Entwickler und Benutzer sollten ein gleichmäßiges Tempo auf unbegrenzte Zeit halten können.

IX. Ständiges Augenmerk auf technische Exzellenz und gutes Design fördert Agilität.

X. Einfachheit – die Kunst, die Menge nicht getaner Arbeit zu maximieren – ist essenziell.

XI. Die besten Architekturen, Anforderungen und Entwürfe entstehen durch selbstorganisierte Teams.

XII. In regelmäßigen Abständen reflektiert das Team, wie es effektiver werden kann und passt sein Verhalten entsprechend an."

Im Grunde skizzieren die agilen Handlungsprinzipien die Abgrenzung agiler Abläufe vom deterministischen Ansatz (Abb. 1.37). Agile Konzepte setzen auf flache Organisationshierarchien oder verzichten komplett darauf. Stattdessen steht ein kontinuierliches Coaching im Vordergrund. Die Teams sollen sich selbstorganisierend je nach Bedarf abstimmen können, um innerhalb kurzer Zyklen Produktinkremente zu bilden, welche der Kundschaft zwecks Testung oder Evaluierung regelmäßig präsen-

tiert werden. Dieses Feedbackprinzip führt zu einer fortlaufenden Optimierung der **Produktanforderungen**, die im nächsten Zyklus umzusetzen sind. Das kontinuierliche Einbinden der Kund*innen-Sichtweise in die Entwicklung soll die Arbeiten in die optimale Richtung eines Produkts, welches genau den Kundenwünschen entspricht, lenken.

1.3.5 Der hybride Ansatz

In der jüngeren Geschichte des Projektmanagements finden sich immer häufiger Begriffe wie „**hybrides Projektmanagement**" oder ähnliche Bezeichnungen. Man hat den Eindruck, dass eine neue Ära des Projektmanagements anbricht, obwohl man noch immer zwischen deterministisch geprägten (traditionellen) und agilen Vorgehensweisen unterscheidet.

Wie schon die Autoren des Manifests andeuten, sollten aus der Sicht des Projektmanagements die agilen Prinzipien nicht wertend betrachtet werden. Sowohl in der agilen als auch in der deterministischen Herangehensweise gibt es Vor- und Nachteile. Während die Kund*innen-Einbindung und Flexibilität im agilen Sinne, z. B. bei Vorhaben mit ungewissem Ausgang, oft zu besseren Ergebnissen führt, ist es bei Vorhaben, bei denen z. B. umfassende Erfahrung eingebracht werden

Abb. 1.37 Abgrenzung agiler Prinzipien vom deterministischen Ansatz

Agil	Deterministisch
Keine Detailplanung	Plangetrieben
Geringe Planungssicherheit	Hohe Leistungskontrolle
Zyklische Präsentation von Produktinkrementen	Übergabe des finalen Produkts nach Fertigstellung
Flexibel gegenüber Änderungen des Plans oder der Anforderungen	Änderungen werden bei Möglichkeit vermieden
Risiko für wiederkehrende Verschiebung des Projektendes	Klar definiertes Projektende
Kurze und effiziente Kommunikationswege	Hoher Dokumentationsbedarf
Flache Organisationshierarchien	Klar definierte Organigramme
Kleine Teams bis maximal 10 Mitglieder (Schwaber & Sutherland, 2020)	Größere Teams auch mit mehreren externen Organisationen möglich

kann, zielführender, die Projektpläne aufbauend auf etablierten Routinen zu erstellen, um so exaktere Kostenabschätzungen treffen zu können. Umgekehrt kann die Flexibilität gegenüber Veränderungen eines agil geplanten Projektes das Risiko für ein offenes Ende („Ende nie") oder unakzeptable Projektergebnisse (insbesondere in Bezug auf Sicherheit oder Normenkonformität) in sich tragen.

Welche Denkweise besser zu einem Vorhaben passt, hängt von den Zielen und Grundlagen ab. In manchen Fällen empfiehlt es sich sogar, Mischformen beider Denkweisen zu entwickeln bzw. sich unterschiedlicher Methoden zu bedienen, um optimale Ergebnisse zu erzielen. Dies ist auch das Verständnis der Autoren, wenn sie in diesem Buch von hybridem Projektmanagement sprechen.

1.3.5.1 Definition hybrider Projekte und Methoden

Der Begriff „hybrides Projektmanagement" bzw. „hybrider Projektlebenszyklus" lässt sich folgendermaßen definieren:

▶ **Hybrides Projektmanagement:** „Als hybrides Projektmanagement wird die Nutzung von Methoden, Rollen, Prozessen und Phasen unterschiedlicher Standards oder Vorgehensmodelle bezeichnet." (Timinger, 2017, S. 241)

„A combination of predictive, iterative, incremental, and/or agile approaches is a hybrid approach." (Project Management Institute, 2017, S. 26)

Diese beiden Definitionen erklären, warum es trotz der stetig steigenden Verwendung des hybriden Projekt-Begriffes in der Lehre (noch) kaum Rahmenwerke für hybrides Projektmanagement gibt. Wie in (Abb. 1.38) dargestellt, verschwimmen die Abgrenzungen zwischen den deterministischen, den iterativen, den inkrementellen und den agilen Ansätzen entlang der beiden Dimensionen zur Definition von Projektlebenszyklen („Anzahl von Produktinkrementen bis zum Abschluss" vs. „Maß an Unsicherheiten"). Dadurch entsteht ein Kontinuum, welches dem hybriden Ansatz entspricht.

Abb. 1.38 Einordnung hybrider Projektlebenszyklen. (In Anlehnung an Project Management Institute, 2017, S. 19)

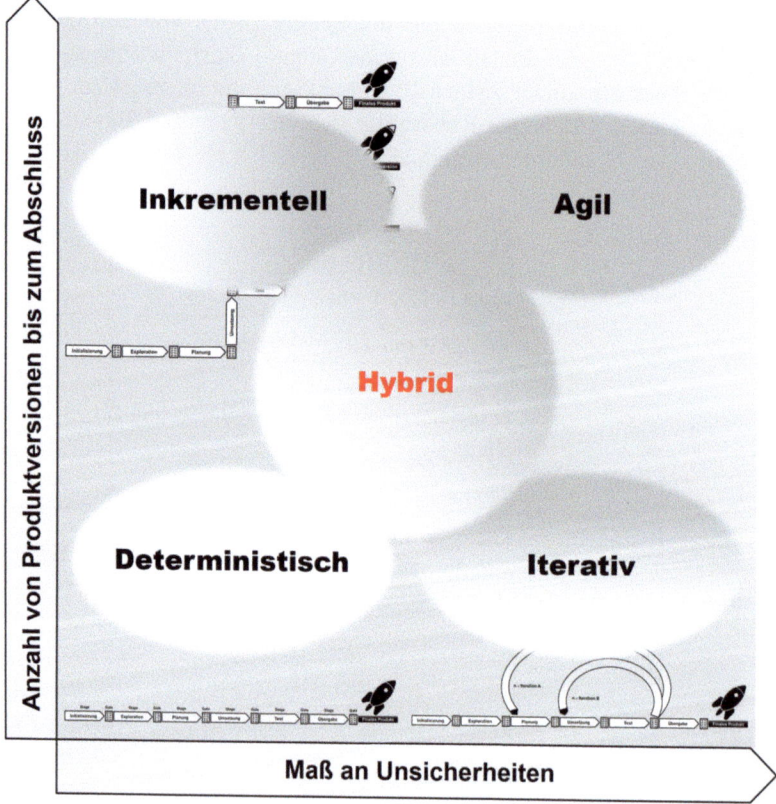

Abb. 1.39 Mögliche
Formen von hybriden
Vorgehensmodellen. (In
Anlehnung an Project
Management Institute,
2017, S. 28; In
Anlehnung an Timinger,
2017, S. 264–282)

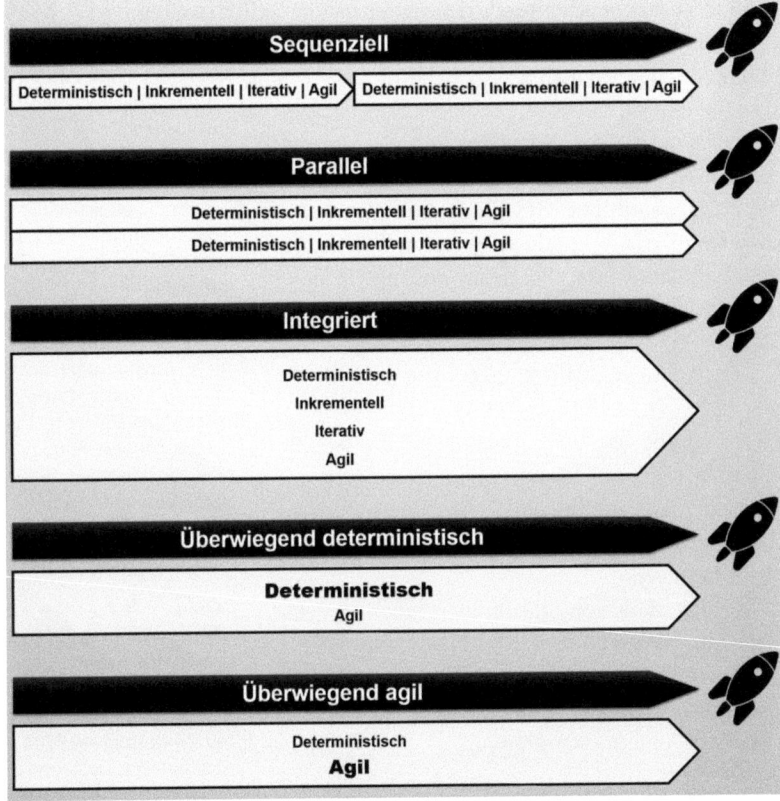

1.3.5.2 Motivation für hybrides Projektmanagement

Bei der Erörterung der agilen Werte und Handlungsprinzipien (siehe Abschn. 1.3.4) haben wir gesehen, dass die Anwendung deterministischer Vorgehensweisen für bestimmte Projektvorhaben schlecht oder gar ungeeignet ist. Basierend auf der Erkenntnis, dass Softwareentwicklung effizienter und effektiver umgesetzt wird, indem Feedbackschleifen und Erfahrungswerte inkrementell in die Produktentwicklung integriert werden, wurden agile Rahmenwerke etabliert. Auf ähnliche Weise ist der hybride Ansatz entstanden, denn die gezielte Kombination unterschiedlicher Methoden und Rahmenwerke schafft in der Disziplin des Projektmanagements neue Möglichkeiten und Wettbewerbsvorteile.

1.3.5.3 Formen hybrider Vorgehensweisen

Die Gestaltung von hybriden Vorgehensmodellen wird durch keine Guideline normiert, wodurch eine Projektorganisation ohne Einschränkung be-

stehende Managementmethoden frei kombinieren, adaptieren oder entwickeln kann. Abb. 1.39 zeigt schematisch, dass es prinzipiell drei Möglichkeiten zur Kombination von unterschiedlichen Projektmanagementansätzen gibt – sequenziell, parallel oder integriert (vgl. mit ScrumBan im Abschn. 2.2.3.1) (Timinger, 2017, S. 264–282). Darüber hinaus kann ein hybrides Projekt noch durch die Höhe des deterministischen oder des agilen Anteils charakterisiert sein – überwiegend deterministisch oder überwiegend agil (Project Management Institute, 2017, S. 28).

Obwohl durch die hybride Denkweise bei der Gestaltung von Projektlebenszyklen Freiheiten entstehen, sind es genau diese Freiheiten, die das Projektmanagement vor besondere Herausforderungen stellen. Es sind z. B. folgende Fragen zu klären:

- Welche Rahmenwerke sollen kombiniert werden?
- Welche Methoden sollen eingesetzt werden?
- Steht das benötige Wissen zur Anwendung ver-

schiedener oder neuer Methoden zur Verfügung?

- Besteht Bedarf für die Kombination unterschiedlicher Methoden?

Insbesondere die Beantwortung der letzten Frage lässt viel Spielraum für Entscheidungen, denn zur Ermittlung des Bedarfs sollten verschiedene Kriterien evaluiert werden, welche die Unternehmenskultur, das Team und das Projekt bzw. das Produkt betreffen, wie z. B. folgende Aspekte (Project Management Institute, 2017, S. 127; Timinger, 2017, S. 252):

- Teamgröße
- Erfahrung
- Art der Anforderungen
- Ausmaß an Unsicherheiten bezüglich der Anforderungen
- Verfügbarkeit von Stakeholder*innen zwecks Feedbackeinholung (täglich?)
- Rechtliche Rahmenbedingungen
- Art des Projektes
- etc.

Für die Evaluierung von Auswahlkriterien gibt es verschiedene Herangehensweisen (Project Management Institute, 2017, S. 125–133). Ziel ist eine möglichst objektive Beurteilung ausgewählter, relevanter Kriterien, um ein optimales Vorgehensmodell im Sinne des Projekterfolgs zu etablieren.

Literatur

The authors of the Agile Manifesto. (2001). *Manifest für Agile Softwareentwicklung.* https://agilemanifesto.org/iso/de/manifesto.html. Zugegriffen am 13.11.2023.

European Commission. (2022). *European green deal: Putting an end to wasteful packaging, boosting reuse and recycling.* https://ec.europa.eu/commission/presscorner/detail/en/ip_22_7155. Zugegriffen am 22.06.2024.

Patzak, G., & Rattay, G. (2023). *Projektmanagement: Projekte, Projektportfolios, Programme und projektorientierte Unternehmen* (7., akt. Aufl.). *Linde international.* Linde Verlag Ges.m.b.H.

Project Management Institute. (2017). *Agile Practice Guide.* Project Management Institute.

Project Management Institute. (2021). *A guide to the project management body of knowledge: (PMBOK guide)* (Siebte Ausgabe). Project Management Institute.

Reithofer-Reinhardt, S. (2020). *Diamond Thoughts: Ein Roman für Managerinnen und Manager, die verändern* (1. Aufl.). EditionBlumenau.

Schwaber, K., & Sutherland, J. (2020). *Der Scrum Guide – Der gültige Leitfaden für Scrum: Die Spielregeln* (German, genderneutral). https://scrumguides.org/download.html

TheProjectCartoon.comBETA. (2006). *Wie Computer-Projekte Wirklich Arbeiten (version 1.5).* https://web.archive.org/web/20170317051751/http://project-cartoon.com/cartoon/27. Zugegriffen am 22.06.2024.

Timinger, H. (2017). *Modernes Projektmanagement: Mit traditionellem, agilem und hybridem Vorgehen zum Erfolg* (1. Aufl.). Wiley.

Windolph, A. (2015). *Die 135 besten Projektmanagement-Zitate.* https://projekte-leicht-gemacht.de/blog/lesestoff/die-75-besten-projektmanagement-zitate/#Projektalltag. Zugegriffen am 23.06.2024.

Wojda, F. (2007). *Skriptum „Organisation und Führung": Ausgabe März 2007.*

Projektplanung

2

*„Wir können die Zukunft nicht voraussagen,
aber wir können Sie gestalten."*

Peter Drucker (Jungwirth (2019)).

Die Projektplanung ist eine essenzielle Aufgabe des Projektmanagements, der besondere Beachtung geschenkt werden muss, um den Projekterfolg zu gewährleisten.

Der PMBOK® Guide begründet die Notwendigkeit der Planung folgendermaßen:

> „Zweck der Planung ist die proaktive Entwicklung eines Ansatzes, nach dem die Projektliefergegenstände erstellt werden." (Project Management Institute, 2021, S. 52)

Dieser Planungsansatz sollte vor dem Beginn der Ausführungsphase mittels ausreichend detaillierter Projektplanung etabliert werden, um kostspielige Korrekturmaßnahmen während der **Projektlaufzeit** zu vermeiden. Der benötigte Detailgrad des Projektplans bestimmt den Arbeitsaufwand der Projektplanung und sollte so gewählt werden, dass die Projektliefergegenstände mit hoher Wahrscheinlichkeit geliefert werden können, aber gleichzeitig den Planungsaufwand nicht unnötig hoch ausfallen lassen (Project Management Institute, 2021, S. 53).

Der tatsächliche Aufwand hängt von der Komplexität und Bedeutung des Projektes ab.

Projekte sind Konstrukte, welche zur erfolgreichen Umsetzung einer Vielzahl von Aufgaben unterschiedlichen Inhaltes, Charakters und Umfangs bedürfen. Erschwert wird die Planung durch Abhängigkeiten und Beziehungen der Aufgaben. Zur Bewältigung der Komplexität benötigen Projekte Struktur und Methodik hinsichtlich Planung und Abwicklung. Die am Ende der Explorationsphase erstellte Projektdefinition bildet die Grundlage für die Projektplanung.

Die Planungsphase enthält die folgenden inhaltlichen Planungsschritte (Abb. 1.26):

- Leistungsplanung (Inhalt, Umfang, Qualität)
- Ablauf-, Fristen- und Terminplanung
- Ressourcen- und Kostenplanung
- Risikoplanung

Die **Leistungsplanung**, die **Ablauf-, Fristen- und Terminplanung** sowie die **Ressourcen- und Kostenplanung** bilden das **Planungsdreieck** des Projektmanagements, welches in die Risikoplanung eingebettet ist (Abb. 2.1). Änderungen eines der drei Planungselemente haben meist Rückwirkungen auf die anderen beiden.

© Der/die Autor(en), exklusiv lizenziert an Springer Fachmedien Wiesbaden GmbH, ein Teil von Springer Nature 2025
W. Mayrhofer, G. Schneikart, *Hybrides Projektmanagement*, Forschung und Praxis an der FHWien der WKW, https://doi.org/10.1007/978-3-658-46536-0_2

Abb. 2.1 Das Planungsdreieck des Projektmanagements. (In Anlehnung an Patzak & Rattay, 2023, S. 213)

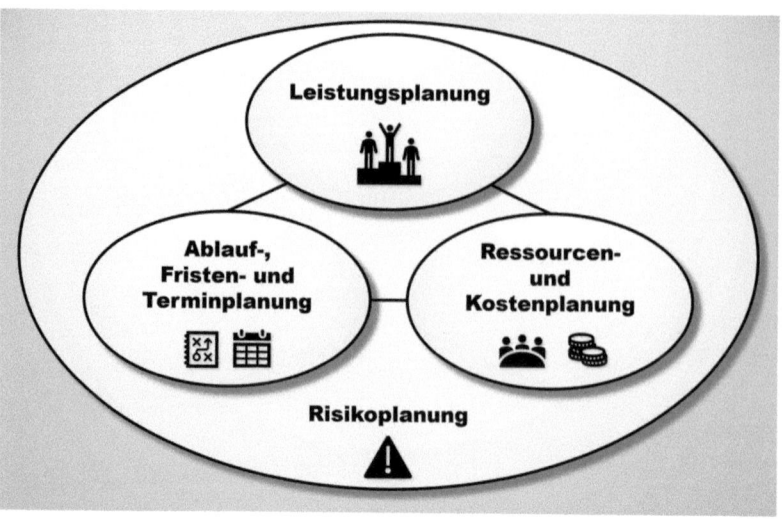

2.1 Deterministisches Vorgehen

„Wer hohe Türme bauen will, muss lange beim Fundament verweilen."[1]

2.1.1 Leistungsplanung

Vor Beginn der Planung von Terminen, Ressourcen und Kosten müssen im Rahmen einer Leistungsplanung, die zur Bewältigung der Projektinhalte erforderlichen Arbeitsschritte durchgedacht und strukturiert werden. Der erste Planungsschritt ist die genaue Spezifikation der zu erbringenden Leistungen (**Project Scope**) hinsichtlich

- Inhalt,
- Umfang und
- Qualität.

Dabei wird die in der Projektdefinition erstellte grobe inhaltliche Beschreibung weiter detailliert und spezifiziert. Das Resultat der inhaltlichen Leistungsplanung sind konkrete **Hauptaufgaben**, **Teilaufgaben** und **Arbeitspakete**, welche zur

Umsetzung des Projektes und zur Erstellung der inhaltlichen Leistung notwendig sind.

Als Hauptaufgaben des Projektes werden Sammelvorgänge von Arbeitspaketen (kleinste Form von **Arbeitsvorgängen**) bezeichnet, welche in einer logischen Reihenfolge das Projekt von der Ausgangssituation in den erwünschten Endzustand bringen. Zweck der Definition von Hauptaufgaben ist es, das Projekt auf einer hohen Ebene logisch zu strukturieren und das Ableiten von Arbeitspakten zu erleichtern. Hauptaufgaben definieren den inhaltlichen Umfang des Projektes. Um Hauptaufgaben zu definieren, wird meistens auf Erfahrungen aus anderen Projekten zurückgegriffen oder in einem ersten Schritt mithilfe von Brainstorming eine möglichst große Übersicht gewonnen. Dabei kann das Vorgehen „top-down" oder „bottom-up" sein.

Beim „top-down"-Ansatz werden zuerst Hauptaufgaben erfasst. Dies ergibt eine grobe Auflistung der wichtigsten Aufgabengebiete, welche später in Teilaufgaben (Sammelvorgang, der in eine Hauptaufgabe eingeordnet ist) oder weiter in Arbeitspakte aufgegliedert werden. Anschließend wird auf Vollständigkeit („Wurde etwas vergessen?") und Richtigkeit („Lassen sich die Aufgaben z. B. in einer anderen Anordnung besser zusammensetzen?") geprüft.

Beim „bottom-up"-Ansatz werden alle Aufgaben aufgelistet, die dem Projektteam im Brain-

---

[1] Josef Anton Bruckner (Jungwirth, 2019).

1	Projektmanagement
2	Anforderungsanalyse
3	Entwicklung eines smarten Mehrwegboxen-Prototyps
4	Pilotierung der smarten Mehrwegbox
5	Analyse
6	Dissemination

Abb. 2.2 Die Hauptaufgaben im Projekt DigiCirCont

storming einfallen bzw. aus Erfahrung mit ähnlichen Projekten schon bekannt sind, um diese nachträglich zu Hauptaufgaben zu gruppieren.

Die Hauptaufgaben im Projekt DigiCirCont

Bei der Planung von DigiCirCont wurde nach dem „Top-down"-Ansatz vorgegangen. Die vorgesehenen Hauptaufgaben in Abb. 2.2 stellen einen möglichen logischen Ablauf dar, den sich das Projektteam anhand ihrer beruflichen Erfahrungen überlegt hat, um die Projektziele (Abb. 1.8) nach ihrer Einschätzung am effektivsten und effizientesten realisieren zu können. Aus den Hauptaufgaben werden im nächsten Schritt der Projektplanung die angedachten Teilaufgaben und Arbeitspakete abgeleitet. ◄

Natürlich ist eine derartige Gliederung subjektiv und eine andere Aufteilung kann ebenfalls möglich und sinnvoll sein. Das Ergebnis wird in einer Baumstruktur oder einer anderen geeigneten grafischen Form dargestellt. Am häufigsten wird hierfür ein **Projektstrukturplan** (PSP) verwendet.

Der PSP dient der übersichtlichen Darstellung und Gliederung des Projektes nach funktionalen, phasenorientierten, organisatorischen oder sonstigen Gesichtspunkten zum Zwecke der Kommunikation und späteren Fortschrittskontrolle. Nach der Gliederung des Projektes in Hauptaufgaben werden diese anschließend in kleinere Einheiten aufgebrochen, sofern die hierfür benötigten Informationen zu diesem Zeitpunkt der Planung bereits zur Verfügung stehen bzw. Annahmen mit einem ausreichenden Detailgrad vorgenommen werden können. Die kleinste Einheit eines PSP

ist ein Arbeitspaket und ist dadurch gekennzeichnet, dass eine weitere Detaillierung in noch kleinere Arbeitsvorgänge nicht mehr sinnvoll ist.

▶ **Arbeitspaket** Arbeitspakete sind die Arbeitsvorgänge auf den untersten Ebenen im PSP, welche in Sammelvorgänge (Teilaufgaben oder Hauptaufgaben) eingegliedert werden.

Der Projektstrukturplan stellt die Hauptaufgaben, Teilaufgaben und Arbeitspakete in einer hierarchisch geordneten Baumstruktur grafisch dar. Die hierarchische Gliederung des Projektstrukturplans kann durch einen Projektstrukturplan-Code (PSP-Code) zum Ausdruck gebracht werden. Dieser PSP-Code erlaubt eine IT-unterstützte Verarbeitung der Projektdaten (Termine, Ressourcen, Kosten, Arbeitsfortschritt) und das Erkennen der Zugehörigkeit eines Arbeitspakets zu einer Hauptaufgabe bzw. der hierarchischen Ebene, auf welcher sich ein Arbeitspaket befindet. In Abb. 2.3 ist ein verallgemeinerter Projektstrukturplan mit drei Hauptaufgaben und insgesamt vier Ebenen dargestellt. Der PSP-Code ist jeder Aufgabe bzw. jedem Arbeitspaket vorangestellt.

Der Projektstrukturplan von DigiCirCont

Die Abb. 2.4 zeigt den Projektstrukturplan, der die Hauptaufgaben, die im Projekt DigiCirCont zu verrichten sind, übersichtlich darstellt und diese auf die Ebene der Teilaufgaben herunterbricht. Eine weitere Zergliederung in Arbeitspakete wird hier noch nicht als notwendig erachtet, da bei der Planung des realen Beispiel-Projektes die durchzuführenden Arbeitsvorgänge im Rahmen der Leistungsplanung ebenfalls noch nicht ausreichend bestimmt werden konnten. ◄

2.1.2 Ablauf-, Fristen- und Terminplanung

Der PSP liefert einen Überblick hinsichtlich funktionaler oder organisatorischer Aspekte des Projektes, ohne Berücksichtigung gegenseitiger Abhängigkeiten und ohne Angaben von Dauer und

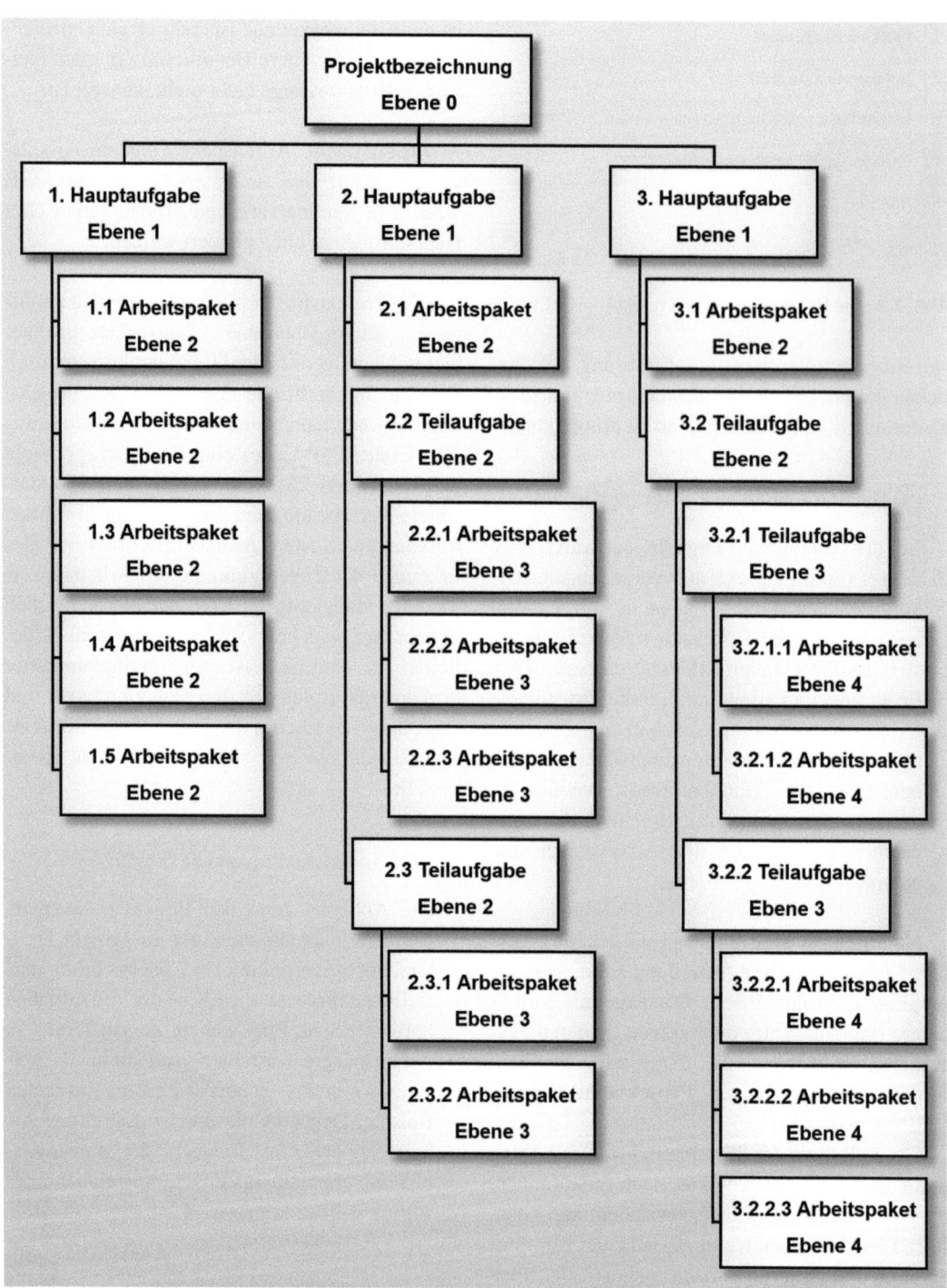

Abb. 2.3 Aufbau eines Projektstrukturplans mit vier Ebenen

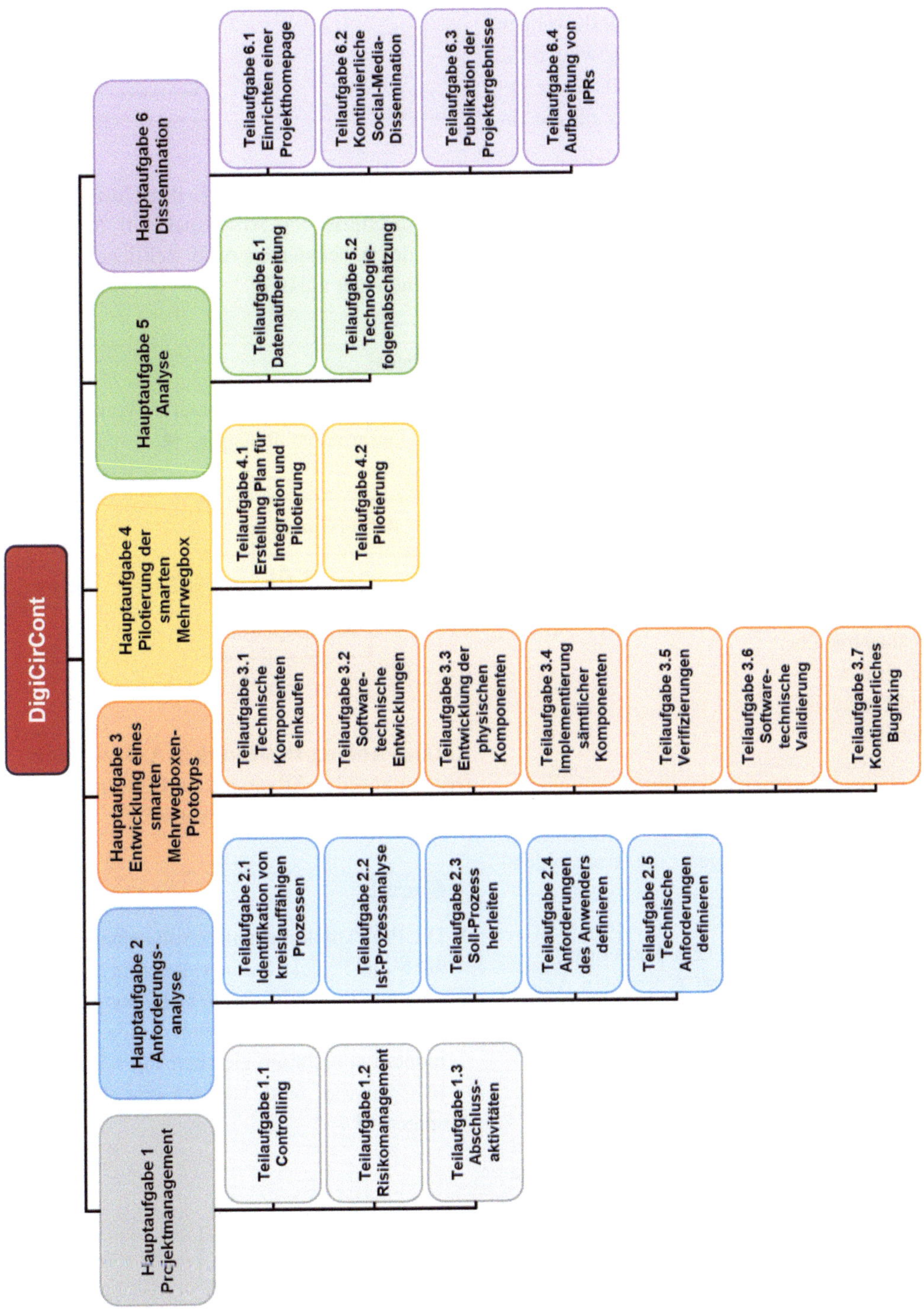

Abb. 2.4 Vorläufiger Projektstrukturplan von DigiCirCont

Terminen der Arbeitspakete. Jedoch wird im Projektstrukturplan meist bereits intuitiv ein gewisses „Clustering" der Arbeitspakete hinsichtlich des Ablaufs und gegenseitiger Beeinflussungen vorgenommen. In der Ablaufplanung wird diese logische Abfolge der einzelnen Arbeitspakete detailliert geplant. Sie ist Voraussetzung für die Errechnung der Fristen und Termine.

2.1.2.1 Abläufe und logische Verknüpfungen

Da die meisten Projektstrukturpläne die Hauptaufgaben, Teilaufgaben und Arbeitspakete in einem logischen Phasenmodell des Projektes ordnen, wird der Ablauf im PSP bereits angedeutet. Der Ablaufplan ergibt sich durch das Verknüpfen der durchzuführenden Arbeitspakete zu einer logisch sinnvollen und umsetzbaren Anordnung. Die Beziehungen entstehen aufgrund unterschiedlicher Arten von Abhängigkeiten und können

* technologische,
* organisatorische,
* kapazitive,
* zeitliche sowie
* sonstige

Gründe haben. Diese Abhängigkeiten verknüpfen Arbeitspakete mit einer von vier möglichen Vorgangsbeziehungen, die nachfolgend dargestellt werden.

Ende-Anfang-Beziehung (EA-Beziehung)
Das Ende des Arbeitspakets A legt den Anfang des Arbeitspakets B fest. Dabei können positive oder negative zeitliche Mindestabstände ($\pm\Delta t$) vorhanden sein.

Positive Zeitabstände entsprechen Pausen zwischen dem Nachfolger und dem Vorgänger. Negative Abstände kommen zustande, wenn Teilergebnisse des Vorgängers genügen, um das nachfolgende Arbeitspaket aufnehmen zu können.

Beispiel

Der Teebeutel kann nicht aufgegossen werden, bevor das Teewasser kocht. ◄

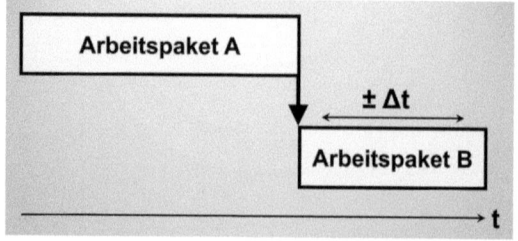

Ende-Ende-Beziehung (EE-Beziehung)
Der Abschluss von Arbeitspaket B hängt vom Ende des Arbeitspakets A ab. Zeitliche Abstände sind auch hier zulässig.

Beispiel

Das Ende der Autoreparatur ist vom Ende der Lackierarbeiten abhängig. ◄

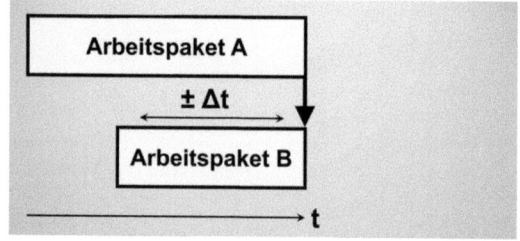

Anfang-Anfang-Beziehung (AA-Beziehung)
Der Anfang des Arbeitspakets B ist an den Anfang von Arbeitspaket A geknüpft.

Beispiel

Die Projektdokumentation soll anfangen, wenn auch das Projekt anfängt. Auch in dieser Beziehung sind zeitliche Verschiebungen zulässig. Es kann z. B. vorkommen, dass die Dokumentation nicht am gleichen Tag wie das Projekt gestartet wird, sondern erst einige Tage später. ◄

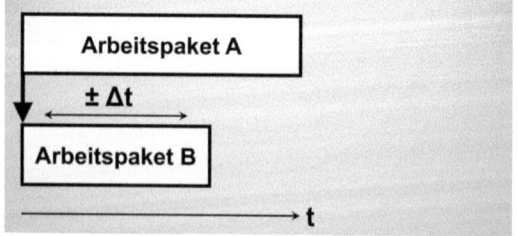

Anfang-Ende-Beziehung (AE-Beziehung)
Der Anfang des Arbeitspakets A beendet das Arbeitspaket B.

In anderen Worten, das Arbeitspaket B kann nicht abgeschlossen werden, bevor das Arbeitspaket A anfängt.

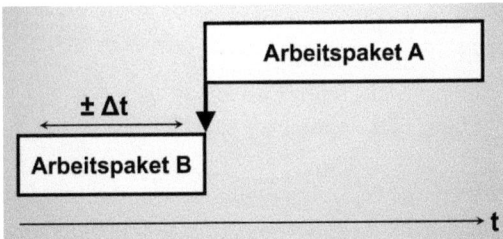

Die übliche Darstellungsweise der AE-Beziehung in der obigen Abbildung scheint nur theoretisch möglich zu sein, denn der Vorgänger (Arbeitspaket A) müsste zeitlich nach seinem Nachfolger (Arbeitspaket B) beginnen oder es müsste zumindest ein negativer zeitlicher Min_destabstand ($\pm \Delta t$) bestehen, sodass Arbeitspaket A zeitlich vor Arbeitspaket B abläuft.

Eine logische AE-Beziehung mit positivem Mindestabstand ist nur denkbar, wenn der Anfang des Nachfolgers (Arbeitspaket B) das Ende seines Vorgängers (Arbeitspaket A) einleitet, so wie in der unten stehenden Abbildung illustriert.

Beispiel

Ein Wachmann kann seinen Dienst erst beenden, wenn seine Ablösung eingetroffen ist. ◄

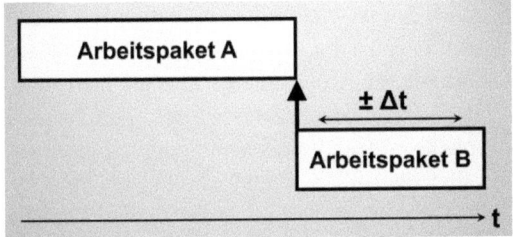

2.1.2.2 Festlegung von wichtigen Terminen

Eine besondere Form von Terminen sind Meilensteine. Sie legen entscheidende Termine fest und projizieren somit den erwartbaren Arbeitsfortschritt, wie z. B. den Abschluss von Hauptaufgaben, und können deshalb im Projektcontrolling zur Messung des Projektfortschritts verwendet werden (**Meilensteintrendanalyse**).

▶ **Meilenstein** Meilensteine sind besondere Ereignisse im Projekt, die keine zugewiesenen betrieblichen Ressourcen und Dauern haben, sondern nur ein bestimmtes Datum.

2.1.2.3 Festlegung der Dauer der Arbeitspakete

Eine besondere Herausforderung der Projektplanung stellt die Bestimmung der erwarteten Dauer der Arbeitspakete dar. Dauern werden oft zu optimistisch (zu kurz) oder mit zu viel Zeitpuffer (zu lange) geschätzt. Eng verbunden mit der Dauer eines Arbeitspaketes sind die (Personal-)Kosten und dahingehend führen Zeitüberschreitungen oftmals auch zu Kostenüberschreitungen.

Die Dauer der Arbeitspakete kann auf unterschiedliche Art und Weise ermittelt werden:

- **Die Dauer ergibt sich aus äußeren Rahmenbedingungen.**
  Rahmenbedingungen sind z. B. technischer (Prozessparameter, Rüst-, Bearbeitungszeiten), ökonomischer (Kosten, Nutzenerwartungen), rechtlicher (Verträge, Lizenzen, Arbeitszeitgesetze), organisationaler (Verfügbarkeit, Zuständigkeit, Verantwortlichkeit) oder sozialer (Belastbarkeit der Mitarbeiter*innen, private Verpflichtungen) Natur.

- **Die Dauer lässt sich aus Erfahrungswerten ableiten.**
  Durch Erfahrungen mit ähnlichen oder vergleichbaren Arbeitspaketen können Rückschlüsse auf die zu erwartende Dauer eines Arbeitspaketes gezogen werden.

- **Die Dauer kann berechnet werden.**
  Dabei wird die Dauer aufgrund von Mengenberechnungen (Zeit pro Mengeneinheit mal Anzahl unter Verwendung von Systemen vorbestimmter Zeiten wie MTM oder REFA), Interpolation oder statistischen Berechnungen ermittelt.

- **Die Dauer wird geschätzt.**
  Sind keinerlei Daten oder Erfahrungen mit der Dauer eines Arbeitspaketes vorhanden, kann diese geschätzt werden. Dabei hängt die Qualität der Schätzung von der Erfahrung des Schätzers ab. Mitunter ist es hilfreich, modellhafte Studien zu betreiben oder unterschiedliche Szenarien durchzuplanen.

2.1.2.4 Termineinschränkungen

Abhängig von den festgelegten zeitlichen Abständen ($\pm\Delta t$) zwischen Arbeitspaketen lässt der Ablaufplan zeitliche Verschiebungen grundsätzlich zu. Jedoch können diese zeitlichen Verschiebungen theoretisch auch über- oder unterschritten werden. Inwieweit eine Überschreitung möglich ist, ohne nachfolgende Termine zu gefährden, wird durch **Pufferzeiten** (die später noch im Detail erörtert werden) zwischen frühesten und spätesten Terminen bzw. zwischen Arbeitsvorgängen oder Meilensteinen ausgedrückt, kann aber zusätzlich durch **Termineinschränkungen** festgelegt werden. Diese können sowohl für Arbeitsvorgänge als auch Meilensteine geltend gemacht werden. Folgende Einschränkungsarten sind möglich:

- **So früh als möglich**
  Der Termin soll so früh als möglich erreicht werden. Dies ist bei der Vorwärtsterminierung die Standardtermineinschränkung.
- **So spät als möglich**
  Hier werden die Termine so spät als möglich erreicht. Dies ist die Standardtermineinschränkung bei der Rückwärtsterminierung.
- **Endet nicht früher als**
  Es wird eine Einschränkung auf das Erreichen eines Endtermins (Vorgang) oder Meilensteins in Bezug auf sein frühestes Datum gemacht. Der Endtermin bzw. ein Meilenstein kann also nicht vor ein festgelegtes Einschränkungsdatum gelegt werden, darf jedoch nach hinten (in die Zukunft) verschoben werden.
- **Endet nicht später als**
  Hier gibt ein festgeschriebenes Datum vor, bis wann ein Endtermin (Vorgang) oder Meilenstein eintreten muss. Es besteht jedoch zeitliche

Flexibilität nach vorne. Ein Endtermin bzw. ein Meilenstein kann früher als der geplante Termin erreicht werden, darf diesen aber auf keinen Fall überschreiten.

Nachstehende Einschränkungsarten sind entsprechend obigen Erläuterungen selbsterklärend:

- **Muss enden am**
- **Muss anfangen am**
- **Fängt nicht früher an als**
- **Fängt nicht später an als**

Sind die Einschränkungstermine und -arten festgelegt, können die Vorgänge miteinander und mit den Meilensteinen verknüpft werden.

Die Bestimmung wichtiger Termine im Projekt DigiCirCont

Für die eingeplanten Aufgaben, welche im Projektstrukturplan in Abb. 2.4 übersichtlich dargestellt sind, wurden (vorläufige) Zeiten geschätzt. Die Gesamtdauern der Hauptaufgaben sind in Abb. 2.5 (als Balkenplan) illustriert.

Die Tätigkeiten des „Projektmanagements", d. h. das „Controlling" und das „Risikomanagement", aber auch andere anfallende Aufgaben im Projekt, wie z. B. die regelmäßige Kommunikation mit der Fördergebergesellschaft, erstrecken sich über die gesamte Projektdauer von 36 Monaten.

Auch für die Hauptaufgabe „Dissemination" sind 36 Monate vorgesehen, da für das fortlaufende Projektmarketing („kontinuierliche Social-Media-Dissemination" und andere Formen der Kommunikation nach außen) fortlaufend Arbeitspakete abzuarbeiten sind. Die anderen Hauptaufgaben betreffen Projektinhalte und sind sequenziell oder teilweise parallel zu erfüllen.

Die Anforderungen an das zu entwickelnde Mehrwegboxensystem sollten so bald als möglich feststehen, sind jedoch von Prozessanalysen abhängig, für welche man ausreichend Zeit (inklusive Zeitpuffer) einplanen sollte. Für die Hauptaufgabe „Anforderungsanalyse" wurden nicht mehr als sechs Monate vorgesehen.

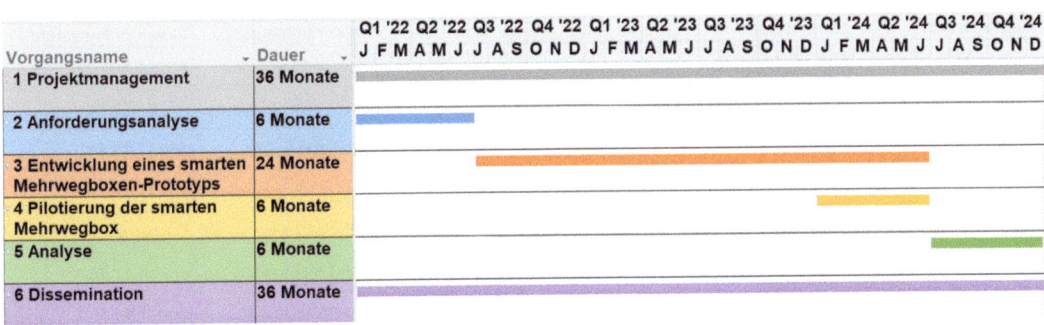

Abb. 2.5 Geschätzte Dauern der geplanten Hauptaufgaben von DigiCirCont

Die Hauptaufgabe „Entwicklung eines smarten Mehrwegboxensystems" beinhaltet viele Entwicklungsschritte und somit Unsicherheiten bezüglich der tatsächlich zu verrichtenden Aufgaben und deren Dauern. Deshalb wurde für diese Hauptaufgabe im Vergleich zu den anderen inhaltlichen Hauptaufgaben relativ viel Zeit eingeplant. 24 Monate wurden als realistisch angesehen, um mit dieser Hauptaufgabe die Projektziele zu erreichen.

Da eine Entwicklung theoretisch ein offenes Ende hat und die im Projekt vorgesehene Pilotierung als ein „Ausprobieren" zu betrachten ist, kann davon ausgegangen werden, dass die Hauptaufgabe „Pilotierung der smarten Mehrwegbox" auf Entwicklungsaufgaben angewiesen sein wird (z. B. wenn aufkommende Softwarefehler zu beheben sind), um eine Verzögerung der Pilotierungsarbeiten zu verhindern. Die Dauer der Pilotierung soll idealerweise dem Zeitraum eines ganzen Quartals entsprechen. Berücksichtigt man nötige Vorbereitungstätigkeiten, so sind in etwa sechs Monate für die „Pilotierung der smarten Mehrwegbox" einzuplanen, die parallel zu den letzten sechs Monaten der Entwicklungsarbeiten verrichtet werden können.

Für die abschließende „Analyse" wurden ebenfalls sechs Monate eingeplant. Dies sollte genügend Zeit bieten, um aus den gewonnenen Daten aussagekräftige Informationen zu gewinnen und Wissen zu generieren.

Die Begründungen für die eingeplanten Zeitspannen der Hauptaufgaben implizieren bereits Einschränkungsarten (vorerst nur von Meilensteinen), welche in Abb. 2.6 aufgelistet sind und nachfolgend begründet werden.

- Um den Beginn der Projektaktivitäten nicht unnötig zu verzögern und ein effektives Zusammenarbeiten zu gewährleisten, wurde beschlossen, dass das Kick-off-Meeting am erstmöglichen Arbeitstag der Projektperiode stattfinden muss (*so früh als möglich*).
- Die „Anforderungsanalyse" ist dann so effizient als möglich zu erfüllen, dass die für die Entwicklungsarbeiten benötigten Anforderungen so früh als möglich feststehen, spätestens aber am Anfang des 7. Projektmonats vorhanden sind (endet nicht später als).
- Wie eingangs erwähnt, wird damit gerechnet, dass die Entwicklungsarbeiten stets zu Verbesserungen führen, auch wenn die benötigten Funktionalitäten für die Pilotierung zur Verfügung stehen. Jedoch sollten diese so früh als möglich erreicht werden, um im Nachgang während der Pilotierung den Entwicklungsbedarf aufgrund von „Bugfixing" gering zu halten.
- Neben den (softwaretechnischen) Entwicklungsarbeiten wird ein Prototyp des Mehrwegboxensystems gebaut. Die hierfür benötigten Komponenten sollten so früh als möglich bestellt werden. Jedoch steht der genaue Bedarf erst fest, sobald die „Anforderungsanalyse" abgeschlossen ist. Der späteste Endtermin der „Anforderungsanalyse" entspricht somit dem spätesten Anfangstermin der Bestellung bzw. Einkäufe (*fängt nicht später an als*).
- Da die tatsächlichen Liefertermine einzelner Komponenten zum Zeitpunkt der Pla-

Hauptaufgabe	Meilenstein	Einschränkungsart	Einschränkungstermin
Projektmanagement	Kick-off-Meeting	Muss anfangen am	Mon 03.01.22
	Endbericht fertiggestellt	Endet nicht früher als	Fre 27.12.24
	Projekt abgeschlossen	Muss enden am	Die 31.12.24
Anforderungsanalyse	Lastenheft erstellt	So früh als möglich	Fre 27.05.22
	Pflichtenheft erstellt	Endet nicht später als	Fre 08.07.22
Entwicklung eines smarten Mehrwegboxen-Prototyps	Alle Komponenten geliefert	Endet nicht später als	Fre 30.12.22
	Erster Prototyp des smarten Boxensystems fertiggestellt	So früh als möglich	Fre 31.03.23
	Prototypische digitale Services entwickelt	So früh als möglich	Fre 10.11.23
	Mehrwegboxen-Prototyp fertiggestellt	Endet nicht später als	Fre 19.01.24
Pilotierung der smarten Mehrwegbox	Roadmap für Prozessintegration erstellt	So früh als möglich	Fre 29.12.23
	Pilotierung gestartet	Muss anfangen am	Mon 01.04.24
	Pilotierung abgeschlossen	Muss enden am	Fre 28.06.24
Analyse	Rohdaten für Analysezwecke aufbereitet	Endet nicht später als	Fre 09.08.24
	Analysen abgeschlossen	Endet nicht später als	Fre 27.12.24
Dissemination	Projekthomepage und Social-Media-Kanäle erstellt	So früh als möglich	Don 31.03.22
	Mindestens ein Manuskript eingereicht	So spät als möglich	Die 31.12.24
	Mindestens ein Patent angemeldet	So früh als möglich	Fre 31.03.23

Abb. 2.6 Die zu erzielenden Meilensteine im Projekt DigiCirCont

nung nur ungenau vorherbestimmbar sind, sind beim gesamten Einkauf von Materialien großzügig Zeitpuffer einzuplanen. Dennoch muss eine Frist für die finalen Lieferungen gesetzt werden (Meilenstein), die nicht überschritten werden soll (*endet nicht später als*).

- Wie oben erwähnt, soll die Pilotierung in einem Quartal erfolgen. Damit pünktlich zu einem Quartalsbeginn (2. Quartal) begonnen werden kann, muss zu diesem Zeitpunkt ein genauer Plan (Roadmap) *so früh als möglich* für die Durchführung bereitstehen.
- Die Analysearbeiten können als abgeschlossen betrachtet werden, sobald die erzielten Analysen durchgeführt wurden oder kein wesentlich neuer Erkenntnisgewinn zu verzeichnen ist. Dieser Zeitpunkt sollte *(endet) nicht später als* das Projektende sein.
- Die Hauptaufgabe „Dissemination" beinhaltet den Meilenstein „Mindestens ein Pa-

tent angemeldet". Der Zeitpunkt der Anmeldung hängt vom Baubeginn (nicht der Fertigstellung) eines ersten Prototyps ab, sollte aber *so früh als möglich* erfolgen, um etwaige *Intellectual Property Rights* zu sichern.

- Für die Erstellung eines oder mehrerer Manuskripte besteht kein Zeitdruck, da die Erstellung eines Manuskripts von den Ergebnissen der Analysen abhängt. Jedoch muss der Meilenstein „Mindestens ein Manuskript eingereicht" spätestens zum Projektende erfüllt sein (*endet nicht später als*). ◄

2.1.2.5 Errechnen der Termine und grafische Darstellung

Nach Festlegung der Meilensteintermine und der Dauer der Arbeitspakete, unter Berücksichtigung von Termineinschränkungen, werden diese mit dem Ablaufplan kombiniert.

Bei der **Fristenplanung** werden unabhängig von konkreten Terminen die Dauer der Arbeits-

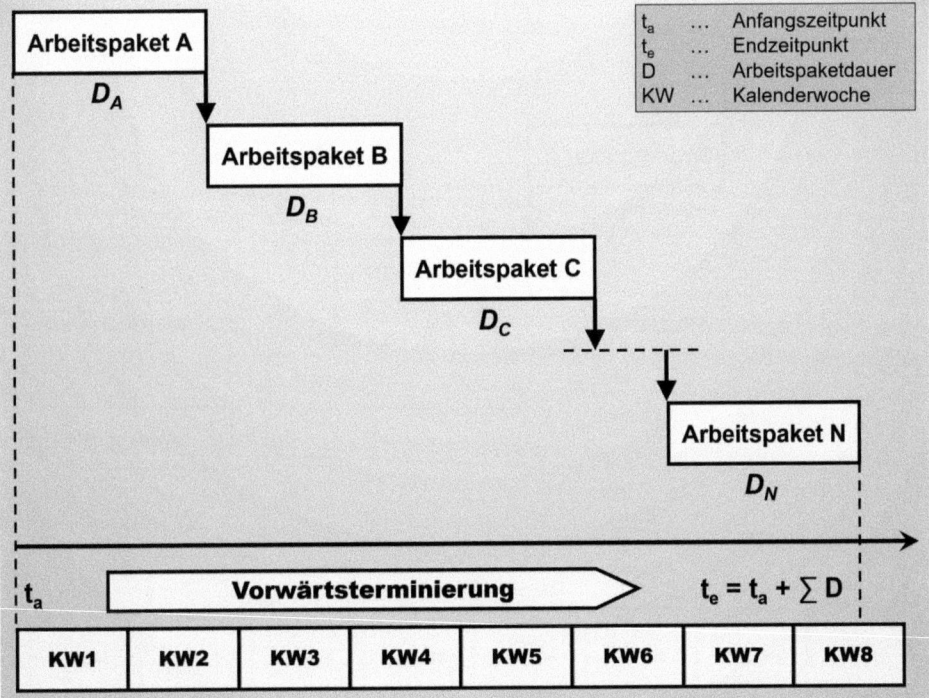

Abb. 2.7 Vorwärtsterminierung

pakete und, unter Berücksichtigung von ihren gegenseitigen Abhängigkeiten, die Gesamtdauer des Projektes bestimmt. In weiterer Folge werden die errechneten Fristen mit Kalenderdaten hinterlegt. Das Ergebnis sind Anfangs- und Enddaten für die Arbeitspakete bzw. der Aufgaben sowie ein Anfangs- und Endtermin für das Gesamtprojekt.

Zur Berechnung der Termine unterscheidet man zwischen zwei Verfahren:

- Die **Vorwärtsterminierung** zur Errechnung von Terminen bzw. einem Endtermin ausgehend von einem definierten **Anfangstermin** (Abb. 2.7)
- Die **Rückwärtsterminierung** zur Errechnung von Terminen bzw. einem Anfangstermin ausgehend von einem definierten **Endtermin** (Abb. 2.8)

Als Unterstützung für die Berechnung gibt es eine Vielzahl von Software-Programmen (z. B.

Microsoft Project). Diese erleichtern die Verwaltung der umfangreichen Daten und liefern meist neben den Terminen auch eine grafische Darstellung der Ablauf- und Terminplanung. Dabei werden im Folgenden zwei grafische Darstellungsformen der Ablauf- und Terminplanung beschrieben:

- **Balkendiagramm** (auch **Balkenplan** oder **Gantt-Chart**[2] genannt)
- **Netzplan**

Balkendiagramm
Das Balkendiagramm basiert auf der Aufgabengliederung des Projektstrukturplanes und stellt diese Aufgaben in Relation zu einem Kalender dar. Vorteil des Balkendiagramms ist die intuitive Darstellung der Dauer und der (rechnerischen) Pufferzeiten einzelner Arbeitspakete, Teilaufgaben und des Gesamtprojektes. Im Balkendiagramm können

---

[2]Benannt nach dem Maschinenbauer Henry Laurence Gantt (1861–1919); Bourne (2012).

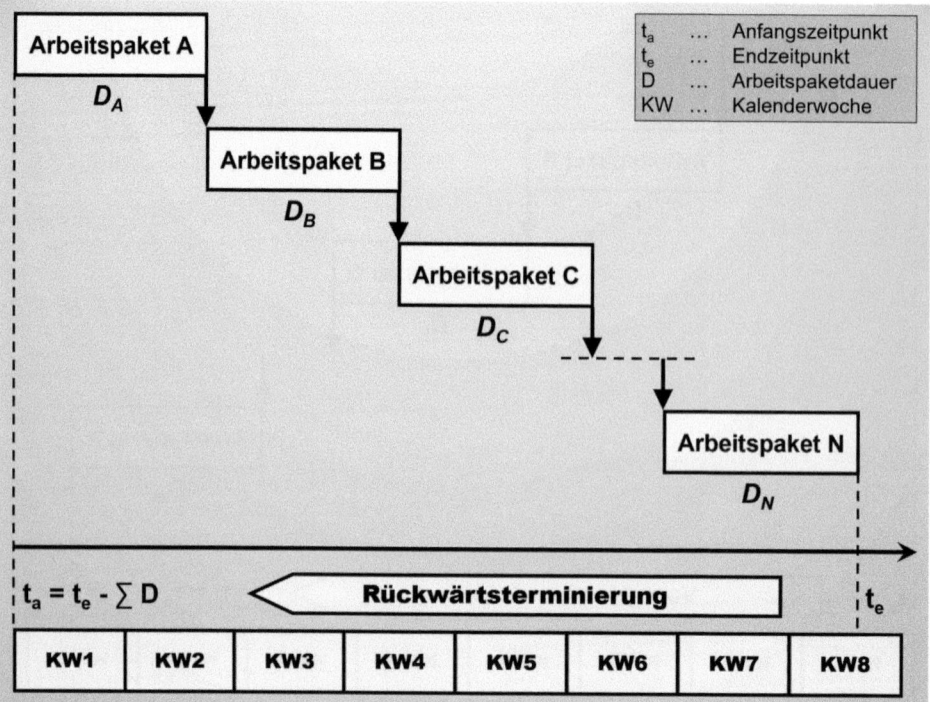

Abb. 2.8 Rückwärtsterminierung

auch die Abhängigkeiten der Arbeitspakete, der Sammelvorgänge und der Meilensteine eingezeichnet werden (vernetztes Balkendiagramm).

Durch die übersichtliche Darstellung von Terminen und Fristen sämtlicher Vorgänge wird die logische Ablauffolge des Projektes abgebildet und somit der **kritische Pfad** ersichtlich.

Der kritische Pfad ist folgendermaßen definiert:

▶ **Kritischer Pfad** „Der kritische Pfad ist die Aneinanderreihung von Vorgängen und Meilensteinen, in denen es die geringsten (meist keine) Puffer[zeiten] gibt." (Timinger, 2017, S. 92)

Folglich bestimmen die Vorgänge und Meilensteine das Projektende bzw. den Projektanfang, zwischen denen sich keine Pufferzeiten befinden (Abb. 2.9). In anderen Worten: Wenn sich die Termine von kritischen Vorgängen oder Meilensteinen verschieben, verschiebt sich das Projektende (Vorwärtsterminierung) bzw. der Projektanfang (Rückwärtsterminierung).

Der Balkenplan von DigiCirCont

Die detaillierte Berechnung der Fristen und Termine sämtlicher Abläufe von DigiCirCont sind im vernetzten Balkendiagramm in Abb. 2.10 übersichtlich dargestellt. Man beachte, dass die Teilaufgaben „Softwaretechnische Entwicklungen", „Entwicklung der physischen Komponenten", „Verifizierungen", „Pilotierung" und „Technologiefolgenabschätzung" gegenüber dem Projektstrukturplan (Abb. 2.4) in weitere Teilaufgaben oder Arbeitspakete untergliedert wurden.

Die Balken von Meilensteinen und kritischen Vorgängen, die keine rechnerischen Pufferzeiten (0 Tage, 0 Wochen oder 0 Monate in den Spalten *Pufferzeit Anfang* und *Pufferzeit Ende*) zwischen ihren Vorgänger- oder Nachfolger-Arbeitsvorgängen bzw. -Meilensteinen haben, sind rot hervorgehoben, da sie den kritischen Pfad bestimmen. Dies bedeutet, dass eine zeitliche Verschiebung dieser Arbeitspakete oder Meilensteine eine Verschiebung des Projektendes auf einen späteren

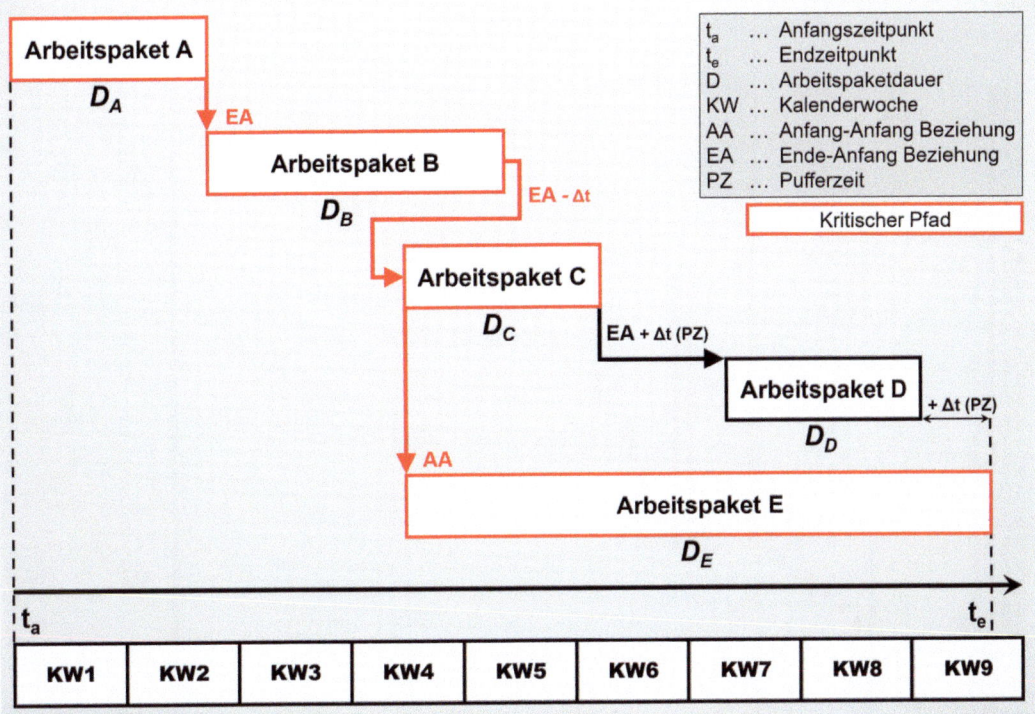

Abb. 2.9 Vernetztes Balkendiagramm mit kritischem Pfad

Zeitpunkt bewirkt, da das Projekt DigiCirCont vorwärtsterminiert wurde.

Neben dem Gantt-Chart in Abb. 2.10 sind zusätzlich Vorgangsverknüpfungen eingezeichnet und in der Spalte „Vorgänger" zusammengefasst. Die Nummern kennzeichnen die Nummer der Vorgänger-Arbeitspakete, -Aufgaben oder -Meilensteine.

Eine alleinstehende Nummer steht für eine Ende-Anfang-Beziehung (EA-Beziehung), während „AA" eine Anfang-Anfang-Beziehung und „EE" eine Ende-Ende-Beziehung markiert (Anfang-Ende-Beziehungen wurden in Digi-CirCont nicht eingeplant).

Der Vorgang „Abschlussaktivitäten" der Hauptaufgabe „Projektmanagement" ist mit den beiden Vorgängern „Controlling" und „Risikomanagement" sogar über eine EA-Beziehung mit einem Mindestabstand von –60 Tagen verknüpft (im Gantt Chart gekennzeichnet als „4EA-60 Tage"). Das bedeutet, dass mit den Abschlussaktivitäten (z. B. das Schreiben des Endberichts und andere Formalitäten) mindestens 60 Tage vor dem

Ende des „Controlling" bzw. des „Risikomanagements" (Projektende im eigentlichen Sinne) begonnen werden muss.

Es gibt jedoch auch mehrere AA-Beziehungen und eine EE-Beziehung im Projektplan von DigiCirCont. Das Arbeitspaket „Kontinuierliches Bugfixing" wurde beispielsweise sowohl mit einer AA-Beziehung mit dem Arbeitspaket „Integration mit den Prozessressourcen" als auch mit einer EE-Beziehung mit dem Arbeitspaket „Anwendung des Prototyps" verknüpft. Die zugrunde liegende Überlegung wurde oben bei der Argumentation der Dauer der Hauptaufgaben und der Fristen der Meilensteine bereits angedeutet: Nachdem die Entwicklungsarbeiten abgeschlossen und die Funktionen des Prototyps validiert wurden, muss damit gerechnet werden, dass während der Pilotierung Systemfehler zu beheben sind. Deshalb wird die Aufgabe „Kontinuierliches Bugfixing" zusammen mit der „Integration mit den Prozessressourcen" starten und mit der „Anwendung des Prototyps" enden. ◄

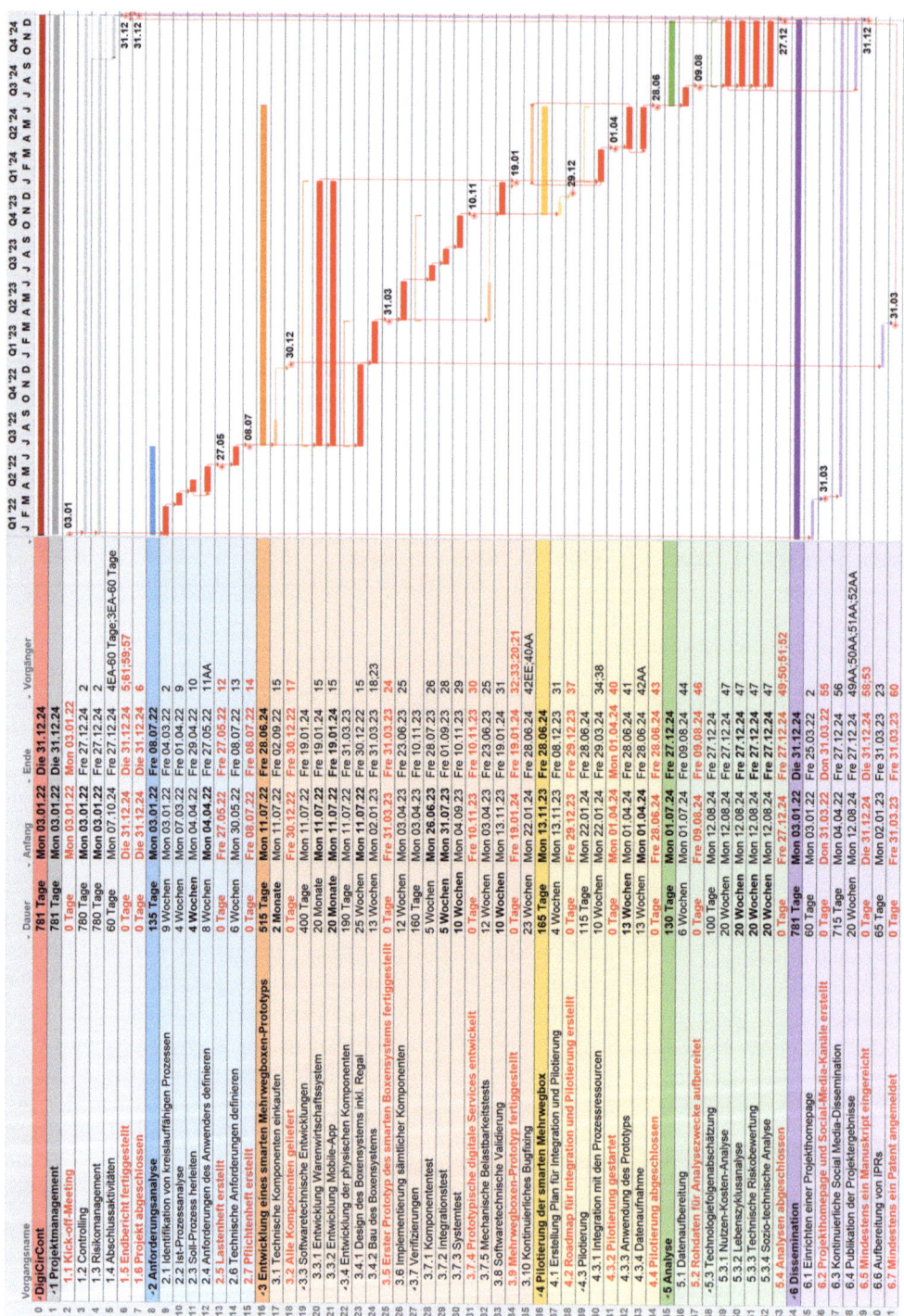

Abb. 2.10 Der Gantt-Chart von DigiCirCont mit kritischem Pfad

Netzplantechnik

Netzpläne sind grafisch-analytische Hilfsmittel, um Prozesse mit parallelen Abläufen und logischen Verknüpfungen besser planen, koordinieren und kontrollieren zu können. Netzpläne wurden in der Vergangenheit zur Ablauf- und Zeitplanung im Projektmanagement eingesetzt, um komplexe Abläufe ohne Unterstützung von Software-Programmen beherrschbar zu machen. Der Project Management Body of Knowledge (PMBOK®) Guide definiert ein Netzplandiagramm des Projektterminplans wie folgt:

▶ **Netzplandiagramm** „Eine graphische Darstellung der logischen Beziehungen zwischen den Vorgängen des Projektterminplans" (Project Management Institute, 2021, S. 245)

Mit Hilfe von Netzplänen kann der integrierte Ablauf- und Terminplan eines Projektes für alle Beteiligten erkennbar und grafisch anschaulich festgehalten werden. Anhand der Determiniertheit von Netzplänen und der Darstellungsform unterscheidet man zwischen zwei verschiedenen Arten von Netzplänen.

- **Deterministische Netzpläne**
  Sowohl die Struktur als auch die Vorgangsdauern sind eindeutig determinierbar bzw. werden so betrachtet.
- **Stochastische Netzpläne**
  Entweder wird die Zeitdauer als stochastische Variable betrachtet, die z. B. durch drei Größen beschrieben wird (eine optimistische, eine pessimistische und eine wahrscheinliche Zeit), oder die Struktur des Netzplanes ist stochastisch, d. h., es gibt Verzweigungen, welche entsprechend einer stochastischen Variablen durchlaufen werden.

Bei der Darstellungsform unterscheidet man zwischen:

- **Ereignisknoten-Netzplan (EKN)** (Englisch: *Event-On-Node*)
  Es werden keine Vorgänge dargestellt, sondern nur Projektzustände und deren zeitliche Abstände, z. B. in Form von Meilensteinen.

- **Vorgangspfeil-Netzplan (VPN)** (Englisch: *Activity-On-Arrow*)
  Die Vorgänge werden durch Pfeile dargestellt, deren Reihenfolge aus der Anordnung von Ereignisknoten hervorgeht, die zugleich die Anfangs- und die Endtermine von verknüpften Vorgängen darstellen. Eine sehr bekannte Methode, die mit dieser Darstellungsform arbeitet, ist die „Critical Path Method" (CPM), die speziell zur schnellen grafischen Darstellung des kritischen Pfades eingesetzt wird.
- **Vorgangsknoten-Netzplan (VKN)** (Englisch: *Activity-On-Node*)
  Die Vorgänge stehen in den Knoten. Anordnungs- und Reihenfolgebeziehungen sind aus den Kanten (Pfeilen) ersichtlich.

Zur Erstellung des Netzplans benötigt man folgende Informationen:

- Liste aller Vorgänge und Meilensteine
- Vorgangsbeziehungen
- Zeitliche Abstände zwischen den Vorgängen
- Vorgangsdauer

Nachfolgend wird das Prinzip des deterministischen VKN näher erläutert, da sich zusammen mit dessen Beschreibung die Berechnungslogik von frühesten und spätesten Terminen sowie Pufferzeiten veranschaulichen lässt.

Elemente des Vorgangsknoten-Netzplans Mit der Netzplantechnik werden Arbeitsvorgänge (Arbeitspakete oder Sammelvorgänge) sowie Meilensteine und deren Ablaufreihenfolge dargestellt. Außerdem wird zu jedem Arbeitsvorgang die jeweilige Dauer (D_i) festgehalten, welche sich aus der Differenz zwischen End- und Anfangstermin ergibt. Dabei wird zwischen frühestmöglichen und spätestmöglichen Terminen unterschieden:

- Frühester Anfang (FA)
- Frühestes Ende (FE)
- Spätester Anfang (SA)
- Spätestes Ende (SE)

Aus den Berechnungen der frühesten und spätesten Termine können die für die Bestimmung

PSP-Code [i]		Dauer [i]
Vorgangsname von [i]		% erledigt
FA [i]	GP [i]	FE [i]
SA [i]	FP [i]	SE [i]

PSP-Code [j]		Dauer [j]
Vorgangsname von [j]		% erledigt
FA [j]	GP [j]	FE [j]
SA [j]	FP [j]	SE [j]

Abb. 2.11 Netzplan-Elemente

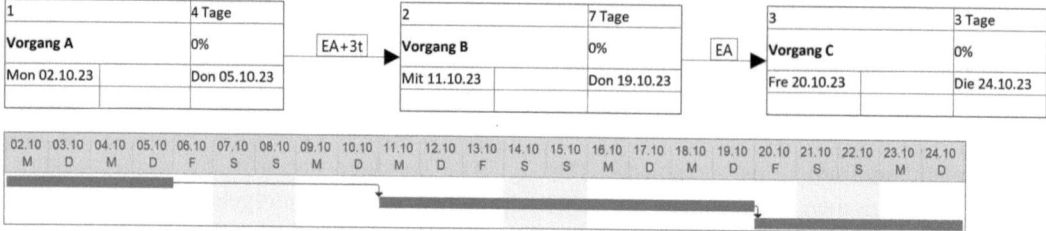

Abb. 2.12 Die frühesten Termine von drei Vorgängen, die mit EA-Beziehungen verknüpft sind

des kritischen Pfads benötigten Pufferzeiten errechnet werden. Es gibt mehrere Arten von Pufferzeiten, von denen nur der Gesamtpuffer (GP) und der freie Puffer (FP) für die Feststellung des kritischen Pfads relevant sind (Timinger, 2017, S. 91).

In Abb. 2.11 sind die Vorgangselemente zweier Vorgänge (*i* und *j*), die mit einer Ende-Anfang-Beziehung (EA-Beziehung) verknüpft sind, in einem simplen VKN-Modell dargestellt; die soeben beschriebenen Termine und Pufferzeiten sind noch nicht bestimmt.

Berechnungen der frühesten Termine mittels Vorwärtsrechnung Wenn FA_i der früheste Anfangstermin des Vorganges *i* mit der Dauer D_i ist, lassen sich das früheste Ende FE_i des Vorganges *i* und der früheste Anfang FA_j sowie das früheste Ende FE_j des mit einem (minimalen) Zeitabstand von t_{ij} nachfolgenden Vorganges *j* entsprechend untenstehenden Berechnungsformeln ermitteln:

$$FE_i = FA_i + D_i \qquad \text{(Gl. 2.1)}$$

$$FA_j = FE_i + 1_{\text{nachfolgende Zeiteinheit; z.B. der nächste Tag}} + t_{ij}$$
$$\text{(Gl. 2.2)}$$

$$FE_j = FA_j + D_j \qquad \text{(Gl. 2.3)}$$

Beispiel für die Berechnung von frühesten Terminen mittels Vorwärtsrechnung

Anhand des Netzplans in Abb. 2.12 lässt sich die Berechnung von frühestesten Terminen nachvollziehen. In dem dargestellten VKN-Modell sind zwei Vorgänge (1 und 2) sequenziell über eine EA-Beziehung mit einem zeitlichen Mindestabstand ($t_{ij} = 3$ Tage) und zwei Vorgänge (2 und 3) über eine EA-Beziehung ohne zeitlichem Mindestabstand ($t_{ij} = 0$ Tage) verknüpft. Kennt man die jeweilige Dauer der Vorgänge und ist der früheste Anfang FA_A von Vorgang A bekannt (Mon 02.10.23), hat man die nötigen Informationen, um die frühesten Termine der anderen Vorgänge zu berechnen. Man beachte, dass im nachfolgenden Beispiel nur Arbeitstage die Dauer definieren und Samstage, Sonntage und Feiertage keine Arbeitstage sind.

$$FA_A = \text{Mon } 02.10.23$$

$$FE_A = FA_A + D_A = \text{Mon } 02.10.23 + 4 \text{ Tage}$$
$$= \text{Don } 05.10.23$$

$$FA_B = FE_A + 1 \text{Tag}_{\text{EA-Beziehung}} + t_{ij}$$
$$= \text{Don } 05.10.23 + 1 \text{Tag} + 3 \text{Tage} = \text{Mit } 11.10.23$$

$$FE_B = FA_B + D_B = \text{Mit } 11.10.23 + 7 \text{Tage}$$
$$= \text{Don } 19.10.23$$

$$FA_C = FE_B + 1\,\text{Tag}_{\text{EA}-\text{Beziehung}} + t_{ij}$$
$$= \text{Don } 19.10.23 + 1\,\text{Tag} + 0\,\text{Tage} = \text{Fre } 20.10.23$$

$$FE_C = FA_C + D_C = \text{Fre } 20.10.23 + 3\,\text{Tage}$$
$$= \text{Die } 24.11.23$$

◄

Analog zu den Berechnungen der frühesten Termine von Vorgängen, die mit EA-Beziehungen verknüpft sind, lassen sich FA und FE von Vorgängen in EE-, AE- und AA-Beziehungen berechnen. Bei den jeweiligen Berechnungen ist jedoch zu beachten, über welche Enden (Anfang oder Ende) die Verknüpfung besteht. Die Berechnungsformeln und die zugehörigen Darstellungsweisen im Netzplan sind für alle Beziehungen, inklusive Termineinschränkungen, in Abb. 2.13 übersichtlich gegenübergestellt.

Diese Berechnungen führt man für alle Vorgänge bis zum Projektende durch, um den Termin des Projektendes zu bestimmen.

Berechnung der spätesten Termine (retrograde Rechnung) Beginnend vom Projektende werden die spätesten Termine errechnet, zu dem ein Vorereignis beginnen oder enden kann, sodass der Termin des Projektendes nicht verschoben werden muss.

Wenn das späteste Ende SE_j des Vorgangs j mit der Dauer D_j ist, lassen sich sein spätester Anfang SA_j und das späteste Ende SE_i sowie der späteste Anfang SA_i seines Vorgängers i mit den folgenden Berechnungsformeln ermitteln:

$$SA_j = SE_j - D_j \qquad \text{(Gl. 2.4)}$$

$$SE_i = SA_j - 1_{\text{vorangehende Zeiteinheit; z.B. der Tag davor}} - t_{ij}$$
$$\text{(Gl. 2.5)}$$

$$SA_i = SE_i - D_i \qquad \text{(Gl. 2.6)}$$

Beispiel für die Berechnung von spätesten Terminen mittels retrograder Berechnung

Angenommen, das späteste Ende SE_C des Vorganges C vom Beispiel in Abb. 2.12 ist bekannt (Mon 30.10.2023), dann kann man anhand der obigen Formeln die spätesten Ter-

mine der Vorgänger B und A folgendermaßen errechnen (für die Dauer werden nur Arbeitstage berücksichtigt):

$$SE_C = \text{Mon } 30.10.23$$

$$SA_C = SE_C - D_C = \text{Mon } 30.10.2023 - 3\,\text{Tage}$$
$$= \text{Don } 26.10.2023$$

$$SE_B = SA_C - 1\,\text{Tag}_{\text{EA}-\text{Beziehung}} - t_{ij}$$
$$= \text{Don } 26.10.2023 - 1\,\text{Tag} - 0\,\text{Tage} = \text{Mit } 25.10.23$$

$$SA_B = SE_B - D_B = \text{Don } 26.10.2023 - 7\,\text{Tage}$$
$$= \text{Die } 17.10.2023$$

$$SE_A = SA_B - 1\,\text{Tag}_{\text{EA}-\text{Beziehung}} - t_{ij}$$
$$= \text{Die } 17.10.2023 - 1\,\text{Tag} - 3\,\text{Tage}$$
$$= \text{Mit } 11.10.2023$$

$$SA_A = SE_A - D_A = \text{Mit } 11.10.10.2023 - 4\,\text{Tage}$$
$$= \text{Fre } 06.10.2023$$

Die Lagen der spätesten Termine bzw. der spätesten Zeitspannen der Vorgänge sind in Abb. 2.14 veranschaulicht. ◄

Analog zu den Berechnungen der spätesten Termine von Vorgängen, die mit EA-Beziehungen verknüpft sind, lassen sich SA und SE von Vorgängen in EE-, AE- und AA-Beziehungen berechnen. Bei den jeweiligen Berechnungen ist jedoch zu beachten, über welche Enden (Anfang oder Ende) die Verknüpfung besteht. Die Berechnungsformeln für alle Beziehungen sind in Abb. 2.15 übersichtlich gegenübergestellt und mit einem Beispiel illustriert (beachte die jeweiligen Termineinschränkungen).

Diese Berechnungen führt man für alle Vorgänge bis zum Projektanfang durch, um den spätesten Termin des Projektanfangs zu bestimmen.

Berechnung der Pufferzeiten Die für die Planung relevantesten Pufferzeiten sind der **Gesamtpuffer** (GP) und der **freie Puffer** (FP).

▶ **Gesamtpuffer** „Der Gesamtpuffer [GP] ist die Zeitspanne zwischen frühester und spätester Lage eines Vorgangs oder Meilensteins." (Timinger, 2017, S. 91)

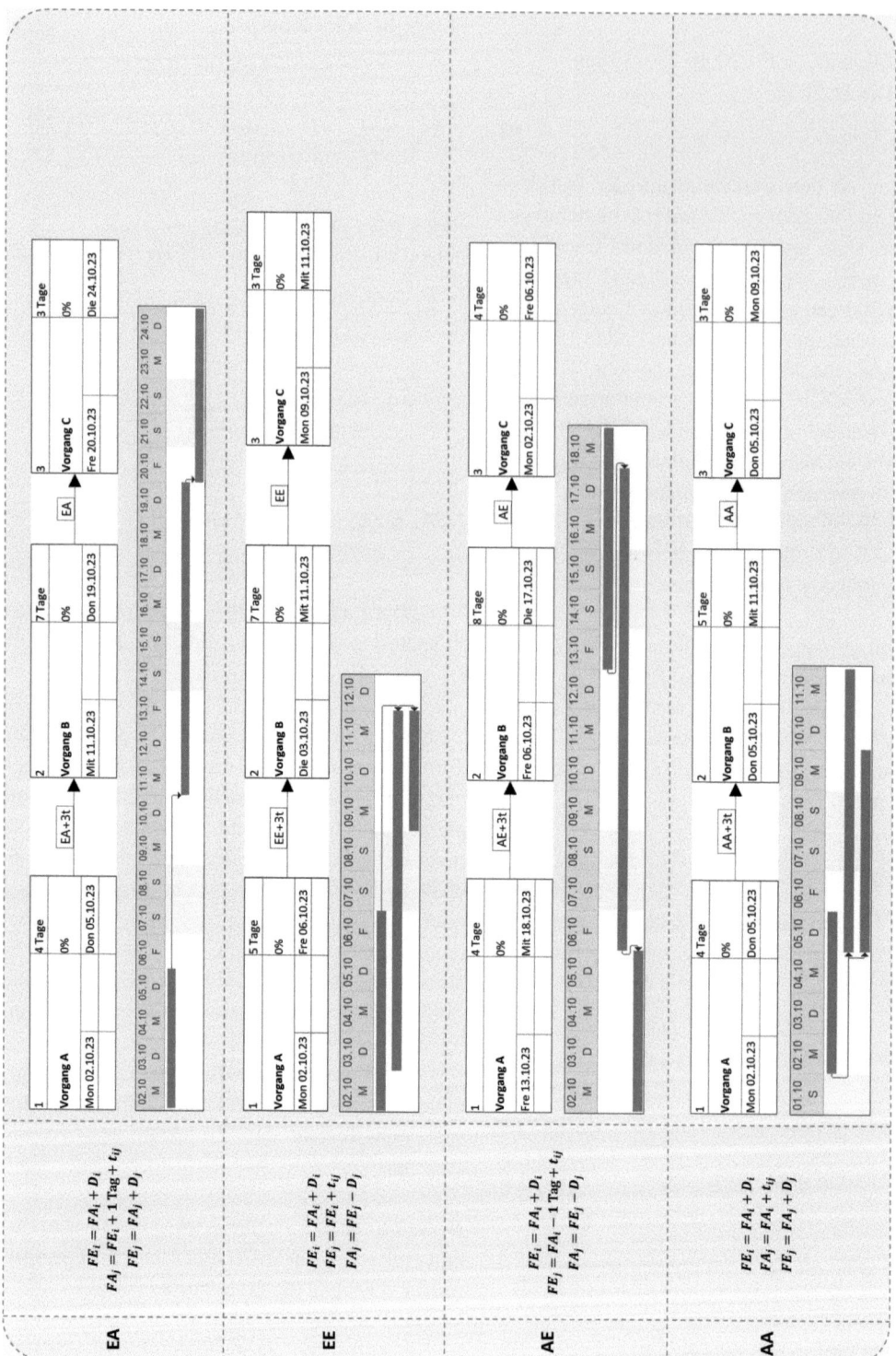

Abb. 2.13 Die Berechnungen der frühesten Termine und die Darstellung der vier Vorgangsbeziehungen im Netzplan sowie der entsprechenden Lagen im Balken-diagramm

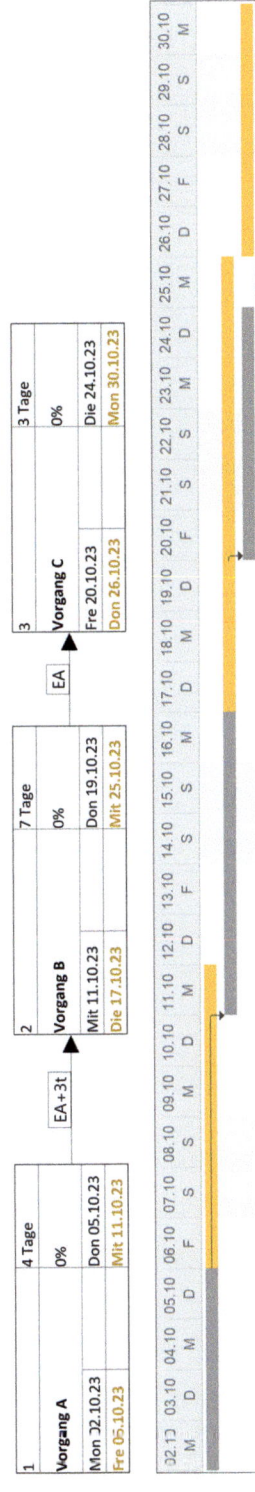

Abb. 2.14 Die spätesten Termine von drei Vorgängen, die mit EA-Beziehungen verknüpft sind

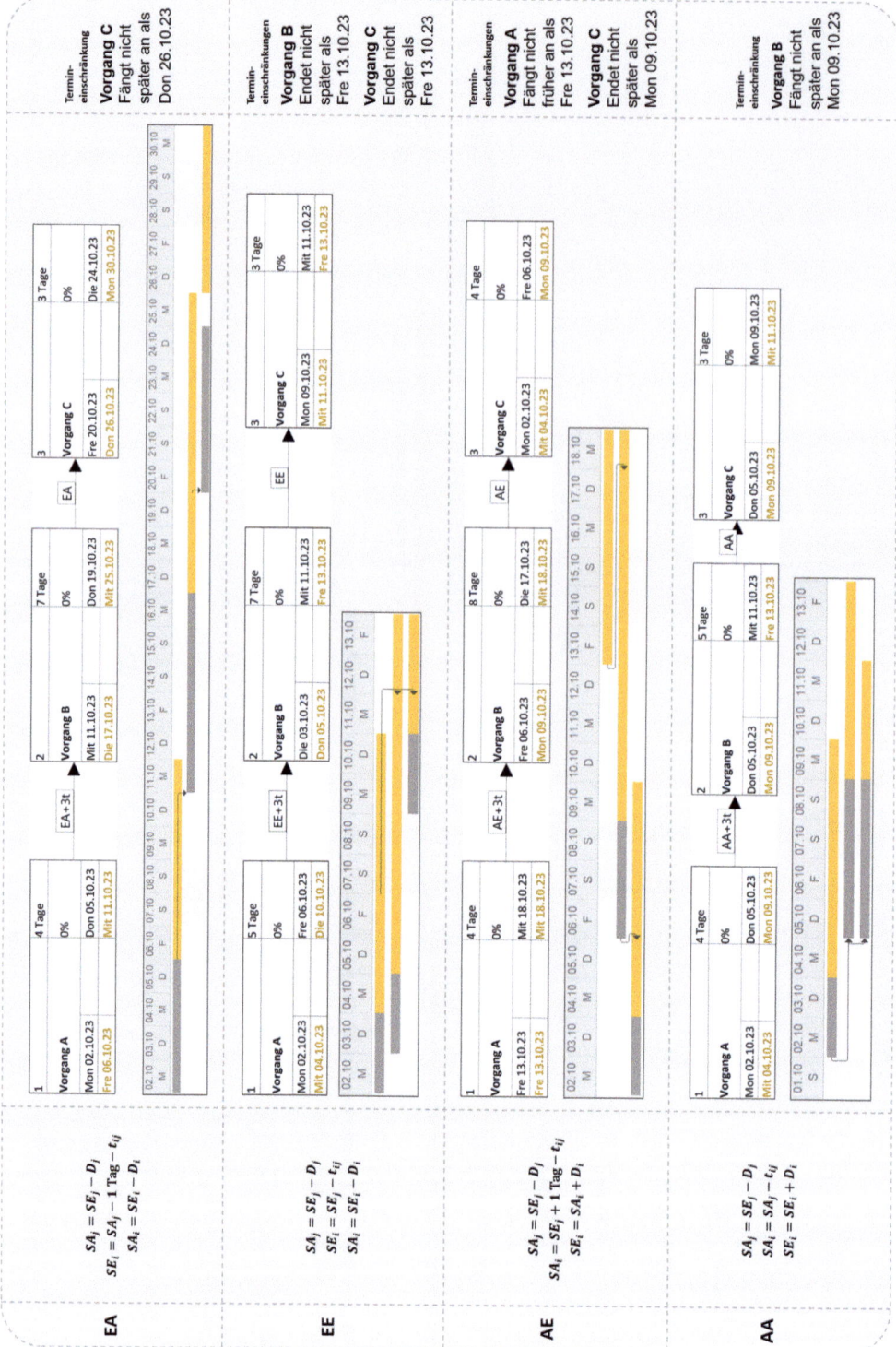

Abb. 2.15 Die Berechnungen der spätesten Termine und die Darstellung der vier Vorgangsbeziehungen im Netzplan sowie der entsprechenden Lagen im Balkendiagramm

Der GP_i eines Vorgangs i lässt sich mit folgender Formel berechnen (Timinger, 2017, S. 91):

$$GP_i = SA_i - FA_i = SE_i - FE_i \qquad \text{(Gl. 2.7)}$$

▶ **Freier Puffer** „Der freie Puffer [FP] ist die Zeitspanne, um die ein Vorgang oder Meilenstein aus seiner frühesten Lage verschoben werden kann, ohne nachfolgende Vorgänge oder Meilensteine aus deren frühester Lage zu verschieben." (Timinger, 2017, S. 91)

Der FP_i eines Vorgangs i lässt sich mit folgender Formel berechnen (Timinger, 2017, S. 91):

$$FP_i = FA_j - FE_i - t_{ij} \qquad \text{(Gl. 2.8)}$$

Beispiel für die Berechnung von Gesamtpuffer und freie Pufferzeiten

Aus den frühesten und den spätesten Terminen des Beispiels in Abb. 2.12 und Abb. 2.14 ergeben sich somit folgende GP- und FP-Zeiten für die Vorgänge A, B und C (wie in den vorhergehenden Berechnungen der Termine werden nur Arbeitstage berücksichtigt):

$$GP_A = \text{Fre } 06.10.23 - \text{Mon } 02.10.23$$
$$= \text{Mit } 11.10.23 - \text{Don } 05.10.23 = 4 \, \text{Tage}$$

$$FP_A = \text{Mit } 11.10.23 - \text{Don } 05.10.23 - 3 \, \text{Tage} \left(t_{ij} \right)$$
$$= 0 \, \text{Tage}$$

$$GP_B = \text{Die } 17.10.23 - \text{Mit } 11.10.23$$
$$= \text{Mit } 25.10.23 - \text{Don } 19.10.23 = 4 \, \text{Tage}$$

$$FP_B = \text{Fre } 20.10.23 - \text{Don } 19.10.23 - 0 \, \text{Tage} \left(t_{ij} \right)$$
$$= 0 \, \text{Tage}$$

$$GP_C = \text{Don } 26.10.23 - \text{Fre } 20.10.23$$
$$= \text{Mon } 30.10.23 - \text{Die } 24.10.23 = 4 \, \text{Tage}$$

Der Vorgang C ist der letzte Vorgang des Beispiel-Ablaufs. Laut der oben angeführten Definition für freie Puffer gäbe es keinen freien Puffer zu bestimmen. Jedoch wurde für Vorgang C die Einschränkung *fängt nicht später an als* (siehe Abschn. 2.1.2.4) am Don

26.10.23 festgelegt. Daraus folgt, dass der Vorgang spätestens am 30.10.23 beendet werden muss bzw. am 31.10.24 kein Vorgang mehr anschließt. Deshalb ist der FA_j für die Berechnung des freien Puffers FP_C der Termin Die 31.10.23 und es ergibt sich folgender freier Puffer:

$$FP_C = \text{Die } 31.10.23 - \text{Mit } 25.10.23 = 4 \, \text{Tage}$$

Die Berechnungen der Gesamtpuffer und der freien Pufferzeiten der Vorgänge sind in Abb. 2.16 veranschaulicht. ◀

Analog zu den gezeigten Berechnungen der Pufferzeiten von Vorgängen, die mit EA-Beziehungen verknüpft sind, lassen sich GP und FP von Vorgängen in EE-, AE- und AA-Beziehungen berechnen. Bei den jeweiligen Berechnungen des FP ist jedoch zu beachten, über welche Enden (Anfang oder Ende) die Verknüpfung besteht. Die Berechnungsformeln für alle Beziehungen sind in Abb. 2.17 übersichtlich gegenübergestellt und mit einem Beispiel illustriert (beachte die jeweiligen Termineinschränkungen).

Der kritische Pfad Durch die systematische Analyse des Netzplans können die Gesamtdauer, die rechnerischen Pufferzeiten und der kritische Pfad ermittelt werden, welcher bereits im vorigen Abschnitt über Balkendiagramme folgendermaßen definiert wurde:

▶ **Kritischer Pfad**

„Der kritische Pfad ist die Aneinanderreihung von Vorgängen und Meilensteinen, in denen es die geringsten (meist keine) [rechnerischen] Puffer[zeiten] gibt." (Timinger, 2017, S. 92)

Der kritische Pfad ist also jene Abfolge von Vorgängen (Pfad), welche bei einer Terminverschiebung zu einer Verzögerung des Projekt-Endtermins bzw. des frühesten Endes des letzten Vorgangs führen würde. Er ist dadurch gekennzeichnet, dass die rechnerischen Pufferzeiten GP und FP der kritischen Vorgänge 0 sind. Dies schließt Sicherheitspuffer, die man bei der Festlegung der Vorgangsdauern eingeplant hat, nicht mit ein.

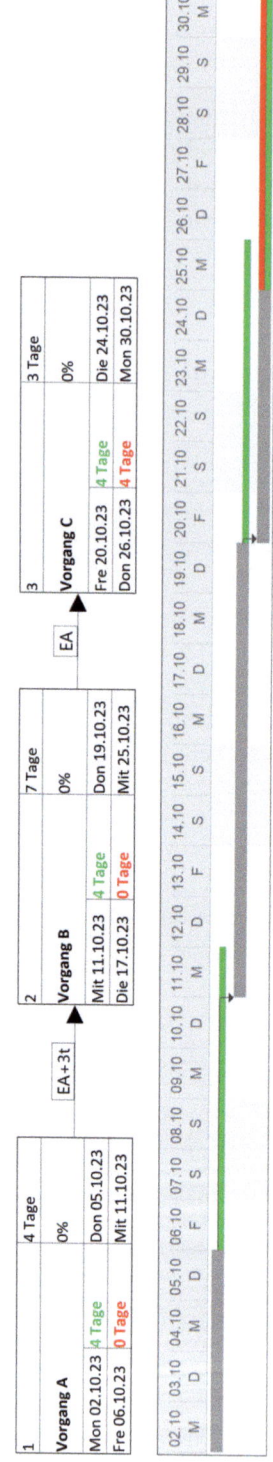

Abb. 2.16 Gesamtpufferzeiten (grün) und freie Pufferzeiten (rot) von drei Vorgängen, die mit EA-Beziehungen verknüpft sind

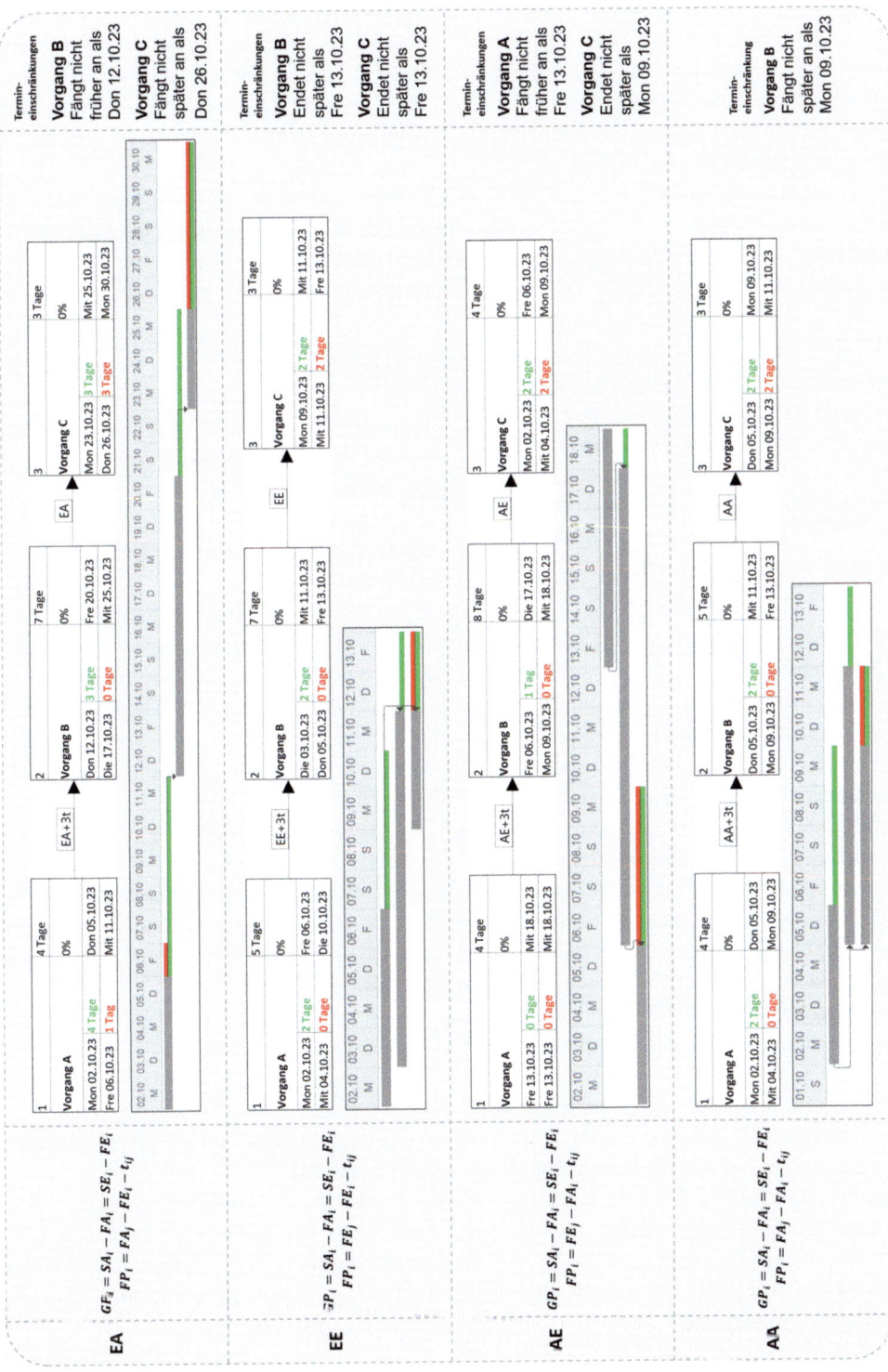

Abb. 2.17 Die Berechnungen der Gesamtpufferzeiten (grün) sowie freien Pufferzeiten (rot) und die Darstellung der vier Vorgangsbeziehungen im Netzplan sowie der entsprechenden Lagen im Balkendiagramm

Der Netzplan von DigiCirCont

Der Netzplan des Beispiel-Projektes DigiCir-Cont ist in den Abb. 2.18 und Abb. 2.19 abgebildet. Der Netzplan demonstriert, wie ein kritischer Pfad in einem Netzplan-Diagramm dargestellt werden kann (vgl. mit dem Balkendiagramm in Abb. 2.10). Die Anordnung der Vorgänge erfolgt chronologisch von oben nach unten und von links nach rechts. Aufgrund der Komplexität des Netzplans wurde er zwecks Veranschaulichung in fünf Teile gesplittet (Abb. 2.18 zeigt die Segmente A-B und Abb. 2.19 zeigt die Segmente C-F).

Die Vorgänge, die den kritischen Pfad definieren, sind rot hervorgehoben und haben keine Pufferzeiten (GP und FP betragen 0 Wochen bzw. 0 Tage). Ebenfalls in Rot dargestellt sind Verknüpfungen der kritischen Vorgänge, während nicht kritische Verknüpfungen und Vorgänge blau gefärbt sind. ◄

2.1.2.6 Optimierung von Projektplänen

Nachdem man einen detaillierten Terminplan berechnet hat, kann sich aus unterschiedlichen Gründen Optimierungsbedarf ergeben. Erkennt man z. B. Terminkonflikte von Meilensteinen oder Einschränkungsterminen, muss der Terminplan entsprechend adaptiert werden. Ein anderer Grund könnte die Erkenntnis sein, dass wegen Fehleinschätzungen unnötig lange Mindestabstände zwischen Vorgangsabläufen oder Sicherheitspuffer in die Vorgangsdauern einberechnet wurden. Besteht Optimierungsbedarf, bieten sich grundsätzlich zwei Möglichkeiten zur zeitlichen Verdichtung.

Paralleles Durchführen von Arbeitspaketen

Die Verknüpfungen der Arbeitspakete und Meilensteine, zusammen mit ihren Einschränkungen, spielen bei der Optimierung des Zeitplanes eine wichtige Rolle. Deshalb hängt die Möglichkeit der Parallelisierung von der benötigten Verknüpfung (Abhängigkeitsbeziehung) ab, um die jeweiligen Abwicklungen zu ermöglichen.

Beispiel

Um unterschiedliche Kekse in einem Gang backen zu können, müssen vorher alle Keksteig-Sorten vorbereitet werden. Wenn jede Teigsorte von einer anderen Person gefertigt wird, kann Zeit gespart werden. ◄

Mitunter muss trotz der Machbarkeit eines parallelen Durchführens aus Gründen fehlender Ressourcen (insbesondere Schlüsselpersonen) eine Parallelisierung eventuell ausgeschlossen werden.

Beispiel

Wenn der Bäcker keine Angestellten hat, die ihm helfen können, muss er einen Teig nach dem anderen zubereiten. ◄

Vorsehen von höheren Kapazitäten für ein Arbeitspaket

Diese Optimierungsstrategie setzt eine bereits erfolgte Ressourcenplanung (Kapazitätsplanung) voraus, die als Grundlage für Optimierungsentscheidungen dient. Die Ressourcenplanung wird im nachfolgenden Abschn. 2.1.3 beschrieben.

2.1.3 Ressourcenplanung

In einer Umfrage gaben Projektmanager*innen an, welche Probleme sie in Projekten als die wichtigsten und häufigsten empfanden (Patzak & Rattay, 2023, S. 272):

1. Ungenügende Ressourcen
2. Unrealistische Termine
3. Unklare bzw. nicht definierte Projektziele
4. Mangelnde Verbindlichkeit und Motivation im Projektteam
5. Schlechte bzw. unzureichende Planung
6. Schlechte bzw. mangelhafte Kommunikation
7. Veränderungen in Zielsetzung und Ressourcen
8. Konflikte zwischen Projektorganisation und Stammorganisation

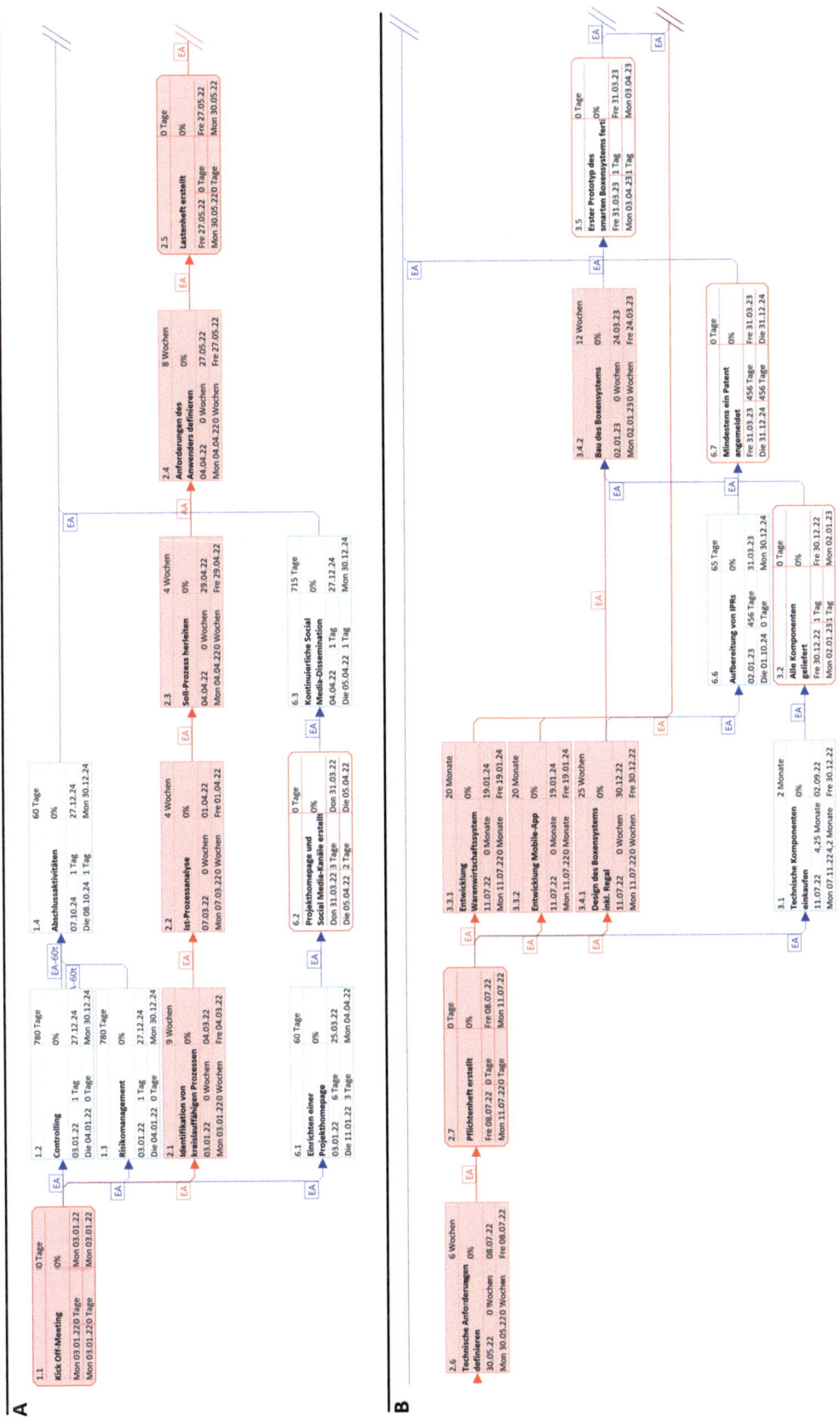

Abb. 2.18 Der Netzplan von DigiCirCont (Teil 1)

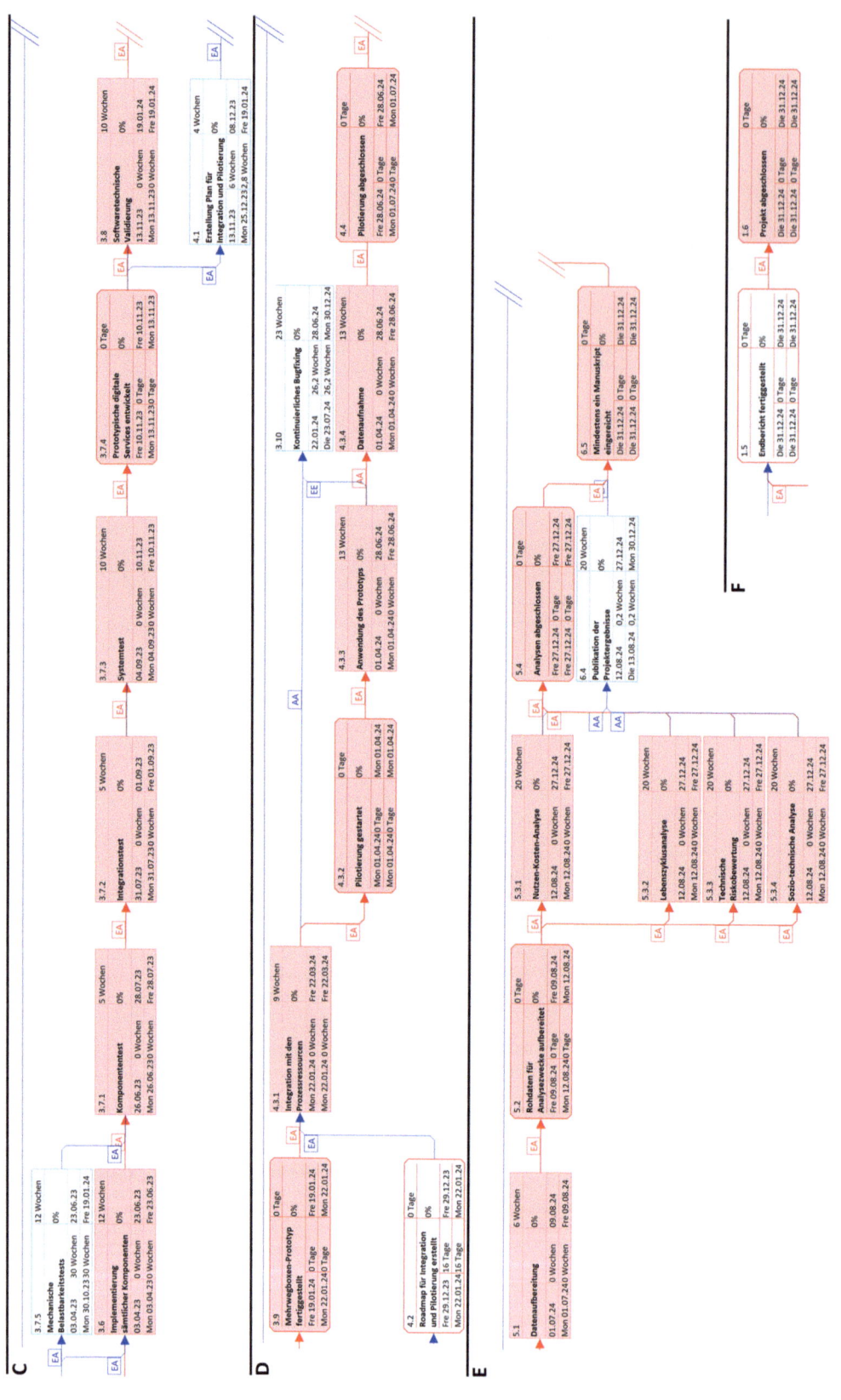

Abb. 2.19 Der Netzplan von DigiCirCont (Teil 2)

In obiger Auflistung werden Probleme mit Ressourcen in zwei Punkten direkt angesprochen und haben teilweise direkten oder indirekten Einfluss auf die anderen Probleme. Wenn Ressourcen nicht in genügendem Ausmaß zur Verfügung stehen, ist mit einer unzureichenden Genauigkeit in der Planung und unrealistischen Terminen zu rechnen.

Ressourcen sind alle Einsatzmittel, die zur Projektabwicklung notwendig sind:

- **Personal** stellt Kompetenzen zur Verfügung und verrichtet Arbeit.
- **Material** umfasst Sachanlagen und Betriebsmittel.
- **Information** umfasst sämtliches Wissen zur Bewältigung der Aufgaben.
- **Finanzielle Ressourcen** werden zur Bezahlung der anderen Ressourcen benötigt.

So wie in einem Betrieb die Ressourcen an Prozesse gekoppelt sind, hängt im Projekt die Ressourcenplanung mit der Terminplanung zusammen. Ziel der gesamten Projektplanung ist es, ein Optimum aus Ressourceneinsatz und Terminplanung zu finden, welches die Gesamtkosten des Projektes minimiert und die Wertschöpfung des Projektes maximiert.

Bei der Ressourcenplanung stellen sich somit folgende Fragen:

- **Was** wird gebraucht?
- **Wie viel** wird gebraucht?
- **Wann** wird die Ressource gebraucht?
- **Wo** wird die Ressource gebraucht?

Diese Fragen werden mit einer **Bedarfsermittlung** geklärt. Dabei wird berechnet, welche Menge einer Ressource notwendig ist, um eine Aufgabe planmäßig durchführen zu können. Während die Bedarfsermittlung für Information und Betriebsmittel trivial erscheint (Mengenverbrauch, Interpolation oder statistische Ermittlung), hängt die exakte Bestimmung des Personal- und Sachanlagenbedarfs von den individuellen Kapazitäten ab, welche die Terminplanung begrenzen. So hat z. B. jeder Mensch gewisse soziale und physische Belastungsgrenzen und kann nicht sieben Tage pro Woche oder 24 h am Tag

arbeiten. Ebenso müssen Anlagen gewartet werden bzw. sind Materialien beschränkt verfügbar. Auch aus finanziellen Gründen ist es nicht immer sinnvoll, ein rasches Projektende durch erhöhte Kosten aufgrund von Überstunden oder Schichtarbeit zu erkaufen. Keine Organisation hat uneingeschränkten Zugriff auf Finanzen und kann nicht permanent alle Ressourcen bereitstellen, die für die kürzeste Abwicklungsdauer notwendig wären. Es gibt also Einschränkungen hinsichtlich der Termine, der Verfügbarkeiten von Ressourcen und Kosten, die bei der Ressourcenplanung zu berücksichtigen sind.

Bei der Bestimmung des Bedarfs an Personal- oder Sachanlagenressourcen muss zunächst ermittelt werden, wie viel Arbeitsaufwand (kurz Arbeit) zur Bewältigung des betrachteten Arbeitsvorgangs vorgesehen werden muss.

Arbeit entspricht der über einen Zeitraum hinweg erforderlichen Leistung, um den Vorgang abzuschließen. Die Arbeit wird in [Personen × Zeiteinheit] oder [Maschinen × Zeiteinheit] (z. B. Personenstunden, Personentage, Maschinenstunden, etc.) gemessen.

Die benötigte Arbeit kann prinzipiell mit folgenden Verfahren ermittelt werden, die jedoch zu unterschiedlich genauen Angaben führen:

- Ableitung aus äußeren Rahmenbedingungen
- Ableitung von Erfahrungswerten
- Schätzung
- Berechnung

Um den zugrunde liegenden Arbeitsvorgang innerhalb der geplanten Dauer abschließen zu können, muss eine bestimmte **Ressourcenleistung** aufgebracht werden:

$$\text{Ressourcenleistung} = \frac{\text{Arbeit}}{\text{Dauer}} \qquad \text{(Gl. 2.9)}$$

Dauer entspricht der tatsächlich benötigten Zeit, um den Vorgang abzuschließen. Dauer wird in [Monaten, Wochen, Tagen oder Stunden] gemessen.

Ressourcenleistung entspricht der Summe der Leistung, mit welcher Ressourcen dem Arbeitspaket zugeordnet sind. Die Ressourcenleistung hat die etwas unhandliche Einheit von [Anzahl Personen × Arbeitszeit pro Zeiteinheit] oder [Anzahl Maschinen × Arbeitszeit pro Zeiteinheit] (z. B. [Personen × 8 h ÷ Tag]) gemessen.

Da jede Ressource begrenzt Kapazität bereitstellen kann (z. B. 40 oder 20 h pro Woche), muss im nächsten Schritt die benötigte **Ressourcenmenge**, um den Arbeitsvorgang planmäßig abzuschließen, ermittelt werden:

$$\text{Ressourcenmenge} = \frac{\text{Ressourcenleistung}}{\text{Kapazität}}$$

$$(\text{Gl. } 2.10)$$

Nach Ermittlung der benötigten Ressourcenmenge kann die **Kapazitätsplanung** vorgenommen werden. Dabei werden Ressourceneinheiten (Personen oder Maschinen) den Arbeitsvorgängen zugeteilt. Abhängig von den Zuteilungen auf verschiedene Arbeitsvorgänge sind dann individuelle Ressourcen über bestimmte Zeitspannen unterschiedlich stark ausgelastet. Für eine optimale Ressourcenplanung sollte keine Ressource zu niedrig ausgelastet und nicht überlastet sein (jedenfalls nicht über einen längeren Zeitraum). Die Auslastungs- bzw. Überlastungsproblematik lässt sich durch Darstellung der Auslastung in einem **Ressourcenhistogramm** parallel geplottet zum entsprechenden Balkendiagramm der betrachteten Arbeitsvorgänge veranschaulichen.

Im Ressourcenhistogramm in Abb. 2.20 sind beispielhaft Auslastungen und Überlastungen einer Ressource A (eine Projektmitarbeiterin) dargestellt. Die Gesamtdauer der Teilaufgabe 1 beträgt sechs Monate und besteht aus vier Arbeitspaketen, die teilweise parallel abzuwickeln sind. Die Projektmitarbeiterin ist allen Arbeitspaketen in unterschiedlichem Ausmaß zugeteilt (Arbeitspakete 1.1–1.4).

Bis zur Mitte des Projektmonats 3 wird sie mit mehr als 90 % ihrer Kapazität mit dem Arbeitspaket 1.1 beschäftigt sein. Das Ende des Arbeitspaket 1.1 bestimmt die Anfangstermine der beiden parallel laufenden Arbeitspakete 1.2 und 1.4. Die Projektmitarbeiterin soll an beiden Arbeitspaketen mitarbeiten, was zusammen mehr als 100 % ihrer Kapazität erfordern wird. Ab dem

Projektmonat 4 wird ihre Überlastung nochmals um ungefähr 40 % ansteigen, da das Arbeitspaket 1.3 beginnt, dem sie ebenfalls zugeteilt wurde, obwohl sie den anderen beiden Arbeitspaketen 1.2. und 1.4 weiterhin mit derselben Leistung zugewiesen bleibt. Deshalb wird ab dem Projektmonat 4 bis zur Mitte des Projektmonats 5 ihre gesamte Auslastung auf 160 % steigen. Ihre Überlastung wird erst mit dem Ende des Arbeitspakets 1.4 enden und sie wird danach für die restliche Projektlaufzeit nur zu ungefähr 60 % ausgeleistet sein.

Stellt man, so wie im Beispiel der Abb. 2.20 illustriert, entlang der Zeitachse eine Diskrepanz zwischen der Verfügbarkeit und des Bedarfes einer Ressource fest oder ist diese sehr kostenintensiv, wird sie zur **Engpassressource**. In so einem Fall muss die Ressourcenplanung optimiert werden, um die Engpassressource so sparsam als möglich einzusetzen, d. h. Überbelastungen, die zusätzliches Geld kosten, wie z. B. durch Überstunden oder durch höhere Kapitalbindung (Opportunitätskosten), zu vermeiden. Die Optimierung ist auf drei Arten möglich:

- Projektdauer und Ablaufplan bleiben unverändert.
- Der Ablaufplan bleibt bei variabler Projektdauer unverändert.
- Die Projektdauer bleibt bei variablem Ablaufplan unverändert.

In den meisten Projekten ist der Ablaufplan nicht oder nur gering veränderbar, d. h., es stehen keine technologischen Alternativen zur Verfügung, die eine andere Reihenfolge der Tätigkeiten, z. B. durch Eliminieren von Abhängigkeiten, zulassen würden. So kommt oft nur die Projektdauer als mögliche Variable in Frage. Da die Projektdauer für den oder die Projektauftraggeber*in meist kritisch ist, müssen Mittel und Wege gefunden werden, Kapazitätsprobleme zu lösen, ohne die Projektgesamtdauer zu beeinflussen oder die Auswirkungen so gering als möglich zu halten.

Wenn also von fester Projektdauer und unveränderbarem Ablaufplan ausgegangen wird, bleiben nur sehr wenige Möglichkeiten der Optimierung. Genauer gesagt, können nur nichtkritische

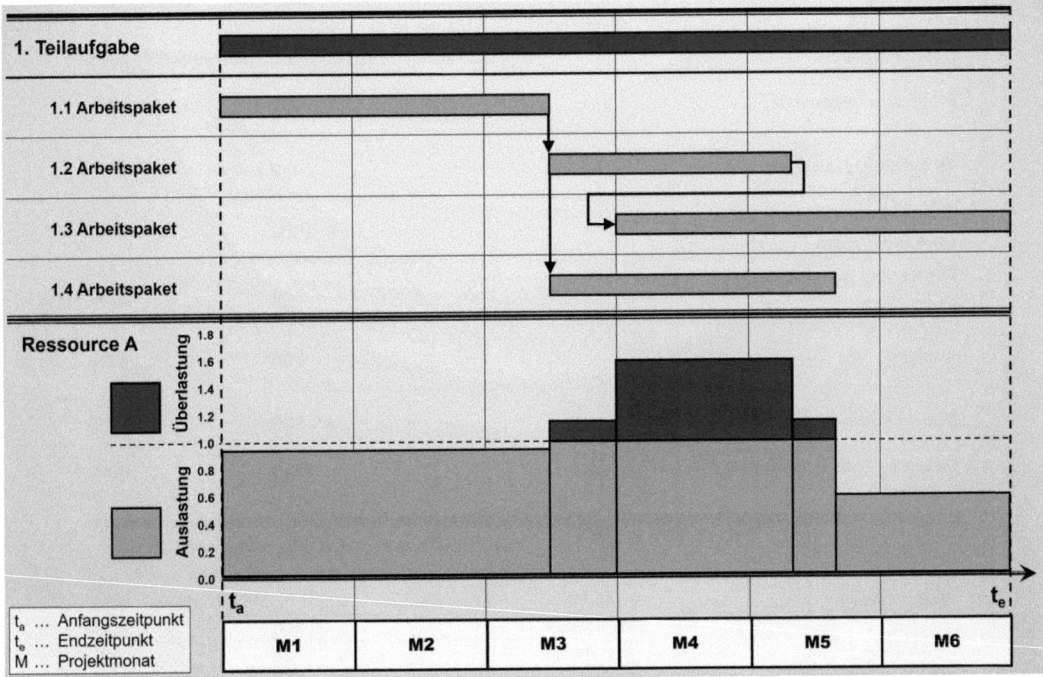

Abb. 2.20 Ressourcenhistogramm

Vorgänge unter Ausnutzung der Pufferzeiten herangezogen werden, um dort Kapazitäten freizumachen, ohne die Kosten zu erhöhen. Pufferzeiten bieten drei grundlegende Möglichkeiten oder Kombinationen davon, um eine optimierte Kapazitätsplanung zu erreichen:

a. Eine Verschiebung des Arbeitspaketes innerhalb der Pufferzeit ist möglich, um zugeteilte Ressourcen früher oder später in Anspruch zu nehmen oder freizugeben.
b. Das Arbeitspaket kann entsprechend der Pufferzeit „gestreckt" werden, um somit die zugeteilten Ressourcen zu entlasten.
c. Das Arbeitspaket wird innerhalb der Pufferzeit und Dauer mehrmals gestartet und gestoppt, um kurzzeitig vorhandene Ressourcen auszunutzen.

Der Ressourcenplan von DigiCirCont

DigiCirCont ist ein Konsortialprojekt, an dem insgesamt sechs Mitarbeiter*innen des Konsortialführers Digitalization Institute mitarbeiten werden (siehe Projektdefinition von DigiCirCont im Abschn. 1.2.1.). Die internen

Mitarbeiter*innen wurden den Hauptaufgaben zugeteilt, d. h. für sie wurden planmäßige, zu verrichtende Arbeitsstunden (Kapazitäten bei maximal acht Arbeitsstunden pro Tag) auf die Hauptaufgaben verteilt. Der individuelle Anteil an den jeweiligen Plan-Arbeitsstunden der Hauptaufgaben hängt von den Kompetenzen der einzelnen Mitarbeiter*innen ab. Die Aufteilung entspricht einer Schätzung der benötigten zeitlichen Aufwände, um diese Aufgaben zu erfüllen. Die Auflistung in Abb. 2.21 zeigt die in DigiCirCont beschlossene Aufteilung der Aufwände an verfügbaren Personenstunden auf die Hauptaufgaben.

Um einschätzen zu können, wie sich diese Aufteilung auf die Auslastung der einzelnen Mitarbeiter*innen im Laufe des Projektes auswirkt (Kapazitätsplanung), werden die Personenstunden in einer Detailplanung auf die Projektmonate (oder Wochen, sofern möglich) verteilt. In Abb. 2.22 ist die monatliche Auslastung der Mitarbeiter*innen von DigiCirCont übersichtlich dargestellt.

Anhand der blauen Histogramme (die kaum 50 % überschreiten) könnte man schluss-

Hauptaufgabe	Intern zu verrichtende geplante Arbeitsstunden	Anteil am Projekt
Projektmanagement	450	11%
Anforderungsanalyse	450	11%
Entwicklung eines smarten Mehrwegboxen-Prototyps	1500	37%
Pilotierung der smarten Mehrwegbox	500	12%
Analyse	700	17%
Dissemination	500	12%
Gesamte Plan-Arbeitsstunden im Projekt	4100	100%

Hauptaufgabe	Mitarbeiter	Individuell zu verrichtende Arbeitsstunden für die Hauptaufgabe	Geplante anteilige Mitarbeit an der Hauptaufgabe
Projektmanagement	Schneikart	360	80%
	Mayrhofer	18	4%
	Maier	18	4%
	Huber	18	4%
	Bello	18	4%
	Schlau	18	4%
Anforderungsanalyse	Schneikart	135	30%
	Mayrhofer	45	10%
	Maier	22,5	5%
	Huber	22,5	5%
	Bello	22,5	5%
	Schlau	202,5	45%
Entwicklung eines smarten Mehrwegboxen-Prototyps	Schneikart	150	10%
	Mayrhofer	75	5%
	Maier	525	35%
	Huber	150	10%
	Bello	525	35%
	Schlau	75	5%
Pilotierung der smarten Mehrwegbox	Schneikart	50	10%
	Mayrhofer	25	5%
	Maier	100	20%
	Huber	150	30%
	Bello	25	5%
	Schlau	150	30%
Analyse	Schneikart	140	20%
	Mayrhofer	105	15%
	Maier	140	20%
	Huber	140	20%
	Bello	35	5%
	Schlau	140	20%
Dissemination	Schneikart	100	20%
	Mayrhofer	75	15%
	Maier	100	20%
	Huber	100	20%
	Bello	25	5%
	Schlau	100	20%
Gesamte Plan-Arbeitsstunden im Projekt		4100	

Abb. 2.21   Verteilung der geplanten Arbeitsstunden im Projekt DigiCirCont

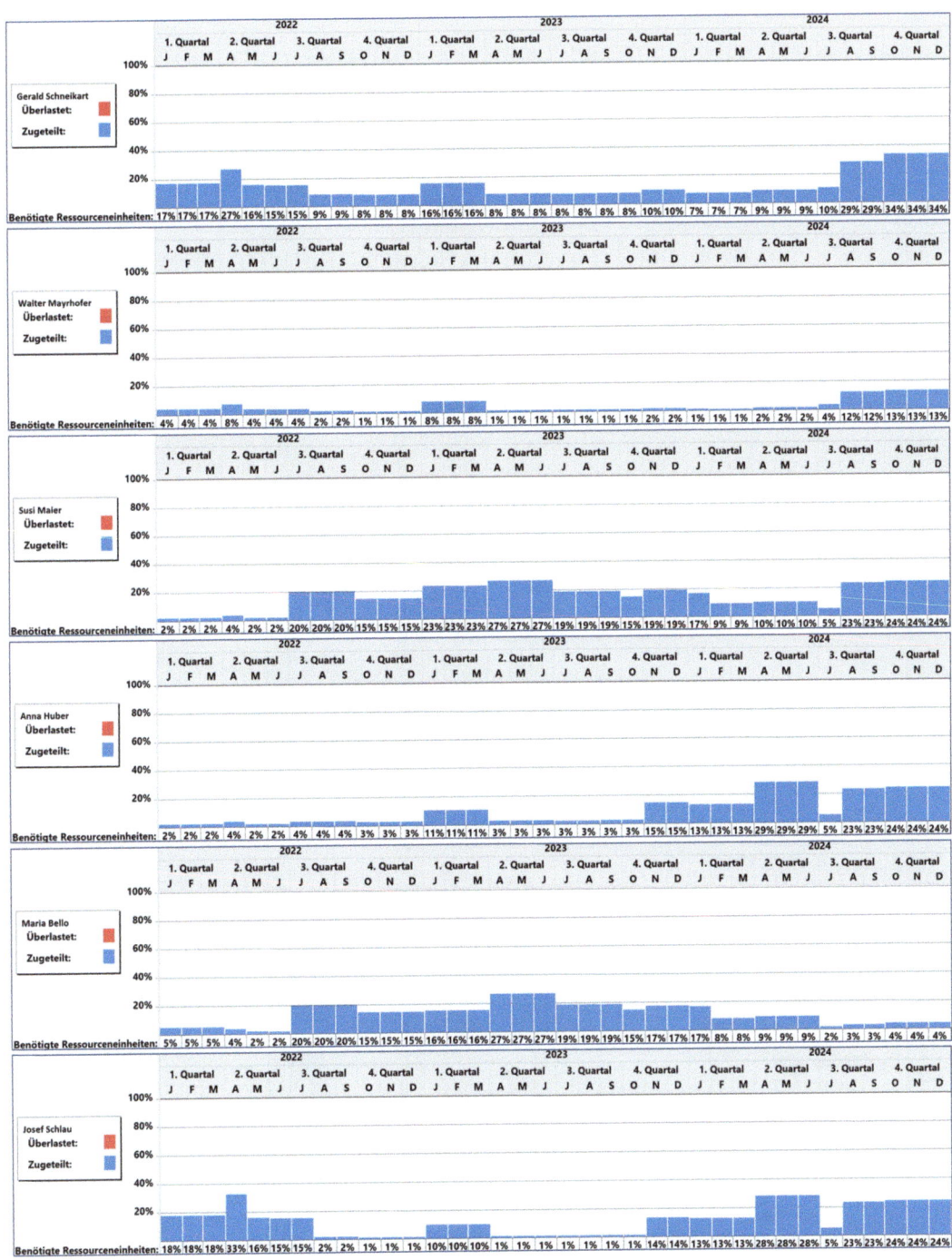

Abb. 2.22 Individuelle Personenauslastungen in den einzelnen Projektmonaten von DigiCirCont

folgern, dass keine*r der Mitarbeiter*innen während der Projektlaufzeit in keinem der anstehenden Projektmonate voll ausgelastet sein wird. Beachtet man jedoch zusätzlich parallel laufende Projekte, ist zu erkennen, dass

mit der vorliegenden Planung bei manchen Mitarbeiter*innen zeitweise ihre maximale Kapazität (maximal mögliche Arbeitsstunden pro Monat) überschritten würde (Abb. 2.23; rote Histogramme deuten auf eine mögliche

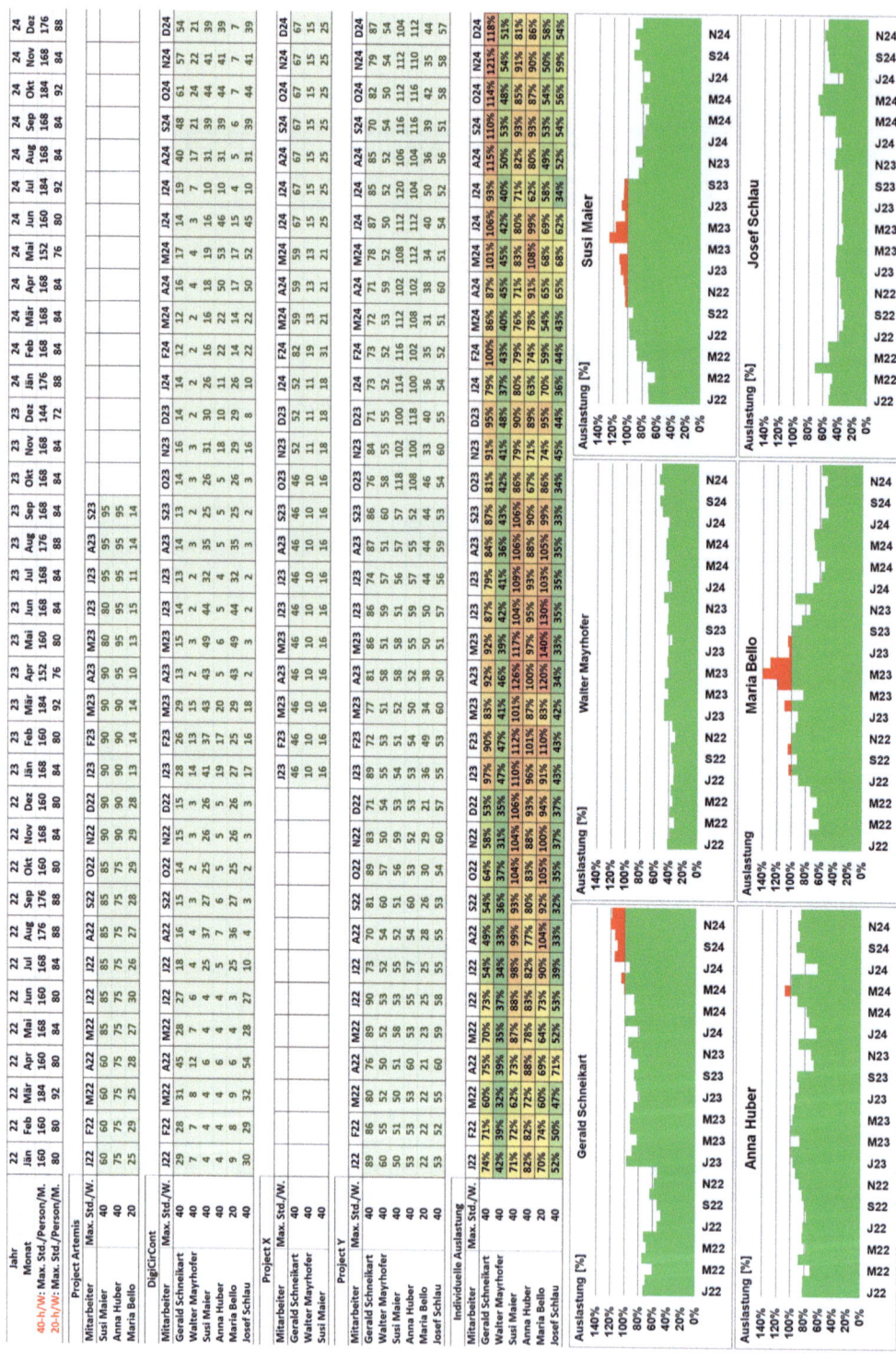

Abb. 2.23 Individuelle Gesamtauslastungen der DigiCirCont-Mitarbeiter*innen aufgrund von Beschäftigungen in parallel laufenden Projekten

Überlastung hin). Die jeweiligen Kapazitäten hängen von der Anstellung ab, d. h. Vollzeit (40 h pro Woche) oder Teilzeit (20 h pro Woche), während die individuelle Auslastung von den jeweiligen verfügbaren Ressourcen (Arbeitsstunden) pro Monat abhängt.

Der Großteil der Mitarbeiter*innen ist für 40 h pro Woche im Betrieb tätig, aber auch eine Teilzeitkraft ist im Projekt involviert, denn Maria Bello hat eine maximale Kapazität von 20 h pro Woche. Da sie bis September 2023 in einem parallel laufenden Projekt stark beschäftigt ist, in welchem bereits ihre Kapazitäten ab September 2022 voll ausgeschöpft sind, müsste sie nach der „aktuellen" DigiCir-Cont-Planung (laut Abb. 2.21 und Abb. 2.23) bis zum Abschluss des parallel laufenden Projektes im September 2023 regelmäßig bis zu ca. 30 % über ihrer Kapazität Überstunden leisten. Eine ähnliche Situation besteht für Susi Maier, die zwar keine Teilzeitkraft repräsentiert, aber im selben parallel laufenden Projekt verbucht ist.

Da sich die Überlastungen in beiden Fällen über mehrere Monate (bis hin zu einem ganzen Jahr) erstrecken, müsste in solch einem (erfundenen) Fall von parallel laufenden Projekten die Einteilung der Kapazitäten optimiert werden, um Risiken zu vermeiden (z. B. besteht, aufgrund der längerfristigen Überlastung, eine erhöhte Wahrscheinlichkeit für

Ausfälle der Mitarbeiter*innen, welche wiederum Verzögerungen von Meilensteinen verursachen und folglich den Projekterfolg gefährden könnten). Sollte eine Umschichtung von verfügbaren Kapazitäten (Anm.: Walter Mayrhofer oder Josef Schlau scheinen laut der vorliegenden Planung relativ wenig ausgelastet zu sein) aus diversen Gründen nicht möglich sein (z. B. aufgrund von Mangel an spezifischer Kompetenz oder administrativen Hintergründen), dann muss der Zukauf von zusätzlichen Ressourcen (z. B. Leihpersonal oder zusätzliche Mitarbeiter*innen) in Betracht gezogen werden. ◀

2.1.4 Kostenplanung bzw. -schätzung

Die Kostenplanung dient der Abschätzung der Projektkosten, um während der Projektabwicklung dem Projektmanagement zur richtigen Zeit die notwendigen finanziellen Mittel zur Verfügung stellen zu können. Der tatsächliche Verlauf der kumulierten **Plan-Kosten** über die gesamte Projektlaufzeit hängt vom Ressourcenplan und somit auch vom zugrunde liegenden Aufgaben- sowie Terminplan ab, entspricht jedoch typischerweise einer S-Kurve (Abb. 2.24).

Die Methoden der Kostenplanung lassen sich in zwei Kategorien unterteilen:

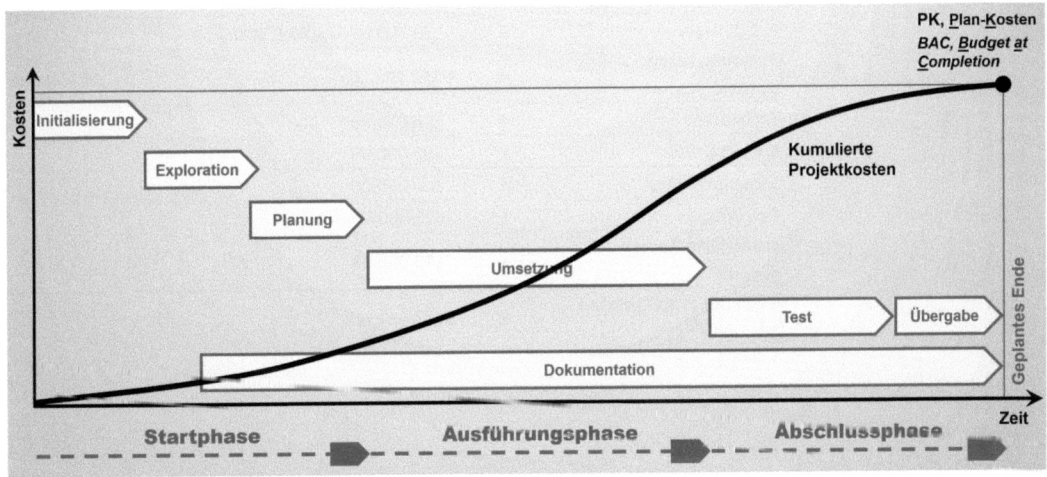

Abb. 2.24 Ein typischer Kostenverlauf der kumulierten Plan-Kosten

- **Globale Schätzverfahren**

  Diese ermöglichen eine relativ einfache und schnelle Schätzung der Projektkosten, wobei die Genauigkeit dabei eine sekundäre Rolle spielt. Die Qualität der Schätzung hängt von der Erfahrung der schätzenden Personen ab. Dabei werden die Kosten der Arbeitsvorgänge einzeln, anhand definierter Parameter geschätzt, wie z. B. Kilogramm Stahl, Quadratmeter Gebäude, Kilometer auf der Autobahn oder Personentage. Die Summe aller Schätzwerte ergibt einen Kostenrichtwert für das Projekt.

- **Analytische Kostenermittlungsverfahren**

  Die analytische Kostenermittlung basiert auf den Daten der vorangegangenen Planungsschritte, d. h. der Termin- und Ressourcenplanung. Die ermittelten Plan-Kosten sind Grundlage für die Erstellung eines Projektbudgets, für den **Finanzierungsplan**, für das begleitende Controlling und für die Angebotslegung an externe Projektauftraggeber*innen. Neben der Planung der Zahlungsströme dient das analytische Kostenermittlungsverfahren

auch als Entscheidungskriterium, wenn mehrere Planungsalternativen zu einem Projekt vorliegen.

Der Kostenplan von DigiCirCont

Bereits in der Explorationsphase von DigiCirCont haben alle Projektpartner die für sie anfallenden Arbeitsaufwände sowie die anfallenden Kosten erstmals geschätzt (vgl. Abschn. 1.2.1.1). Diese Angaben wurden dann im Rahmen der Projektplanung, basierend auf der Ressourcenplanung und abhängig von den jeweiligen durchschnittlichen Verrechnungssätzen genauer bestimmt (Abb. 2.25).

Anschließend wurden die in Abb. 2.25 gelisteten Aufwände nach dem analytischen Kostenermittlungsverfahren auf die einzelnen Arbeitsvorgänge entsprechend dem Projektplan aufgeteilt. In Abb. 2.26 ist ein Ausschnitt dieser Detailplanung zu sehen, welcher die ersten sieben Projektmonate zeigt, in denen die Abwicklung der Hauptaufgabe „Anforderungsanalyse" geplant ist. In dieser Detailplanung

Abb. 2.25 Geschätzte Aufwände der einzelnen Projektpartner von DigiCirCont

Ressource	Kosten		Durchschnittlicher Verrechnungssatz	Arbeit
Digitalization Institute	€	377 610,00	92,10 €/Std.	4 100 Std.
AI-Institute	€	262 752,00	114,24 €/Std.	2 300 Std.
BoxChain	€	232 724,00	63,76 €/Std.	3 650 Std.
Out-of-the-Box	€	167 206,00	56,68 €/Std.	2 950 Std.
A-Z Delivery	€	79 700,00	79,70 €/Std.	1 000 Std.
Personalkosten gesamt	**€**	**1 119 992,00**		**14 000 Std.**
Sachkosten	€	300 000,00		
Kosten Dritte	€	100 000,00		
Sonstige Kosten	€	100 000,00		
Reisekosten	€	25 000,00		
Zusätzliche Kosten gesamt	**€**	**525 000,00**		
Geplante Projektkosten gesamt	**€**	**1 644 992,00**		

#	Vorgangsname	Geplante Kosten	Arbeit	Einheit	1. Qtl, 2022 Januar	Februar	März	2. Qtl, 2022 April	Mai	Juni	3. Qtl, 2022 Juli
8	Anforderungsanalyse	182 916,00 €	2 250 Std.	Arbeit	326,67h	311,11h	347,22h	590h	301,67h	293,33h	80h
				Kosten	26 556,69 €	25 292,09 €	28 227,78 €	47 964,64 €	24 524,29 €	23 846,83 €	6 503,68 €
9	Identifikation von kreislauffähigen Prozessen	56 907,20 €	700 Std.	Arbeit	326,67h	311,11h	62,22h				
				Kosten	26 556,69 €	25 292,09 €	5 058,42 €				
	BoxChain	8 926,40 €	140 Std.	Arbeit	65,33h	62,22h	12,44h				
				Kosten	4 165,65 €	3 967,29 €	793,46 €				
	AI-Institute	15 993,60 €	140 Std.	Arbeit	65,33h	62,22h	12,44h				
				Kosten	7 463,68 €	7 108,27 €	1 421,65 €				
	Out-of-the-Box	7 935,20 €	140 Std.	Arbeit	65,33h	62,22h	12,44h				
				Kosten	3 703,09 €	3 526,76 €	705,35 €				
	A-Z Delivery	11 158,00 €	140 Std.	Arbeit	65,33h	62,22h	12,44h				
				Kosten	5 207,07 €	4 959,11 €	991,82 €				
	Digitalization Institute	12 894,00 €	140 Std.	Arbeit	65,33h	62,22h	12,44h				
				Kosten	6 017,20 €	5 730,67 €	1 146,13 €				
10	Ist-Prozessanalyse	24 388,80 €	300 Std.	Arbeit				285h	15h		
				Kosten				23 169,36 €	1 219,44 €		
	BoxChain	3 825,60 €	60 Std.	Arbeit				57h	3h		
				Kosten				3 634,32 €	191,28 €		
	AI-Institute	6 854,40 €	60 Std.	Arbeit				57h	3h		
				Kosten				6 511,68 €	342,72 €		
	Out-of-the-Box	3 400,80 €	60 Std.	Arbeit				57h	3h		
				Kosten				3 230,76 €	170,04 €		
	A-Z Delivery	4 782,00 €	60 Std.	Arbeit				57h	3h		
				Kosten				4 542,90 €	239,10 €		
	Digitalization Institute	5 526,00 €	60 Std.	Arbeit				57h	3h		
				Kosten				5 249,70 €	276,30 €		
11	Soll-Prozess herleiten	24 388,80 €	300 Std.	Arbeit				300h			
				Kosten				24 388,80 €			
	BoxChain	3 825,60 €	60 Std.	Arbeit				60h			
				Kosten				3 825,60 €			
	AI-Institute	6 854,40 €	60 Std.	Arbeit				60h			
				Kosten				6 854,40 €			
	Out-of-the-Box	3 400,80 €	60 Std.	Arbeit				60h			
				Kosten				3 400,80 €			
	A-Z Delivery	4 782,00 €	60 Std.	Arbeit				60h			
				Kosten				4 782,00 €			
	Digitalization Institute	5 526,00 €	60 Std.	Arbeit				60h			
				Kosten				5 526,00 €			
12	Anforderungen des Anwenders definieren	44 712,80 €	550 Std.	Arbeit				275h	275h		
				Kosten				22 356,40 €	22 356,40 €		
	BoxChain	7 013,60 €	110 Std.	Arbeit				55h	55h		
				Kosten				3 506,80 €	3 506,80 €		
	AI-Institute	12 566,40 €	110 Std.	Arbeit				55h	55h		
				Kosten				6 283,20 €	6 283,20 €		
	Out-of-the-Box	6 234,80 €	110 Std.	Arbeit				55h	55h		
				Kosten				3 117,40 €	3 117,40 €		
	A-Z Delivery	8 767,00 €	110 Std.	Arbeit				55h	55h		
				Kosten				4 383,50 €	4 383,50 €		
	Digitalization Institute	10 131,00 €	110 Std.	Arbeit				55h	55h		
				Kosten				5 065,50 €	5 065,50 €		
13	Lastenheft erstellt	0,00 €	0 Std.	Arbeit							
				Kosten							
14	Technische Anforderungen definieren	32 518,40 €	400 Std.	Arbeit					26,67h	293,33h	80h
				Kosten					2 167,89 €	23 846,83 €	6 503,68 €
	BoxChain	5 100,80 €	80 Std.	Arbeit					5,33h	58,67h	16h
				Kosten					340,05 €	3 740,59 €	1 020,16 €
	AI-Institute	9 139,20 €	80 Std.	Arbeit					5,33h	58,67h	16h
				Kosten					609,28 €	6 702,08 €	1 827,84 €
	Out-of-the-Box	4 534,40 €	80 Std.	Arbeit					5,33h	58,67h	16h
				Kosten					302,29 €	3 325,23 €	906,88 €
	A-Z Delivery	6 376,00 €	80 Std.	Arbeit					5,33h	58,67h	16h
				Kosten					425,07 €	4 675,73 €	1 275,20 €
	Digitalization Institute	7 368,00 €	80 Std.	Arbeit					5,33h	58,67h	16h
				Kosten					491,20 €	5 403,20 €	1 473,60 €
15	Pflichtenheft erstellt	0,00 €	0 Std.	Arbeit							
				Kosten							

Abb. 2.26 Aufteilung der von den Konsortialpartnern zur Verfügung gestellten Personalstunden auf die Arbeitsvorgänge der „Anforderungsanalyse" in den ersten sieben Projektmonaten von DigiCirCont

sind die monatlichen Gesamtstunden (Arbeit) sowie die sich daraus ergebenden Personalkosten gelistet (abhängig vom jeweiligen durchschnittlichen Verrechnungssatz der Projektpartner) sowie deren Aufteilung auf die Projektpartner in den einzelnen Arbeitsvorgängen.

Aufgrund des Detailgrads dieser Kostenplanung lassen sich somit die Plan-Arbeitsaufwände und Plan-Kosten der einzelnen Arbeitspakete bestimmen. Die geplanten Personenstunden bzw. Aufwände von DigiCirCont aufgeteilt auf die Hauptaufgaben sind in Abb. 2.27 aufgelistet.

Aus der Kostenplanung lässt sich abschließend der Verlauf der anfallenden Plan-Kosten, so wie in Abb. 2.28 dargestellt, ableiten. Dabei werden die Kostenverläufe der einzelnen Arbeitspakete aufsummiert. Bei Projekten für externe Projektauftraggeber*innen können noch der kalkulatorische Gewinn und Risikozuschläge hinzuaddiert werden, um etwaigen Unsicherheiten Rechnung zu tragen; diese Faktoren wurden bei der betrachteten Kostenplanung von DigiCirCont nicht berücksichtigt. Der Verlauf der anfallenden Plan-Kosten bildet schließlich die Grundlage für die Erstellung eines Finanzierungsplans. ◄

Abb. 2.27 Aufteilung
der Aufwände auf die
einzelnen Arbeitspakete

Arbeitspaket	Kosten	Arbeit
Projektmanagement	€ 66 884,20	710 Std.
Anforderungsanalyse	€ 182 916,00	2 250 Std.
Entwicklung eines smarten Mehrwegboxen-Prototyps	€ 861 609,00	6 750 Std.
Pilotierung der smarten Mehrwegbox	€ 197 472,80	1 740 Std.
Analyse	€ 144 438,00	1 400 Std.
Dissemination	€ 191 672,00	1 150 Std.
Geplante Projektkosten und Arbeitsstunden gesamt	**€ 1 644 992,00**	**14 000 Std.**

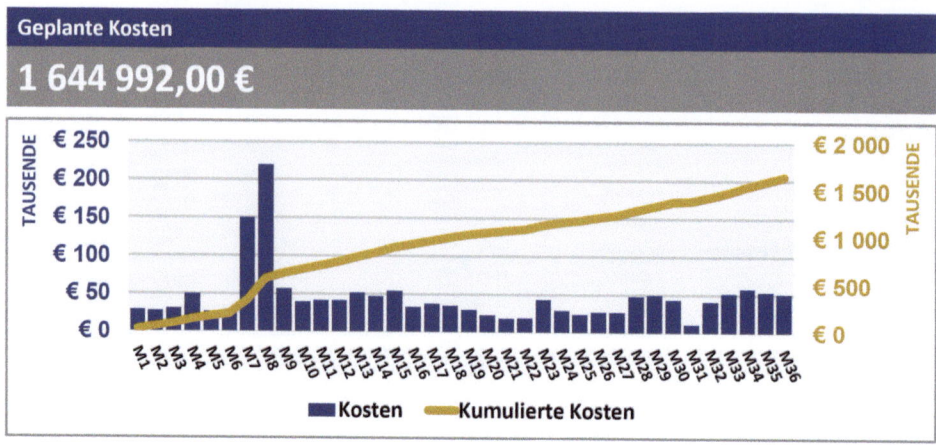

Abb. 2.28 Der zeitliche Verlauf der kumulativen Projektkosten von DigiCirCont

2.2   Agiles Vorgehen

„Ein Plan, der nicht geändert werden kann, ist
schlecht."[3]

Für die tatsächliche Umsetzung der agilen
Handlungsprinzipien (Abschn. 1.3.4) gibt es
keine Richtlinien. Vielmehr ist das „agile Vorgehen" als Sammelbegriff für eine Reihe von verschiedenen Methoden zu verstehen, die diese
Prinzipien erfüllen (Project Management Institute, 2017, S. 11).

2.2.1   Sprint-Projekte mit Scrum

Das mittlerweile bekannteste Rahmenwerk zur
Anwendung der agilen Handlungsprinzipien ist
Scrum. Seinen Ursprung hat Scrum Anfang der
1990er-Jahre, als die Autoren des offiziellen
Scrum Guide den Begriff entwickelten. Der
Leitfaden wurde seit der Erstversion im Jahr
2010 mehrmals angepasst. Obwohl Scrum – so
wie das agile Manifest – der Softwareentwicklung entsprang, ist seine Anwendung weder
auf die IT-Branche noch auf die Produktentwicklung beschränkt (Schwaber & Sutherland,
2020). Scrum ist als agile Methode dem *Lean
Thinking* untergeordnet (Project Management Institute, 2017, S. 11) und hat somit die Reduktion

---

[3]Publilius Syrus (Windolph, 2015).

von Verschwendung durch Empirie und Optimierung als Ziel (Schwaber & Sutherland, 2020). Charakteristisch für die Anwendung von Scrum ist dabei der Einsatz kleiner, interdisziplinärer Teams, die mittels iterativer, inkrementeller Vorgehensweise optimierte Produkte oder Dienstleistungen liefern. Dabei lässt der Scrum Guide einen breiten Handlungsspielraum und definiert Scrum nur durch drei **Scrum-Rollen**, fünf **Scrum Events** und drei **Scrum-Artefakte**.

2.2.1.1 Scrum-Rollen

Das **Scrum Team** setzt sich aus einem oder einer Product Owner*in, den Developern*innen und einem oder einer Scrum Master*in zusammen (Abb. 2.29) (Schwaber & Sutherland, 2020).

Product Owner*in

Der oder die **Product Owner*in** kann als Interessenvertreter*in der Stakeholder*innen, z. B. Kund*innen oder User*innen, betrachtet werden und ist für die Aktualität des **Product Backlog** verantwortlich, in dem die Anforderungen an das Produkt oder die Dienstleistung gelistet sind.

Developer*innen

Die **Developer*innen** erledigen die Aufgaben, die für den **Sprint** (eine Iteration der Scrum Events, in der ein neues Produktinkrement entsteht) geplant sind und im **Sprint Backlog** gelistet werden. Für die Aktualität des Sprint Backlog sind die Developer*innen zuständig. Zu diesem Zweck stimmen sie sich im täglich ablaufenden Meeting (**Daily Scrum**) über den Letztstand der Arbeiten und

mögliche Adaptierungen des Sprint Backlog ab. Der Scrum Guide unterstreicht, dass der Begriff „Developer*in" sich nicht ausschließlich auf Entwickler-Rollen bezieht, sondern all jene miteinbezieht, die von Scrum profitieren und die sich zum Erreichen der **Sprint-Ziele** bzw. des **Produkt-Ziels** (der Zustand des finalen Produktes) einbringen können („committen").

Scrum Master*in

Der oder die **Scrum Master*in** hat die Verantwortung zur Schaffung und Aufrechterhaltung der Rahmenbedingungen, sodass das Scrum Team effektiv arbeiten kann. Das bedeutet, er oder sie räumt Hindernisse (**Impediments**) aus dem Weg, die den Fortschritt der Arbeiten gefährden; hierfür kann der oder die Scrum Master*in ein **Impediment Backlog** führen, welches jedoch nicht vom Scrum Guide definiert wird. Außerdem sorgt der oder die Scrum Master*in für das Leben der Scrum-Werte im Team:

- *Commitment* zu den erreichenden Zielen
- Fokus auf die Arbeit des Sprints
- Offenheit „in Bezug auf die Arbeit und die Herausforderungen" (Schwaber & Sutherland, 2020)
- Respekt gegenüber den anderen Teammitgliedern

Charakteristisch für Scrum ist die Gleichwertigkeit der Teammitglieder, unabhängig von der Scrum-Rolle:

„Innerhalb eines Scrum Teams gibt es keine […] Hierarchien." (Schwaber & Sutherland, 2020)

Abb. 2.29 Scrum-Rollen

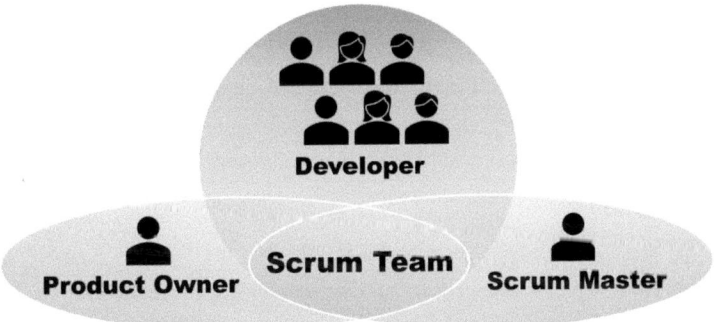

Daraus folgt, dass es in „Scrum-Projekten" auch keine*n Projektleiter*in gibt. Selbst der oder die Scrum Master*in übernimmt keine leitende Funktion, sondern ist als Coach der selbstorganisierenden Teammitglieder zu verstehen. Nicht einmal Führungskräfte der Organisation sollten leitend in die Selbstorganisation des Scrum Teams eingreifen.

Scrum Teams können auch aus Mitarbeiter*innen unterschiedlicher Organisationen gebildet werden, sofern dies von allen Beteiligten im Sinne des Produkt-Ziels als sinnvoll anerkannt wird (vgl. mit dem Prinzip eines Projektkonsortiums in Abschn. 1.2.1.1). Auch in diesem Setting besteht keine Hierarchie innerhalb des Scrum Teams (Abb. 2.30).

2.2.1.2 Scrum Events und Scrum-Artefakte

Wie bereits erwähnt, werden in Scrum „**Incremente**" (Produktinkremente bzw. Inkremente zur Entwicklung von Dienstleistungen) in Iterationen erstellt (Schwaber & Sutherland, 2020), die man als Sprint bezeichnet. Dieser setzt sich aus einer Reihe von Scrum Events (Ereignissen) zusammen, in denen die Scrum-Artefakte ent-

stehen bzw. aktualisiert werden (Rubin, 2012, S. 16–28) (Abb. 2.31).

Erstellen des Product Backlog
Damit ein Scrum Team einen Sprint starten kann, werden anfangs die Anforderungen an das Produkt zusammen mit dem oder der **Anwender*in** („Stakeholder*innen") gesammelt und im Product Backlog gelistet (Schwaber & Sutherland, 2020). Die Anforderungen definieren das Produkt-Ziel, was als „zukünftiger Zustand des Produkts" und „langfristiges Ziel für das Scrum Team" verstanden wird (Schwaber & Sutherland, 2020). Bei der Formulierung dieser Anforderungen gibt es im Scrum Guide keine Anweisung. Sogar der Begriff „Anforderung" ist im Scrum Guide unauffindbar. Stattdessen wird das Product Backlog als eine „Liste der Dinge, die zur Produktverbesserung benötigt werden", bezeichnet (Schwaber & Sutherland, 2020); dies unterstreicht die Freiheit bei der Umsetzung von Scrum.

User Stories Beim Einsatz von Scrum hat sich mittlerweile die Formulierung der Anforderungen an das Produkt als **User Story** etabliert. Die An-

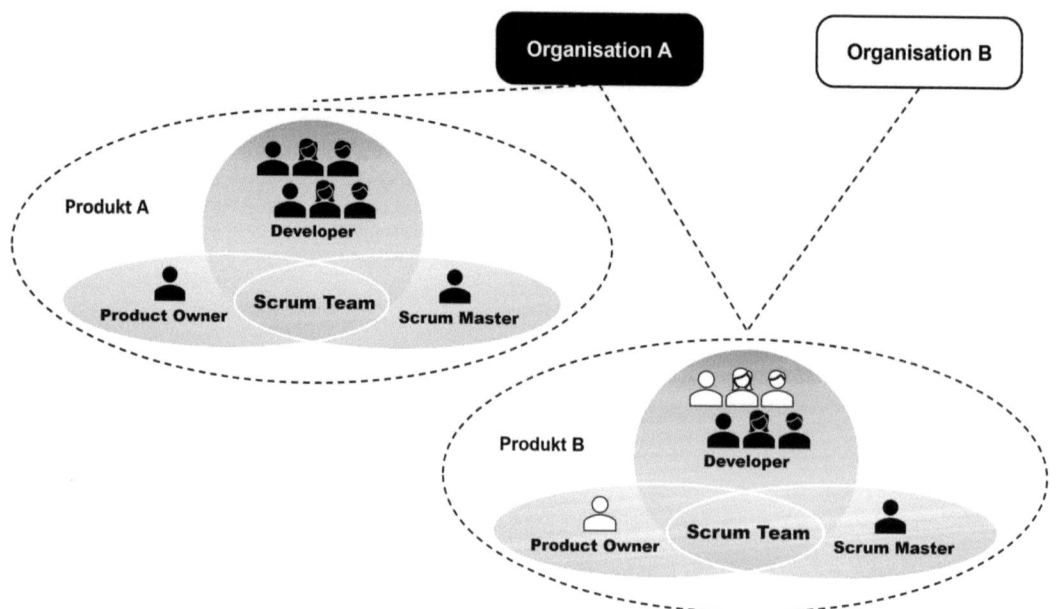

Abb. 2.30 Scrum-Teammitglieder aus unterschiedlichen Organisationen

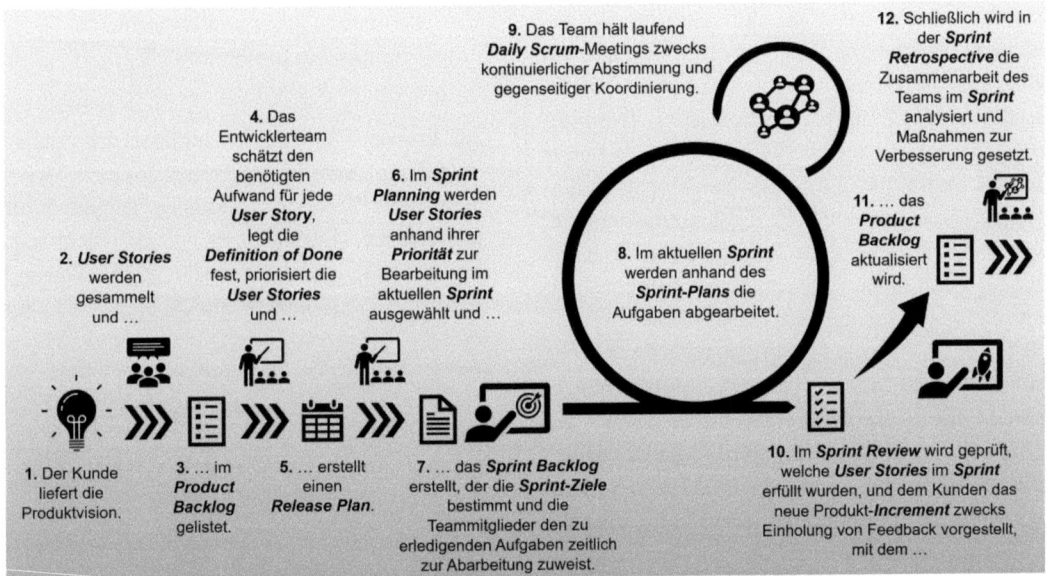

Abb. 2.31 Sprint-Zyklus. (In Anlehnung an Timinger, 2017, S. 166–188)

wendung des User-Story-Prinzips ist pragmatisch, da in einem Satz die Anforderung aus der Perspektive des oder der **User*in** (Anwender*in) beschrieben wird und warum diese Anforderung festgelegt wird (der erwartete Nutzen). User Stories können z. B. anhand des folgenden Schemas in der Ego-Perspektive, aber auch in der dritten Person, formuliert werden:

„Als <User*in> möchte ich <die Anforderung>, um <Nutzen>." (Rubin, 2012, S. 83)

Es ist durchaus möglich, dass die User*innen zu einem gegebenen Zeitpunkt noch gar nicht genau ausdrücken können, welche Eigenschaften eine Anforderung oder ein Nutzen haben sollte. In diesem Fall wird die Anforderung als **Epic** gelistet, welches eine Anforderung mit unzureichender Information zur Umsetzung darstellt. Der Begriff „Epic" wird, so wie die „User Story", nicht im Scrum Guide genannt (Rubin, 2012, S. 83).

Priorisierung der User Stories Nachdem die (vorläufigen) User Stories formuliert wurden, werden diese im Product Backlog nach ihrer Priorität gereiht. User Stories mit höherer Priorität werden zur Bearbeitung in den früheren

Sprints vorgezogen. Die Priorität hängt im Grunde von den folgenden drei Faktoren ab (SCRUMstudy™, 2022, S. 182):

a. Höhere Priorität für funktionale User Stories, unter Beachtung von möglichen Abhängigkeiten zwischen den User Stories
b. Die Verfügbarkeit von ausreichend Informationen zur Umsetzung (geringe Priorität für Epics)
c. Der geschätzte Aufwand

Story Points Story Points reflektieren den erwarteten zeitlichen Aufwand basierend auf den Erfahrungen und Kompetenzen, die das Team zur Bearbeitung einbringen kann, sowie potenzielle Risiken für Verzögerungen. Die Vergabe von Story Points ist wegen dem Zusammenhang mit dem User-Story-Prinzip mittlerweile geläufig, jedoch ist der Begriff „Story Point" ebenfalls im Scrum Guide nicht genannt. Deshalb existiert, ähnlich wie bei der Formulierung der User Stories, auch keine allgemein gültige Anleitung zur Bestimmung der Menge von Story Points.

Als verbreitete Methode zur Schätzung der Menge von Story Points in Scrum Teams hat die

Planning-Poker-Methode an Beliebtheit gewonnen, welche im Rahmen eines **Estimation Meetings** „gespielt" wird (Timinger, 2017, S. 179, 435). Zunächst schätzt jedes Teammitglied für sich die relative Menge an Story Points für eine bestimmte User Story. Von einem Kartendeck, welches eine konkrete Zahlenreihe darstellt, wählt anschließend jedes Teammitglied die Karte mit der Zahl, die am ehesten seiner Einschätzung des Aufwandes entspricht. Die Karten werden gleichzeitig aufgedeckt. Sollten unterschiedliche Meinungen zur Menge von Story Points bestehen, werden diese diskutiert. Der Poker-Zyklus zur Schätzung einer User Story wird so lange wiederholt, bis sich alle Teammitglieder bei der Höhe der Story Points einig sind. Als Zahlenreihe für ein Kartendeck bietet sich eine an die Fibonacci-Reihe angelehnte Zahlenfolge an: 0, 0.5, 1, 2, 3, 5, 8, 13, 20, 40, 100. Niedrigere Zahlen sprechen für weniger Aufwand, während 40 einen besonders hohen Aufwand bedeutet und 100 für einen nicht einschätzbaren Aufwand (Epic) steht (Rubin, 2012, S. 129–133).

Da die Teammitglieder gemeinsam im Estimation Meeting die Schätzung der Story Points vornehmen, repräsentieren Story Points subjektive Einschätzungen und Erwartungshaltungen des Teams in Bezug auf den zu erwartenden Aufwand. Aussagen von Story Points sind somit nur im Rahmen eines Scrum Teams gültig und nicht übertragbar.

Definition of Done Eine wesentliche Aufgabe des Scrum Teams beim Erstellen und Aktualisieren der Anforderungen ist die gemeinsame Einigung einer **Definition of Done** jeder Anforderung. Diese bezieht sich auf das Increment und sollte möglichst frühzeitig im Sprint festgelegt werden (idealerweise beim Estimation Meeting (Timinger, 2017, S. 179)). Im Scrum Guide wird die Definition of Done als „formale Beschreibung des Zustands des Increments" bezeichnet. Wie diese Beschreibung aufgebaut sein sollte, lässt das Rahmenwerk offen (Schwaber & Sutherland, 2020). Im Grunde kann eine Checkliste mit sämtlichen Kriterien zur Erfüllung einer Anforderung als Definition of Done genügen (Rubin, 2012, S. 74).

> **Die Teilaufgabe „Softwaretechnische Entwicklungen" in DigiCirCont als Sprint-Projekt geplant**

Im Projekt DigiCirCont umfasst die Hauptaufgabe 3 „Entwicklung eines smarten Mehrwegboxen-Prototyps" sämtliche Vorgänge zur technischen Entwicklung eines Mehrwegboxen-Prototyps inklusive aller physischen und softwaretechnischen Komponenten. Wie im Abschn. 2.1 demonstriert, wurde DigiCirCont grundsätzlich mit deterministischen Methoden geplant, um das benötigte Budget möglichst exakt bestimmen zu können. Ein Blick auf das Gantt-Chart in Abb. 2.10 zeigt jedoch, dass die Bezeichnungen der beinhalteten Teilaufgaben allgemein formuliert sind. Die tatsächlich zu erledigenden Aufgaben sowie die zugrunde liegenden Arbeiten waren zum Zeitpunkt der Projektplanung noch nicht vorhersehbar und somit nicht exakt kalkulierbar. Dieser Umstand ist insbesondere für ein Entwicklungsprojekt (welches die Hauptaufgabe 3 darstellt) nicht außergewöhnlich (Wer weiß, was in zwei bis drei Jahre sein wird?). Deshalb entschloss man sich für agile Methoden zur Abwicklung sämtlicher Entwicklungstätigkeiten.

Die Aufgaben von 3.3 „Softwaretechnische Entwicklungen" scheinen optimal mit dem Scrum-Ansatz als **Sprint-Projekt** plan- und steuerbar, weshalb die Partnerunternehmen BoxChain und Digitalization Institute ein organisationsübergreifendes agiles Team nach Scrum bilden (vgl. Abb. 2.30).

Zusammen mit dem Partnerunternehmen A–Z Delivery werden dann die in Abb. 2.32 gelisteten Anforderungen erhoben (Product Backlog), da der Partner A–Z Delivery in der späteren Hauptaufgabe 4 „Pilotierung der smarten Mehrwegbox" den Prototypen in ausgewählte Prozesse für den Zeitraum eines Quartals integrieren soll. Für die Formulierung und Priorisierung der User Stories dienen Informationen, die der Projektpartner BoxChain beim Business Development gewinnen kann, wobei als Priorisierungs-Schema das Standardschema von MS Project verwendet

Nr.	Anforderung	Story Points	Priorität
1	Die Manager*innen wollen ein benutzerfreundliches User-Interface, damit Mitarbeiter*innen mit niedriger Technikaffinität entlang der gesamten Supply Chain bei ihrer Arbeit durch die Mobile-Applikation ohne Einschulungsaufwand unterstützt werden.	8	1000
2	Die Developer*innen benötigen eine System- und Serverarchitektur, um das Warenwirtschaftssystem für die Mobile-Applikation entwickeln zu können.	20	1000
3	Als User*in benötigt man Möglichkeiten zur Kommunikation und zum Datenaustausch mit verschiedenen Systemen, um die Nachverfolgung von aus- und eingehenden Boxen und deren Inhalten zu ermöglichen.	20	900
4	Die User*innen wollen Boxen sowie deren Inhalte aufgelistet betrachten können, um einen vollständigen Überblick über diese zu erhalten.	1	900
5	Die User*innen wollen eine Echtzeitverfolgung über den Boxenverkehr in die und aus den Regalen, um die Nachverfolgung der Boxen sowie deren Inhalte nicht manuell dokumentieren zu müssen.	3	800
6	Die User*innen wollen eine Echtzeit-Temperaturkontrolle und -aufzeichnung in einem Diagramm, um die Aufrechterhaltung der Cold Supply Chain nachweisen bzw. mögliche Beeinträchtigungen von Boxeninhalten schnell erfassen zu können.	5	700
7	Die Developer*innen benötigen Schnittstellen, um die Funktionen des Warenwirtschaftssystems mit unterschiedlichen Ein- und Ausgabesystemen kommunizieren lassen zu können.	13	700
8	Die User*innen wollen im Umlauf befindliche Boxen sowie deren Inhalte auf einer aktuellen Karte dargestellt haben, um einen vermeintlichen Boxenschwund oder ähnliche Vorfälle nachverfolgen zu können.	8	600
9	Die User*innen wollen Sendeaufträge vom Zeitpunkt der Initialisierung bis hin zum Abschluss verwalten und dokumentieren, um administrative Arbeiten ausschließlich digital abwickeln zu können.	8	600
10	Die Developer*innen benötigen Funktionen zur Ansteuerung der Boxen-Infrastruktur, um die Funktionen der Mobile-Applikation und des Warenwirtschaftssystems mit dem Box-Regal-System kommunizieren lassen zu können.	20	500
11	Die Manager*innen wollen Dashboards abrufen können, die einen Überblick über sämtliche verfügbare Kennzahlen des operativen Geschäftes ausgeben, um mit möglichst geringem administrativem Aufwand für Entscheidungen informiert zu sein.	13	400
12	Systemintegration	100	400
13	Die Manager*innen wollen eine Möglichkeit, sämtliche verfügbaren Informationen über den physischen Zustand individueller Boxen abrufen zu können, um für Entscheidungen von Ausmusterung oder Nachkauf optimal informiert zu sein.	13	300
14	Service Umsetzung – Stammdatenverwaltung	100	300
15	Die User*innen wollen eine Funktion für eine Kommunikation mit Kolleg*innen über Sendeaufträge, um sich mit geringem zeitlichem Aufwand für deren Abwicklung abstimmen zu können.	40	200
16	Service Umsetzung – Tracking, Tracing, Kommissionierung	100	200
17	Die User*innen wollen Möglichkeiten zur personalisierten Einrichtung der Applikation, um diese für die eigenen Anwenderbedürfnisse optimieren zu können.	40	100
18	Mobile-App – Integration mit dem Warenwirtschaftssystem	100	90
19	Iterative Integrationstests aller entwickelten Komponenten	100	80
20	Zahlungsfunktionen	100	70
21	Sendeaufträge initiieren	100	60
22	Berichte erstellen und versenden	100	50
23	Chatfunktion mit an einem Sendeauftrag Beteiligte	100	40
24	Implementierung	100	70
25	Komponententest	100	60
26	Integrationstest	100	50
27	Verifizierung	100	40
28	Systemtest und Bugfixing	100	30
29	Validierung und Bugfixing	100	20

Abb. 2.32 Product Backlog der in der Teilaufgabe 3.3 zu entwickelnden Software-Applikation

wurde (0–1000: 0 zeigt die niedrigste und 1000 die höchste Priorität an).

In Abb. 2.32 sind als User Stories formulierte Anforderungen orange hervorgehoben, während die weiß hinterlegten und unpräzise formulierten Anforderungen Epics darstellen.

User Stories mit niedrigeren Prioritäten wurden tendenziell mehr Story Points zugeschrieben. Dies kann auf eine anfängliche Unerfahrenheit des Teams und eine damit verbundene Fehleinschätzung benötigter, zeitlicher Aufwände oder auf fehlende Information (bzw. Ideen) für eine erfolgreiche Umsetzung zurückzuführen sein. Aus diesem Grund werden die noch als Epics formulierten Anforderungen mit 100 Story Points gekennzeichnet, da zu diesem Zeitpunkt noch keine näheren Informationen für deren Umsetzung vorliegen und somit keine Aufwandsschätzungen beziffert werden können. ◄

Release Planning

Sobald ein Product Backlog existiert, kann das Scrum Team einen **Release Plan** erstellen. Zunächst legt das Team fest, in welchem Sprint welche Product-Backlog-Einträge bearbeitet und erledigt werden. Dieser Vorgang wird **Sprint Mapping** genannt (Rubin, 2012, S. 316–318); dieser Begriff wird ebenfalls nicht vom Scrum Guide definiert (Schwaber & Sutherland, 2020). Wie viele User Stories in einem einzelnen Sprint abgearbeitet werden können, hängt von folgenden Faktoren ab:

- Priorität der User Stories
- Story Points der jeweiligen User Stories
- **Velocity** des Teams
- **Timebox** (Dauer) des Sprints (Rubin, 2012, S. 420)

Höher priorisierte User Stories werden früheren Sprints zugeteilt. Allerdings ist die Menge an User Stories (oder Aufgaben), die ein Scrum Team innerhalb eines Sprints erledigen kann, durch seine Velocity begrenzt. Die Velocity (Deutsch: Geschwindigkeit) ist ein Maß dafür, wie viele Story Points das Team in einer bestimmten Zeiteinheit (z. B. die Timebox des

Sprints) erledigen kann. Deshalb ist die Zuteilung der User Stories in Sprints anfangs mit relativ hohen Unsicherheiten verbunden, insbesondere bei späteren Sprints, da sich Prioritäten und Anzahl an Story Points im Laufe der Zeit verändern können.

Außerdem kann nicht ausgeschlossen werden, dass User Stories irgendwann einem **Grooming** unterzogen werden müssen. Grooming schließt als Sammelbegriff Aktivitäten zur Veränderung von User Stories bzw. Product-Backlog-Einträgen ein, darunter

- das Umformulieren,
- das **Refinement** (das Zerlegen von „Product-Backlog-Einträgen in kleinere, präzisere Elemente" (Schwaber & Sutherland, 2020)),
- das neue Schätzen von Story Points (Aufwand) und
- die neue Priorisierung. (Rubin, 2012, S. 412)

Zusätzlich ist ein Lerneffekt innerhalb des Scrum Teams zu erwarten, der zu einer Verbesserung der Velocity mit jedem Sprint führen kann. Der Release Plan entsteht, wenn **Stichtage** (kann ein Meilenstein sein) oder Termine für bestimmte Incremente bzw. Produktversionen festgelegt werden (Abb. 2.33) (Rubin, 2012, S. 261–263; Timinger, 2017, S. 177).

Release Planning der Teilaufgabe 3.3 „Softwaretechnische Entwicklungen"

Die im Product Backlog formulierten User Stories der Teilaufgabe 3.3 „Softwaretechnische Entwicklungen" (Abb. 2.32) werden im Rahmen eines Release Planning einer Reihe von Sprints zugeordnet. Der daraus resultierende Release Plan in Abb. 2.34 zeigt, dass bis zum ersten Prototyp der smarten Box (erster Release: „Erster Prototyp des smarten Boxensystems fertiggestellt"), neun Sprints zu je vier Wochen vorgesehen werden, um die wichtigsten Funktionen der prototypischen digitalen Services zu entwickeln. Außerdem ist zu erkennen, dass für die nachfolgenden Sprints, in denen die Aufgaben, welche die Implementierung, Verifizierung und Validierung betreffen,

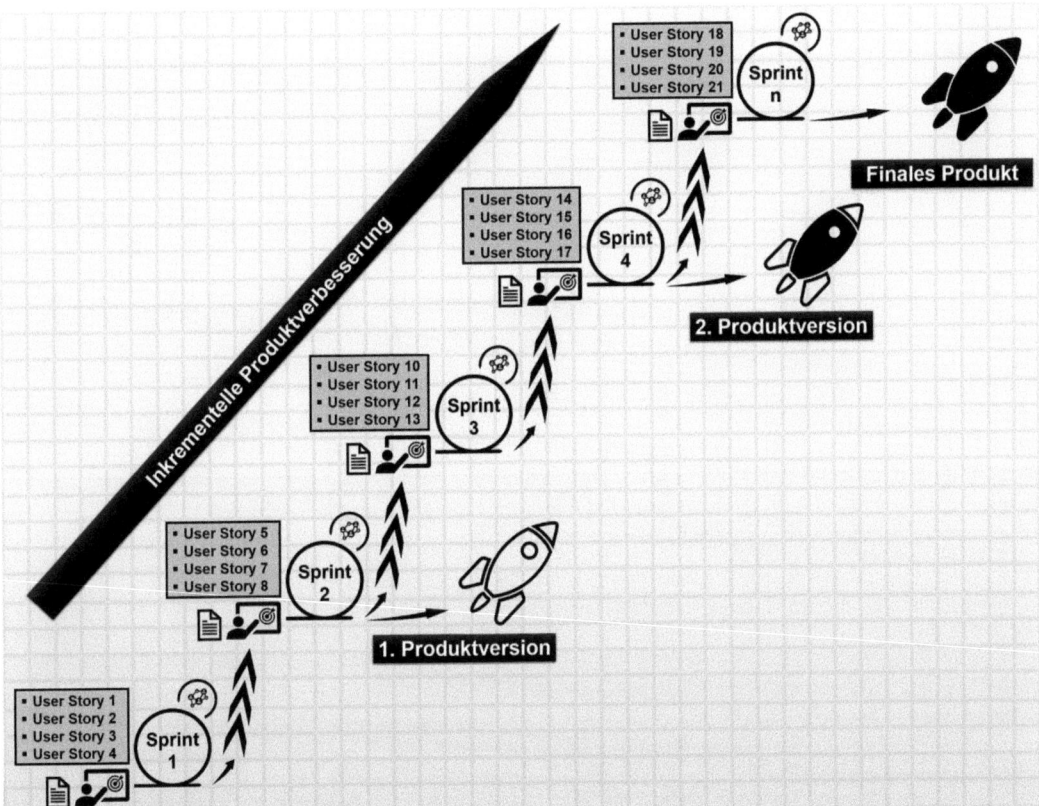

Abb. 2.33 Release Plan

vorläufig mehr Zeit eingeplant wurde (fünf Wochen pro Sprint). Zu diesem Zeitpunkt sind diese Aufgaben noch wenig definiert, was an den 100 Story Points ersichtlich ist (Epics). Außerdem ist nicht auszuschließen, dass neue Aufgaben aufgrund folgender Eventualitäten anfallen würden:

- Epics, die zu User Stories mit einer relativ hohen Anzahl an Story Points, aufgrund von Aufgaben mit erheblichem Aufwand, formuliert werden
- Grooming
- Auftreten neuer Anforderungen für die Pilotierung des Prototyps ◄

Sprint Planning
Laut Scrum Guide markiert das **Sprint Planning** den Start des Sprints und sollte für Sprints mit einer Timebox von einem Monat auf acht Stunden beschränkt sein (Schwaber & Sutherland,

2020). Im Sprint Planning erstellt das Scrum Team das Sprint Backlog, welches die folgenden Einträge enthält (Schwaber & Sutherland, 2020):

- „[Das] Sprint-Ziel (Wofür)"
- „[Die] für den Sprint ausgewählten Product-Backlog-Einträge (Was)"
- „[Den] umsetzbaren Plan für die Lieferung des Increments (Wie)"

Das Sprint-Ziel soll die Developer*innen bei der Erledigung der **Tasks** (Aufgaben) fokussieren. Diese werden dem Product Backlog entnommen und sollten innerhalb eines Sprints die Erstellung eines oder mehrerer Produktinkremente ermöglichen, um die Produktentwicklung dem Produkt-Ziel schrittweise näherzubringen. Der „umsetzbare Plan" zur Erledigung der Tasks kann als **Sprint Plan** bezeichnet werden; allerdings ist auch dieser Begriff nicht im Scrum Guide definiert (Schwaber & Sutherland, 2020).

Sprinten		Vorgangsname	Story Points	Priorität	Dauer	Anfang	Ende
	Sprint "1"	Sprinten: Sprint "1"			20t	Mon 11.07.22	Fre 05.08.22
21	Sprint "1"	3.3.1.1 Server-/Systemarchitektur	20	1000	20 Tage	Mon 11.07.22	Fre 05.08.22
30	Sprint "1"	3.3.2.1 Mobile-App - User Interface	8	1000	20 Tage	Mon 11.07.22	Fre 05.08.22
	Sprint "2"	Sprinten: Sprint "2"			20t	Mon 08.08.22	Fre 02.09.22
22	Sprint "2"	3.3.1.2 Definition der Anwendungsprotokolle	20	900	20 Tage	Mon 08.08.22	Fre 02.09.22
31	Sprint "2"	3.3.2.2 Mobile-App - Feature 1	1	900	20 Tage	Mon 08.08.22	Fre 02.09.22
32	Sprint "2"	3.3.2.3 Mobile-App - Feature 2	3	800	20 Tage	Mon 08.08.22	Fre 02.09.22
33	Sprint "2"	3.3.2.4 Mobile-App - Feature 3	5	700	20 Tage	Mon 08.08.22	Fre 02.09.22
	Sprint "3"	Sprinten: Sprint "3"			20t	Mon 05.09.22	Fre 30.09.22
23	Sprint "3"	3.3.1.3 Entwicklung Schnittstellen	13	700	20 Tage	Mon 05.09.22	Fre 30.09.22
34	Sprint "3"	3.3.2.5 Mobile-App - Feature 4	8	600	20 Tage	Mon 05.09.22	Fre 30.09.22
35	Sprint "3"	3.3.2.6 Mobile-App - Feature 5	8	600	20 Tage	Mon 05.09.22	Fre 30.09.22
	Sprint "4"	Sprinten: Sprint "4"			20t	Mon 03.10.22	Fre 28.10.22
24	Sprint "4"	3.3.1.4 Ansteuerung der RTI Infrastruktur	20	500	20 Tage	Mon 03.10.22	Fre 28.10.22
36	Sprint "4"	3.3.2.7 Mobile-App - Feature 6	13	400	20 Tage	Mon 03.10.22	Fre 28.10.22
	Sprint "5"	Sprinten: Sprint "5"			20t	Mon 31.10.22	Fre 25.11.22
25	Sprint "5"	3.3.1.5 Systemintegration	100	400	20 Tage	Mon 31.10.22	Fre 25.11.22
37	Sprint "5"	3.3.2.8 Mobile-App - Feature 7	13	300	20 Tage	Mon 31.10.22	Fre 25.11.22
	Sprint "6"	Sprinten: Sprint "6"			20t	Mon 28.11.22	Fre 23.12.22
26	Sprint "6"	3.3.1.6 Service Umsetzung - Stammdatenverwaltung	100	600	20 Tage	Mon 28.11.22	Fre 23.12.22
38	Sprint "6"	3.3.2.9 Mobile-App - Feature 8	40	200	20 Tage	Mon 28.11.22	Fre 23.12.22
	Sprint "7"	Sprinten: Sprint "7"			20t	Mon 02.01.23	Fre 27.01.23
27	Sprint "7"	3.3.1.7 Service Umsetzung - Tracking, Tracing, Kommissionierung	100	200	20 Tage	Mon 02.01.23	Fre 27.01.23
39	Sprint "7"	3.3.2.10 Mobile-App - Feature 9	40	100	20 Tage	Mon 02.01.23	Fre 27.01.23
	Sprint "8"	Sprinten: Sprint "8"			20t	Mon 30.01.23	Fre 24.02.23
40	Sprint "8"	3.3.2.11 Mobile-App - Integration mit dem Warenwirtschaftssystem	100	90	20 Tage	Mon 30.01.23	Fre 24.02.23
	Sprint "9"	Sprinten: Sprint "9"			24t	Mon 27.02.23	Fre 31.03.23
28	Sprint "9"	3.3.1.8 Iterative Integrationstests aller entwickelten Komponenten	100	80	24t	Mon 27.02.23	Fre 24.03.23
50	Sprint "9"	3.5 Erster Prototyp des smarten Boxensystems fertiggestellt	0	0	0 Tage	Fre 31.03.23	Fre 31.03.23
	Sprint "10"	Sprinten: Sprint "10"			25t	Mon 03.04.23	Fre 05.05.23
41	Sprint "10"	3.3.2.12 Mobile-App - Feature 10	100	70	25 Tage	Mon 03.04.23	Fre 05.05.23
52	Sprint "10"	3.6.1 Implementierung	100	70	25 Tage	Mon 03.04.23	Fre 05.05.23
	Sprint "11"	Sprinten: Sprint "11"			25t	Mon 08.05.23	Fre 09.06.23
42	Sprint "11"	3.3.2.13 Mobile-App - Feature 11	100	60	25 Tage	Mon 08.05.23	Fre 09.06.23
53	Sprint "11"	3.6.2 Komponententest	100	60	25 Tage	Mon 08.05.23	Fre 09.06.23
	Sprint "12"	Sprinten: Sprint "12"			25t	Mon 12.06.23	Fre 14.07.23
43	Sprint "12"	3.3.2.14 Mobile-App - Feature 12	100	50	25 Tage	Mon 12.06.23	Fre 14.07.23
55	Sprint "12"	3.7.1 Integrationstest	100	50	25 Tage	Mon 12.06.23	Fre 14.07.23
	Sprint "13"	Sprinten: Sprint "13"			25t	Mon 17.07.23	Fre 18.08.23
44	Sprint "13"	3.3.2.15 Mobile-App - Feature 13	100	40	25 Tage	Mon 17.07.23	Fre 18.08.23
56	Sprint "13"	3.7.2 Verifizierung	100	40	25 Tage	Mon 17.07.23	Fre 18.08.23
	Sprint "14"	Sprinten: Sprint "14"			25t	Mon 21.08.23	Fre 22.09.23
58	Sprint "14"	3.7.3.1 Systemtest und Bugfixing 1	100	30	34t	Mon 21.08.23	Fre 22.09.23
	Sprint "15"	Sprinten: Sprint "15"			34t	Mon 25.09.23	Fre 10.11.23
59	Sprint "15"	3.7.3.2 Systemtest und Bugfixing 2	100	25	25 Tage	Mon 25.09.23	Fre 27.10.23
60	Sprint "15"	3.7.4 Prototypische digitale Services entwickelt	0	0	0 Tage	Fre 10.11.23	Fre 10.11.23
	Sprint "16"	Sprinten: Sprint "16"			25t	Mon 13.11.23	Fre 15.12.23
63	Sprint "16"	3.8.1 Validierung und Bugfixing 1	100	20	25 Tage	Mon 13.11.23	Fre 15.12.23
	Sprint "17"	Sprinten: Sprint "17"			25t	Mon 18.12.23	Fre 19.01.24
64	Sprint "17"	3.8.2 Validierung und Bugfixing 2	100	15	25 Tage	Mon 18.12.23	Fre 19.01.24
65	Sprint "17"	3.9 Mehrwegboxen-Prototyp fertiggestellt	0	0	0 Tage	Fre 19.01.24	Fre 19.01.24

Abb. 2.34 Der Release Plan der als Sprint-Projekt abgewickelten Teilaufgabe 3.3 „Softwaretechnische Entwicklungen"

Beispiel für einen Sprint Plan innerhalb des Sprint Projektes (Teilaufgabe 3.3) „Softwaretechnische Entwicklungen"

Als Beispiel für einen Sprint Plan wurde der Sprint 2 der „softwaretechnischen Entwicklungen" von DigiCirCont herangezogen, in dem die User Stories Nr. 3–6 zur Erledigung vorgesehen sind (siehe Release Plan in Abb. 2.34). Im Rahmen des Sprint Planning wurden diese in Tasks zergliedert, welche in Abb. 2.35 gelistet sind.

In weiterer Folge wurden die Tasks den Developer*innen entsprechend ihren individuellen Kompetenzen und zeitlichen Verfügbarkeiten zugeteilt. Somit ließ sich der Sprint Plan von Sprint 2 vollständig auf einer Zeitachse darstellen. Der resultierende Sprint Plan in Abb. 2.36 berücksichtigt auch das Sprint Planning im Umfang von acht Stunden zu Beginn des Sprints sowie die beiden abschließenden Scrum Events (das **Sprint Review** und die **Sprint Retrospective**), für die jeweils ein halber Arbeitstag eingeplant war.

Für eine aktuelle Übersicht über den Status der Tasks während des Sprints wurde ein **Task Board** vorbereitet. Das Task Board wurde so organisiert, dass ersichtlich ist, wer für welche Aufgaben zuständig ist (Abb. 2.37); eine selbstständige Zuordnung der einzelnen Developer*innen während des Sprints mittels des Pull-Prinzips nach Kanban (Abschn. 2.2.2.2) wäre ebenfalls möglich gewesen.

Dieses Task Board wurde, so wie der Sprint Plan in Abb. 2.36, mit MS Project erstellt. Selbstverständlich könnte man das Task Board auch auf einem herkömmlichen Flipchart aufzeichnen und die einzelnen Aufgaben mit Post-its® oder anderen Markern abbilden. Ein wesentlicher Vorteil eines digitalen Task Board ist die gebotene Möglichkeit, ortsunabhängig zusammenarbeiten zu können. Dies war eine Voraussetzung in DigiCirCont, da die softwaretechnischen Entwicklungen von den beiden Projektpartnern Digitalization Institute und BoxChain vorgenommen wurden.

Die laut Sprint Plan zu Beginn zu erledigenden Aufgaben sind im Task Board im Status „Übernommen". Dieser Status zeigt, welche Aufgaben zur unmittelbar nächsten Bearbeitung bereits übernommen wurden; erst wenn Arbeiten an einem Task tatsächlich begonnen oder abgeschlossen wurden, befindet sich eine Aufgabe im Status „In Arbeit" bzw. „Fertig". ◄

Daily Scrum

Während des Sprints treffen sich die Developer*innen täglich für 15 min (zum selben Zeitpunkt und Ort) im Daily Scrum. Dabei soll jedem oder jeder Developer*in die Möglichkeit geboten werden, dem Team seinen Fortschritt seit dem letzten Daily Scrum, seine geplanten Arbeiten bis zum nächsten Daily Scrum und etwaige Probleme oder Hindernisse (Impediments) mitzuteilen (Schwaber & Sutherland, 2020). Insbesondere besteht ein wesentlicher Fokus auf den letzten Punkt, obwohl das Daily Scrum nicht als Meeting für Problemlösung zu verstehen ist (Rubin, 2012, S. 23–25). Das Daily Scrum dient der gegenseitigen Abstimmung und adaptiven Planung im Sinne der Agilität. Probleme, die nur einen Teil des Teams betreffen, werden separat besprochen.

Bei Maßnahmen, die das Product Backlog betreffen (Grooming), können auch der oder die Product Owner*in und der oder die Scrum Master*in am Daily Scrum teilnehmen (Schwaber & Sutherland, 2020).

Sprint Review

Das Sprint Review ist das vorletzte Scrum Event eines Sprints und sollte laut Scrum Guide bei einem einmonatigen Sprint nicht länger als vier Stunden dauern. Bei diesem Meeting treffen sich das Scrum Team und die Stakeholder*innen (User*innen oder Kund*innen), um fertiggestellte Tasks bzw. User Stories mit Hinblick auf das Produkt-Ziel zu untersuchen und dementsprechend auch die bestehenden Product-Backlog-Einträge zu diskutieren (Schwaber & Sutherland, 2020). Mit dem Feedback der Stakeholder*innen werden Maßnahmen für das weitere Vorgehen (z. B. eine Kürzung der Sprintdauer) besprochen und nötige

Task	User Story	Nr.
Definition der Anwendungsprotokolle – physikalischen Layer einrichten	Als User*in benötigt man Möglichkeiten zur Kommunikation und zum Datenaustausch mit verschiedenen Systemen, um die Nachverfolgung von aus- und eingehenden Boxen und deren Inhalten zu ermöglichen.	3
Definition der Anwendungsprotokolle – Daten-Link-Layer einrichten	Als User*in benötigt man Möglichkeiten zur Kommunikation und zum Datenaustausch mit verschiedenen Systemen, um die Nachverfolgung von aus- und eingehenden Boxen und deren Inhalten zu ermöglichen.	3
Definition der Anwendungsprotokolle – Netzwerk-Layer einrichten	Als User*in benötigt man Möglichkeiten zur Kommunikation und zum Datenaustausch mit verschiedenen Systemen, um die Nachverfolgung von aus- und eingehenden Boxen und deren Inhalten zu ermöglichen.	3
Definition der Anwendungsprotokolle – Transport-Layer einrichten	Als User*in benötigt man Möglichkeiten zur Kommunikation und zum Datenaustausch mit verschiedenen Systemen, um die Nachverfolgung von aus- und eingehenden Boxen und deren Inhalten zu ermöglichen.	3
Definition der Anwendungsprotokolle – Anwendungs-Layer einrichten	Als User*in benötigt man Möglichkeiten zur Kommunikation und zum Datenaustausch mit verschiedenen Systemen, um die Nachverfolgung von aus- und eingehenden Boxen und deren Inhalten zu ermöglichen.	3
Mobile-App – Feature 1 – Icon-Design	Die User*innen wollen Boxen sowie deren Inhalte aufgelistet betrachten können, um einen vollständigen Überblick über diese zu erhalten.	4
Mobile-App – Feature 1 – Navigationsfunktionen einrichten	Die User*innen wollen Boxen sowie deren Inhalte aufgelistet betrachten können, um einen vollständigen Überblick über diese zu erhalten.	4
Mobile-App – Feature 1 – Listenfunktion einrichten	Die User*innen wollen Boxen sowie deren Inhalte aufgelistet betrachten können, um einen vollständigen Überblick über diese zu erhalten.	4
Mobile-App – Feature 2 – Icon-Design	Die User*innen wollen eine Echtzeitverfolgung über den Boxenverkehr in die und aus den Regalen, um die Nachverfolgung der Boxen sowie deren Inhalte nicht manuell dokumentieren zu müssen.	5
Mobile-App – Feature 2 – Einrichten der Kommunikation mit der Blockchain	Die User*innen wollen eine Echtzeitverfolgung über den Boxenverkehr in die und aus den Regalen, um die Nachverfolgung der Boxen sowie deren Inhalte nicht manuell dokumentieren zu müssen.	5
Mobile-App – Feature 2 – Navigationsfunktionen einrichten	Die User*innen wollen eine Echtzeitverfolgung über den Boxenverkehr in die und aus den Regalen, um die Nachverfolgung der Boxen sowie deren Inhalte nicht manuell dokumentieren zu müssen.	5
Mobile-App – Feature 2 – Identifikationsfunktionen von physischen Objekten einrichten	Die User*innen wollen eine Echtzeitverfolgung über den Boxenverkehr in die und aus den Regalen, um die Nachverfolgung der Boxen sowie deren Inhalte nicht manuell dokumentieren zu müssen.	5
Mobile-App – Feature 3 – Icon-Design	Die User*innen wollen eine Echtzeit-Temperaturkontrolle und -aufzeichnung in einem Diagramm, um die Aufrechterhaltung der Cold Supply Chain nachweisen bzw. mögliche Beeinträchtigungen von Boxeninhalten schnell erfassen zu können.	6
Mobile-App – Feature 3 – Einrichten der Kommunikation mit der Blockchain	Die User*innen wollen eine Echtzeit-Temperaturkontrolle und -aufzeichnung in einem Diagramm, um die Aufrechterhaltung der Cold Supply Chain nachweisen bzw. mögliche Beeinträchtigungen von Boxeninhalten schnell erfassen zu können.	6
Mobile-App – Feature 3 – Navigationsfunktionen einrichten	Die User*innen wollen eine Echtzeit-Temperaturkontrolle und -aufzeichnung in einem Diagramm, um die Aufrechterhaltung der Cold Supply Chain nachweisen bzw. mögliche Beeinträchtigungen von Boxeninhalten schnell erfassen zu können.	6
Mobile-App – Feature 3 – Graphische Darstellungen des Temperaturverlaufs einrichten	Die User*innen wollen eine Echtzeit-Temperaturkontrolle und -aufzeichnung in einem Diagramm, um die Aufrechterhaltung der Cold Supply Chain nachweisen bzw. mögliche Beeinträchtigungen von Boxeninhalten schnell erfassen zu können.	6

Abb. 2.35 Der Sprint Backlog des Sprint 2 der „softwaretechnischen Entwicklungen"

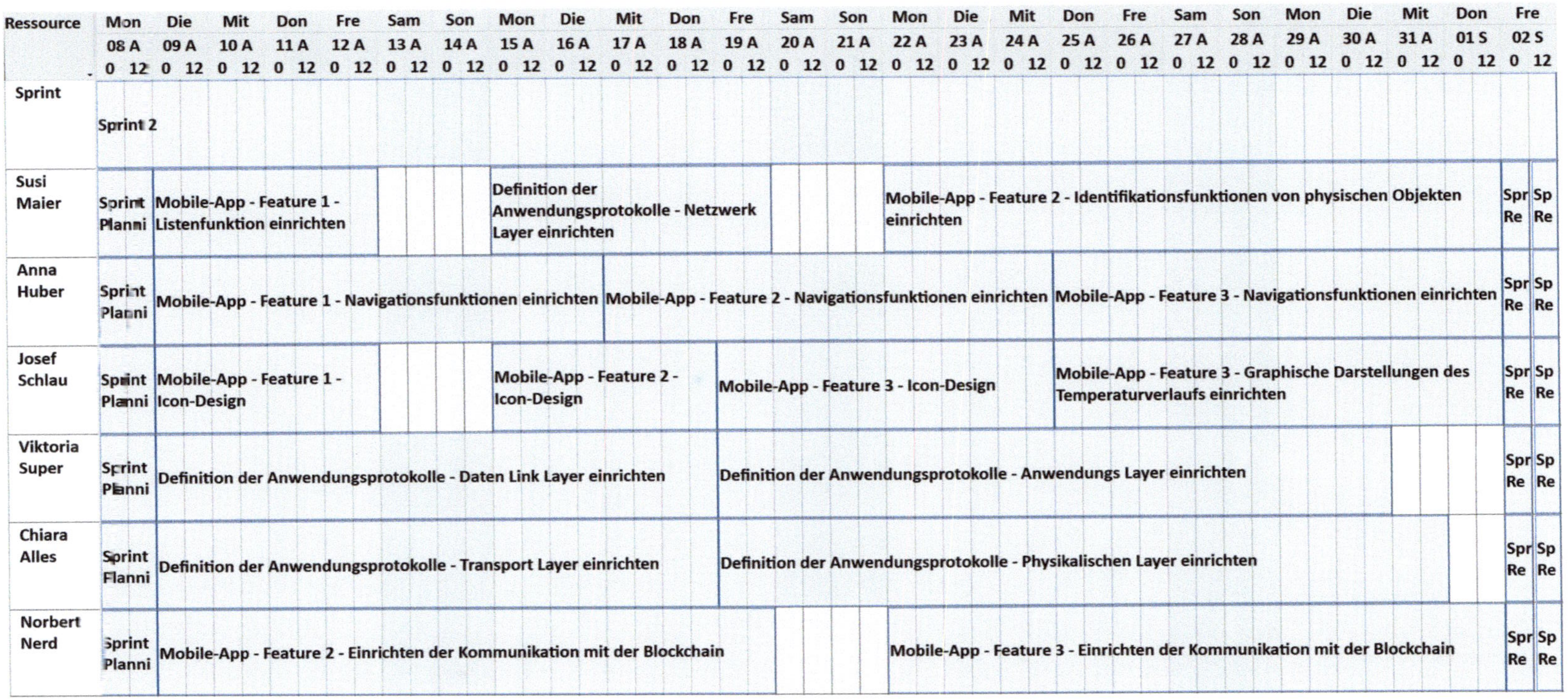

Abb. 2.36 Der Sprint Plan des Sprint 2 der „softwaretechnischen Entwicklungen"

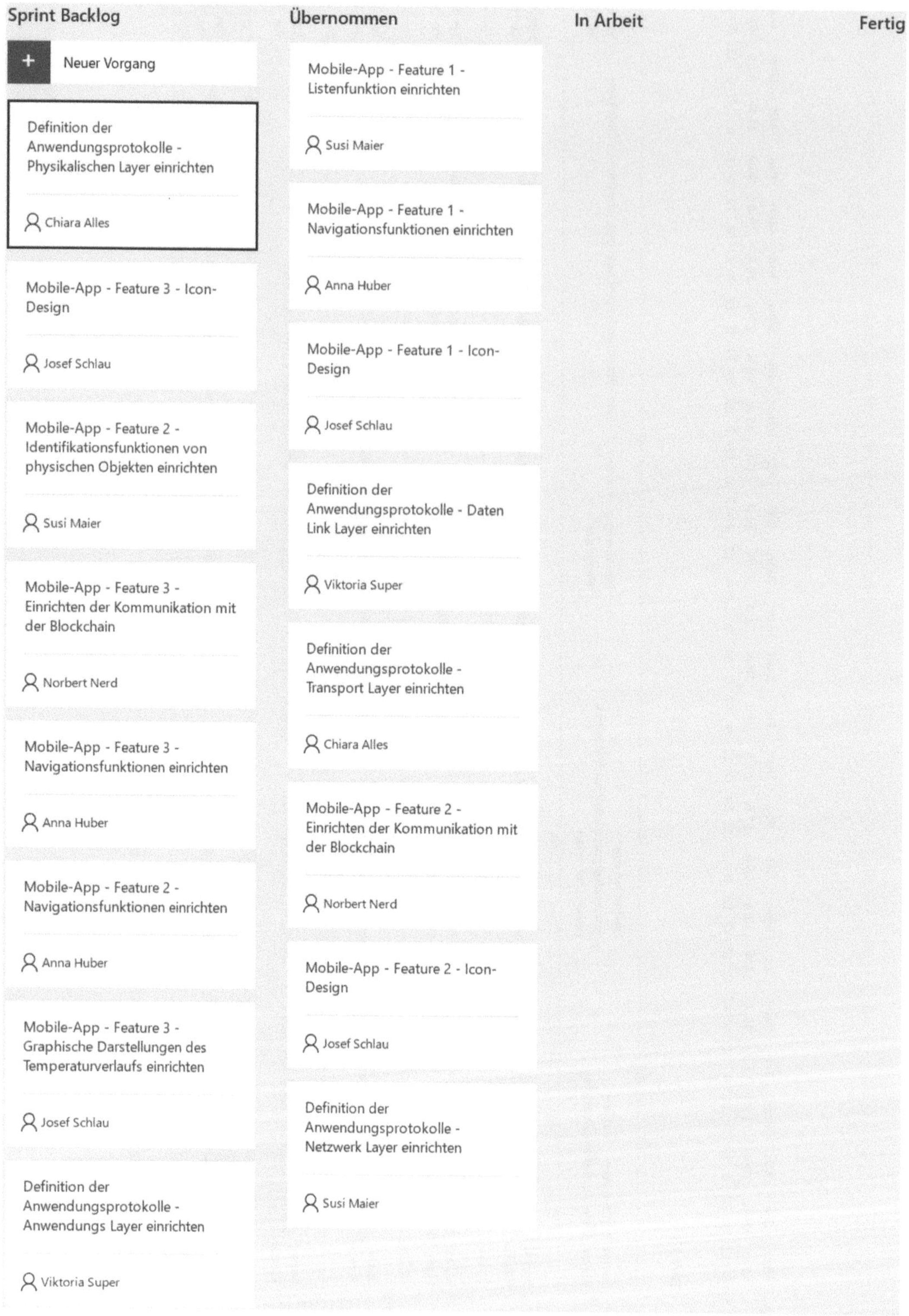

Sprint Backlog	Übernommen	In Arbeit	Fertig

Sprint Backlog

+   Neuer Vorgang

Definition der Anwendungsprotokolle - Physikalischen Layer einrichten

   Chiara Alles

Mobile-App - Feature 3 - Icon-Design

   Josef Schlau

Mobile-App - Feature 2 - Identifikationsfunktionen von physischen Objekten einrichten

   Susi Maier

Mobile-App - Feature 3 - Einrichten der Kommunikation mit der Blockchain

   Norbert Nerd

Mobile-App - Feature 3 - Navigationsfunktionen einrichten

   Anna Huber

Mobile-App - Feature 2 - Navigationsfunktionen einrichten

   Anna Huber

Mobile-App - Feature 3 - Graphische Darstellungen des Temperaturverlaufs einrichten

   Josef Schlau

Definition der Anwendungsprotokolle - Anwendungs Layer einrichten

   Viktoria Super

Übernommen

Mobile-App - Feature 1 - Listenfunktion einrichten

   Susi Maier

Mobile-App - Feature 1 - Navigationsfunktionen einrichten

   Anna Huber

Mobile-App - Feature 1 - Icon-Design

   Josef Schlau

Definition der Anwendungsprotokolle - Daten Link Layer einrichten

   Viktoria Super

Definition der Anwendungsprotokolle - Transport Layer einrichten

   Chiara Alles

Mobile-App - Feature 2 - Einrichten der Kommunikation mit der Blockchain

   Norbert Nerd

Mobile-App - Feature 2 - Icon-Design

   Josef Schlau

Definition der Anwendungsprotokolle - Netzwerk Layer einrichten

   Susi Maier

Abb. 2.37 Das Task Board des Sprint 2 der „softwaretechnischen Entwicklungen"

Aktualisierungen an Product-Backlog-Einträgen (Grooming oder Ergänzungen) vorgenommen (Rubin, 2012, S. 26).

Sprint Retrospective

Bei der Sprint Retrospective analysiert das gesamte Scrum Team die Zusammenarbeit im vergangenen Sprint mit dem Hintergrund, diese im nachfolgenden Sprint zu verbessern. Die Sprint Retrospective wird vom Scrum Guide bei einem einmonatigen Sprint auf drei Stunden beschränkt und sie ist das letzte Scrum Event im Sprint (Schwaber & Sutherland, 2020).

2.2.2 Kanban

Anders als der agile Ansatz, der seinen Ursprung in der Softwareentwicklung hat, entsprang **Kanban** Mitte der 2000er-Jahre aus dem Lean-Manufacturing-Ansatz und als Alternative zur agilen Herangehensweise (Project Management Institute, 2017, S. 12). Jedoch lassen sich zwischen Kanban und agilen Projektmanagement-Methoden Parallelen ziehen. Obwohl Kanban als eine separate Untergruppe von Lean-Management-Methoden betrachtet werden kann (Project Management Institute, 2017, S. 11), ist die Abgrenzung zu den Handlungsprinzipien des „Manifests für Agile Softwareentwicklung" nur teilweise gegeben (The authors of the Agile Manifesto, 2001).

2.2.2.1 Abgrenzung zu Sprint-Projekten

Wie bei agilen Methoden nach Scrum stehen bei Kanban die Eliminierung von Verschwendung und Maximierung der Effizienz sowie die offene Haltung gegenüber Veränderungen von Anforderungen an das Produkt im Vordergrund.

Allerdings erfolgt die inkrementelle Produktentwicklung nicht in Zyklen, sondern aus einem kontinuierlichen Arbeitsfluss heraus und ohne notwendige Aufteilung von Tasks auf Events (z. B. Sprints) sowie ohne das Festlegen von Release- oder Meilensteinterminen. Das Weglassen dieser Elemente vereinfacht den Kanban-Ansatz im Vergleich zu anderen agilen Methoden.

Manche Aspekte der Vereinfachung machen Kanban sogar zu einem noch „agileren" Rahmenwerk als Scrum. Kanban legt z. B. keine Rollenbeschreibung fest; dies schafft mehr Freiheit in Bezug auf die agile Selbstorganisation von Teams als in Scrum, wo man von konkreten Scrum-Rollen spricht. Außerdem wird bei Kanban, wie bereits angedeutet, der Fokus auf ein „gleichmäßiges Tempo" der Produktentwicklung gelegt.[4]

Um einen kontinuierlichen Arbeitsfluss bzw. eine regelmäßige Lieferung von Produktinkrementen ohne Zyklen zu gewährleisten, soll bei der Anwendung von Kanban der Fokus auf die Tätigkeiten gerichtet werden, die sich gerade in Arbeit befinden (**Work-in-Progress**). Die Idee dahinter ist, dass man beim Bearbeiten von wenigen (oder einzelnen) Aufgaben effizienter (Quantität) und effektiver (Qualität) Ergebnisse liefert als beim Multitasking. Auch dieser Aspekt findet sich in den „Prinzipien hinter dem Agilen Manifest".[5]

2.2.2.2 Kanban Board

Die Abgrenzung von Kanban zum agilen Projektmanagement wird durch die Betrachtung des Tools ersichtlich, welches zur Visualisierung des Arbeitsflusses dient: das **Kanban Board**.

Es besteht aus Spalten, die als Platzhalter für den Arbeitsschritt einer Aufgabe (Task) dienen, wobei sich mehrere Aufgaben im selben Arbeitsschritt befinden können. Die Bezeichnung dieser Arbeitsschritt-Silos hängt von dem zu entwickelnden Produkt ab (für die Bezeichnung gibt es keine Guidelines). Mögliche generische Bezeichnungen von links nach rechts können z. B.

---

[4]Vgl. Prinzipien hinter dem Agilen Manifest: „VIII. I. Agile Prozesse fördern nachhaltige Entwicklung. Die Auftraggeber, Entwickler und Benutzer sollten ein gleichmäßiges Tempo auf unbegrenzte Zeit halten können." (The authors of the Agile Manifesto, 2001).

[5]Vgl. Prinzipien hinter dem Agilen Manifest: „X. Einfachheit – die Kunst, die Menge nicht getaner Arbeit zu maximieren – ist essenziell" (The authors of the Agile Manifesto, 2001).

folgende sein: „Übernommen", „Entwicklung", „Implementierung", „Verifizierung", „Validierung" und „Abgeschlossen". Optional kann der gesamte Task-**Backlog** (ganz links) ebenfalls abgebildet werden, so wie in Abb. 2.38 illustriert.

Aufgrund seiner Einfachheit sind für die Verwendung des Kanban Boards nicht einmal moderne, digitale Mittel nötig. Man kann hierfür ein herkömmliches Flip-Chart oder eine Pinnwand einsetzen. Die Tasks werden priorisiert (so wie bei Scrum) und im Task-Backlog entsprechend gereiht. Optional können die Tasks in sogenannte **Buckets** (englisch für Kübel) gruppiert werden (Brechner & Waletzky, 2015, S. 27).

Sobald die Tasks freigegeben sind oder von einer Person zur Bearbeitung übernommen wurden, werden sie spätestens am Kanban Board ganz links platziert. Die Tasks werden dann während der Bearbeitung entsprechend dem aktuellen Bearbeitungsstatus von links nach rechts sequenziell durch die Silos bewegt, bis sie den Status ganz rechts erreichen, der sie als abgeschlossen markiert. Diese Visualisierung der Bearbeitungsschritte an den Tasks ähnelt dem Task Board in Scrum. Jedoch gibt es einen wesentlichen Unterschied im Kanban Board. Ein Silo wird (sofern

sinnvoll) in zwei weitere Sub-Silos gesplittet (Brechner & Waletzky, 2015, S. 13):

- Tasks im **linken Sub-Silo** befinden sich „**In Arbeit**", solange der Bearbeitungsschritt durchgeführt wird.
- Tasks im **rechten Sub-Silo** signalisieren, dass der Bearbeitungsschritt „**Erledigt**" ist und sie für den nächsten bereit sind, wobei hierfür ein „Done" definiert werden muss (vergleichbar mit der Definition of Done bei Scrum) (Brechner & Waletzky, 2015, S. 13).

Ein wesentlicher Aspekt des Kanban-Prinzips ist die Bewegung der Tasks durch die Bearbeitungsschritte anhand des **Pull-Prinzips** (Abb. 2.39). Das bedeutet, die Teammitglieder übernehmen selbstständig Tasks zur Bearbeitung. Arbeiten mehrere Personen, die auf unterschiedliche Bearbeitungsschritte spezialisiert sind, an einem Task, wissen die Personen, dass sie die Tasks im Status „Erledigt" des vorangehenden Bearbeitungsschrittes in ihrem zuständigen Bearbeitungsschritt weiterbearbeiten können. Dann ziehen sie ein Task, welches sie als nächstes bearbeiten werden, in das linke Sub-Silo

Backlog	Übernommen	Entwicklung		Implementierung		Verifizierung		Validierung	Abgeschlossen
		In Arbeit	*Erledigt*	*In Arbeit*	*Erledigt*	*In Arbeit*	*Erledigt*		
Task A1.1									
Task A1.2									
Task A1.3									
Task A1.4									
Task A1.5									
Task A1.6									
Task B1.1									
Task B1.2									
Task B1.3									
Task C1.1									
Task C1.2									
Task C1.3									
Task C1.4									

Abb. 2.38 Kanban Board. (In Anlehnung an Timinger, 2017, S. 202)

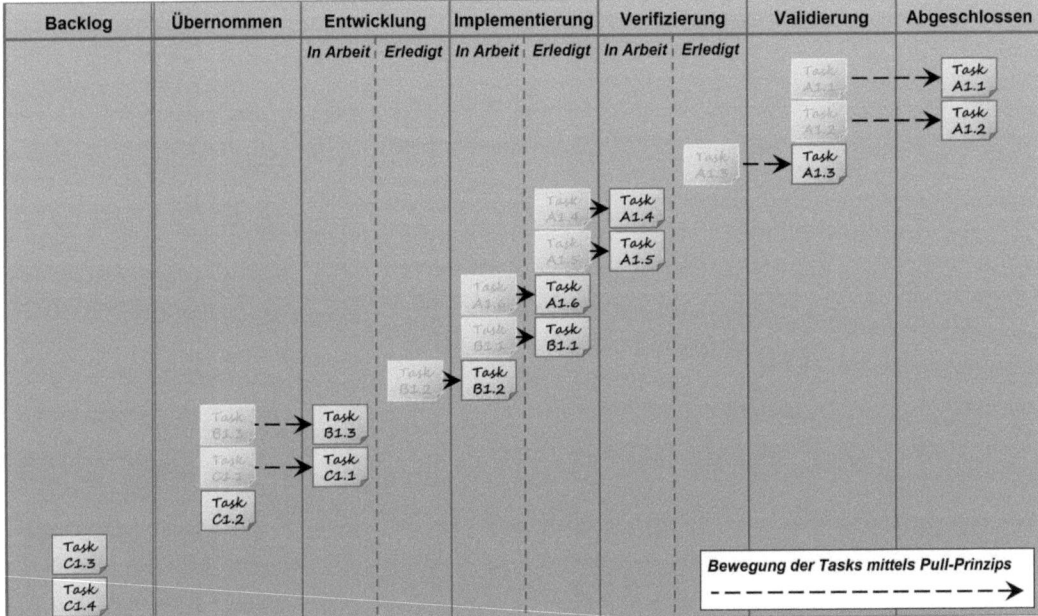

Abb. 2.39 Pull-Prinzip. (Timinger, 2017, S. 202)

ihres Bearbeitungsschrittes, wo es bleibt, solange daran gearbeitet wird. Sobald die Bearbeitung fertig ist, wird das Task im rechten Sub-Silo platziert, wodurch es für den nachfolgenden Bearbeitungsschritt freigegeben wird (Brechner & Waletzky, 2015, S. 13; Timinger, 2017, S. 232).

Als geeigneter Zeitpunkt für die Weiterbewegung von Tasks von einem Bearbeitungsschritt in den nächsten bzw. vom Status „In Arbeit" zu „Erledigt" bietet sich ein **Daily Standup** an (vergleichbar mit dem Daily Scrum), bei dem die Teammitglieder sich gegenseitig beraten können. Allerdings können Tasks von jedem Teammitglied jederzeit weiterbewegt sowie Meetings zwecks gegenseitiger Beratung zu jedem Zeitpunkt einberufen werden (Brechner & Waletzky, 2015, S. 14, 17).

Die Abwicklung der Teilaufgabe „Entwicklung der physischen Komponenten" in DigiCirCont mittels Kanban

Im Beispielprojekt DigiCirCont entschied sich das Start-up Out-of-the-Box, bei der Durchführung der ihm zugeteilten Teilaufgabe 3.4 „Entwicklung der physischen Komponenten" Kanban einzusetzen. Diese Methode schien für das relativ kleine Start-up-Team ideal, um mit einfachen Mitteln einen Überblick über den Fortschritt der Aufgaben zu behalten und mit geringem Aufwand flexibel beim Bau des Box-Regal-Systems vorgehen zu können. Das Team hat vorab 38 Tasks definiert und diese in acht Buckets gruppiert (Abb. 2.40).

Obwohl die Kolleg*innen von Out-of-the-Box das Kanban Board auf einem großen Flip-Chart malten und mit Post-its® die Tasks darstellten, wird in Abb. 2.41 ein Ausschnitt des elektronischen Äquivalents gezeigt (erstellt mit MS Project; vgl. mit dem Task Board in Abb. 2.37), weil eine Fotokopie des Originals für Demonstrationszwecke nicht verfügbar war. Damit soll unterstrichen werden, dass passende Software-Tools effektiv für die Anwendung von Kanban eingesetzt werden können. ◄

Bucket	Task
Basiselemente	Box-Basiselement – Deckel
	Box-Basiselement – Kiste
	Box-Basiselement – Griffe
	Regal-Basiselement – Gerüst
	Regal-Basiselement – Schienen
	Regal-Basiselement – Rückwand
Box-Innenleben	Isolierelemente – Deckel
	Isolierelemente – Kiste
	Isolierelemente – Verschluss
	Ladegutsicherungselemente – Boden
	Ladegutsicherungselemente – Seitenwände
	Ladegutsicherungselemente – Deckel
	Elemente für Luftzirkulation – Boden
	Elemente für Luftzirkulation – Seitenwände
	Elemente für Luftzirkulation – Deckel
Verschluss und Verriegelung	Schließelemente – Deckelabnahme
	Schließelemente – Scharniere
	Schließelemente – Verschluss
	Verschlusssystemelemente – Box
	Verschlusssystemelemente – Regal
	Verschlusssystemelemente – Steuerung
Sensorik	Sensorik – Temperatur
	Sensorik – Geo-Tracking
	Sensorik – Verschluss
Kommunikationssystem	Kommunikationseinheiten – Temperatur
	Kommunikationseinheiten – Tracking
	Kommunikationseinheiten – Verschluss
	Kommunikationseinheiten – Pick-by-Light
Pick-by-Light-System	Pick-by-Light-System – Box
	Pick-by-Light-System – Regal
	Pick-by-Light-System – Verschluss
Energieversorgung	Energieversorgung – Box
	Energieversorgung – Regal
Software-Integration	Software – Regal-Steuerung
	Software – Box-Steuerung
	Software – Sensorik
	Software – Pick-by-Light
	Software – Kommunikation

Abb. 2.40 Tasks für die Entwicklung der physischen Komponenten des Box-Regal-Systems gruppiert in Buckets

Designphase - Erledigt

Designphase - In Arbeit

Übernommen

Box Basiselement - Deckel
Sammelvorgangsname: Basiselemente

Box Basiselement - Kiste
Sammelvorgangsname: Basiselemente

Box Basiselement - Griffe
Sammelvorgangsname: Basiselemente

Regal Basiselement - Gerüst
Sammelvorgangsname: Basiselemente

Regal Basiselement - Schienen
Sammelvorgangsname: Basiselemente

Regal Basiselement - Rückwand
Sammelvorgangsname: Basiselemente

Aufgaben-Pool

Neuer Vorgang

Isolierelemente - Deckel
Sammelvorgangsname: Box-Innenleben

Isolierelemente - Kiste
Sammelvorgangsname: Box-Innenleben

Isolierelemente - Verschluss
Sammelvorgangsname: Box-Innenleben

Ladegutsicherungselemente - Boden
Sammelvorgangsname: Box-Innenleben

Ladegutsicherungselemente - Seitenwände
Sammelvorgangsname: Box-Innenleben

Ladegutsicherungselemente - Deckel
Sammelvorgangsname: Box-Innenleben

Abb. 2.41 Ausschnitt des Kanban Boards zur Visualisierung des Arbeitsfortschritts der Tasks für die Entwicklung der physischen Komponenten

2.2.3   Weitere agile Rahmenwerke

Prinzipiell ist jede Vorgehensweise als agil einzu-
stufen, solange dabei die agilen Werte berücksichtigt werden. Manche agilen Vorgehensweisen
können spezifisch für ein Projekt entworfen
werden oder Abwandlungen von bestehenden
Rahmenwerken sein. So hat sich neben Scrum
und Kanban mittlerweile eine Vielzahl weiterer
agiler Methoden etabliert, die eine breite Anwendung finden. Einige davon sind Scrum-Derivate,
denn Scrum ermöglicht nur bedingt ein agiles
Vorgehen und stellt somit nicht immer die optimale Vorgehensweise dar.

Anhand der Darstellung von Scrum lassen
sich die agilen Handlungsprinzipien zwar anschaulich nachvollziehen, jedoch werden aufgrund des zugrunde liegenden Rahmenwerks relativ genaue Vorgaben für seine Anwendung sug-
geriert, was man durchaus als Widerspruch zu
den agilen Werten argumentieren kann; z. B.
könnte man das Erstellen eines Sprint Backlog
im Rahmen des Sprint Planning als nicht agil im
Sinne des „Reagieren[s] auf Veränderung mehr
als das Befolgen eines Plans" (The authors of the
Agile Manifesto, 2001) betrachten.

Somit wurden Alternativen zur Umsetzung
von Entwicklungsprojekten geschaffen, von
denen manche sogar als eigene Rahmenwerke
definiert sind (Project Management Institute,
2017, S. 99–114).

2.2.3.1 ScrumBan

Ein recht intuitives Scrum-Derivat ist die Kombination des Scrum-Vorgehens mit der Visualisierung des Arbeitsfortschritts nach Kanban, denn
so mancher denkt bei der Anwendung von Task
Boards bei Scrum (Abb. 2.37) an das Kanban
Board und modifiziert dieses möglicherweise

dementsprechend. Der Vorteil ist eine vereinfachte Veranschaulichung und Kontrolle des
Arbeitsfortschritts auf dem „Task-Kanban-Bo-
ard".

2.2.3.2 Andere agile Methoden

Weitere Scrum-Derivate sowie weitere agile Methoden finden meist in der Softwareentwicklung
Anwendung. Die primären Merkmale zur Unterscheidung sind (Project Management Institute,
2017, S. 100):

- das Erfüllen der Iteration, also die Lieferung
  von Produktinkrementen in regelmäßigen Abständen, wobei kürzere Zyklen ein höheres
  Maß an Agilität zulassen, und
- der Detailgrad der zugrunde liegenden Regle-
  mentierung.

2.3   Hybrides Vorgehen

„Fortschritt ist nur möglich, wenn man intelligent
gegen die Regeln verstößt."[6]

Wie bereits im Abschn. 1.3.5 angedeutet, gibt es
für die Kombination unterschiedlicher Projektmanagementmethoden und -rahmenwerke keine
Richtlinien. Stattdessen orientiert man sich bei
der Entwicklung hybrider Vorgehensmodelle
im Wesentlichen an den gegebenen Rahmenbedingungen, wie z. B. den Projektzielen, den
bereitstehenden Ressourcen, inklusive Kompetenzen, sowie den übergeordneten Unternehmens-
strategien.

---

[6]Boleslaw Barlog (Jungwirth, 2019).

Die praktische Anwendung des hybriden Vorgehens wird nachfolgend am Beispiel DigiCirCont illustriert.

DigiCirCont als Beispiel für ein hybrides Projekt

Als Forschungsprojekt wurde DigiCirCont überwiegend deterministisch geplant und bis zum Statusdatum am 5. Mai 2023 (der Zeitpunkt, der zur Veranschaulichung der im Kap. 3 beschriebenen Projektcontrolling-Methoden ausgewählt wurde) nach einem sequenziellen und teilweise parallelen Vorgehensmodell vorangetrieben.

Die Abwicklung der Hauptaufgabe „Projektmanagement" erfolgt grundsätzlich nach dem Stage-Gate-Modell. Nach dem Kick-off-Meeting erstreckt sich das Projektmanagement mit seinen Teilaufgaben „Controlling" und „Risikomanagement" über die gesamte Projektlaufzeit bis zum Projektende, dem Fälligkeitsdatum des von der Fördergebergesellschaft verlangten Endberichts.

Die inhaltlichen Hauptaufgaben werden ebenfalls deterministisch geplant. Der gesamte Planablauf von DigiCirCont lässt sich gut mit dem Wasserfallmodell beschreiben. Nach der Anforderungsanalyse können die technischen Entwicklungen des Box-Regal-Systems inklusive der Softwareentwicklungen gestartet werden.

Mit der Fertigstellung eines ersten Prototyps werden als Nächstes die Funktionalitäten getestet, verifiziert und validiert. Das fertige Box-Regal-System wird dann implementiert und zur Pilotierung in verfügbare Prozesse integriert. Die bei der Pilotierung gewonnen Daten werden schließlich für die wissenschaftliche Auswertung verwendet.

Demzufolge entspricht DigiCirCont einem nach dem Wasserfall-Prinzip deterministisch geplanten Forschungsprojekt. Tatsächlich wurden jedoch für die Hauptaufgabe 3 „Entwicklung eines smarten Mehrwegboxen-Prototyps" bereits bei der Planung agile Methoden vorgesehen (von der Teilaufgabe 3.1 „Technische Aufgaben einkaufen" abgesehen). Da jedoch zum Zeitpunkt der Planung noch Details zu den Anforderungen fehlten, konnten die tatsächlichen Aufgaben (Tasks) ebenfalls noch nicht (als User Stories) konkretisiert werden. Deshalb wurden die Bezeichnungen der Teilaufgaben bei der Detailplanung noch recht allgemein formuliert (vgl. mit dem Gantt-Chart in Abb. 2.10 sowie dem Netzplan in Abb. 2.18 und Abb. 2.19). Die parallel laufenden Teilaufgaben „Softwaretechnische Entwicklungen" und „Entwicklung der physischen Komponenten" wurden schließlich nach Scrum bzw. mittels Kanban abgewickelt.

Eine passende Bezeichnung des verwendeten Vorgehensmodells zur Erarbeitung der Projektinhalte in DigiCirCont bis zum Statusdatum 5. Mai 2023 könnte demzufolge „Wasser-ScrumBan-Fall-Modell"[7] sein (Abb. 2.42). ◄

---

[7]Vgl. „Wasser-Scrum-Fall-Modell", Timinger (2017, S. 266).

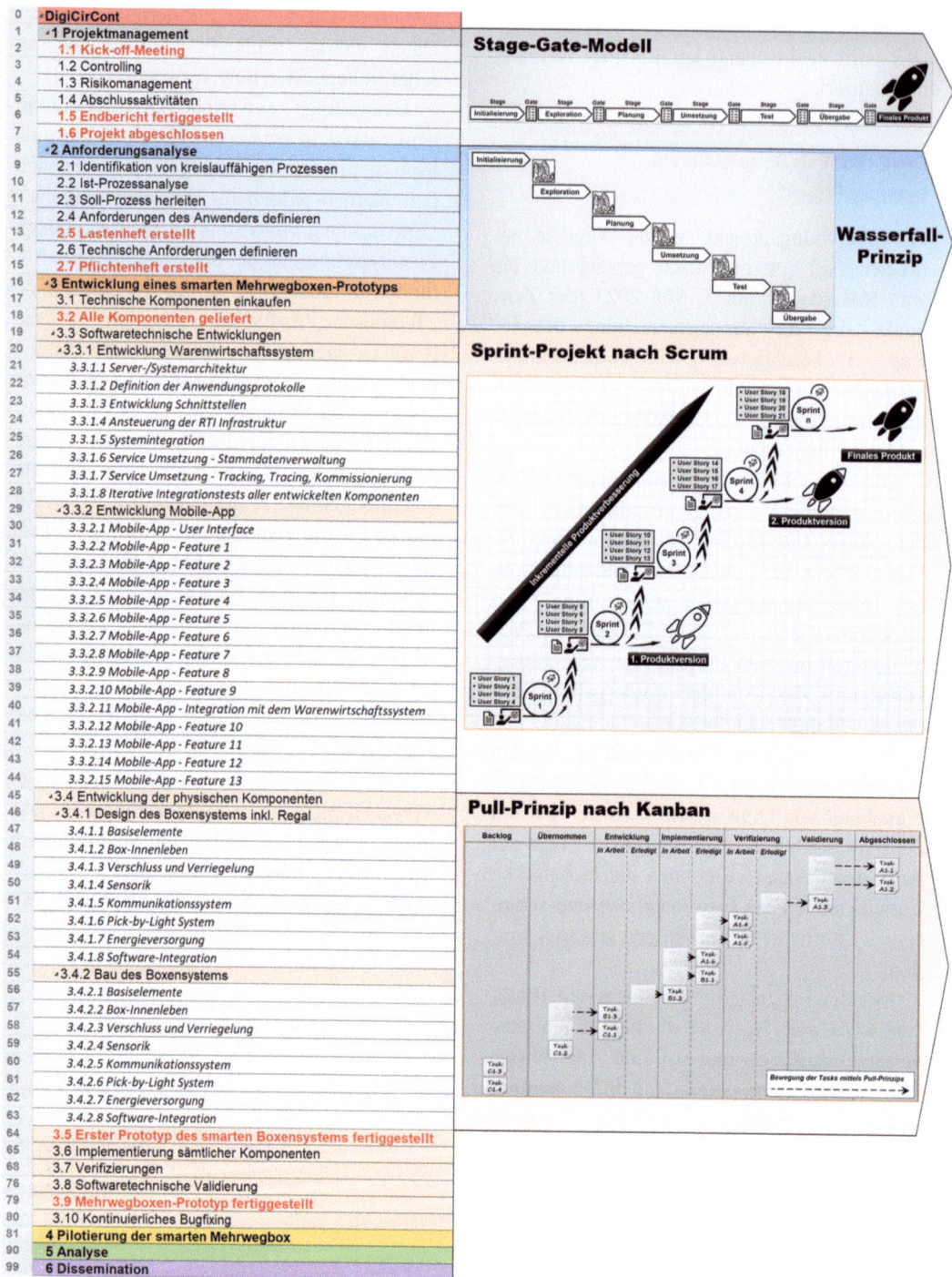

Abb. 2.42 Das hybride Vorgehensmodell „Wasser-ScrumBan-Fall-Modell". (Vgl. „Wasser-Scrum-Fall-Modell", Timinger (2017, S. 266)) von DigiCirCont

2.4   Risikoplanung

„Die Kunst, Pläne zu machen, besteht darin, den Schwierigkeiten ihrer Ausführung zuvorzukommen."[8]

Wie zuvor erwähnt, ist eines der wichtigsten Merkmale von Projekten die Neuartigkeit des Vorhabens. Neuartigkeit bedeutet, dass nur geringe oder keine Erfahrungen mit dem Vorhaben vorliegen und somit das Projekt mit Risiken behaftet ist.

Es lassen sich viele Risikokategorien formulieren; häufige Risiken in Projekten sind z. B. folgende:

- **Terminrisiko** (z. B. das Risiko für Terminverschiebungen oder die Verzögerung der Projektfertigstellung)
- **Finanzierungsrisiko** (z. B. das Risiko für den Ausfall der Finanzierung bzw. des rechtzeitigen Eintreffens der Finanzierung)
- **Ressourcenrisiko** (z. B. das Risiko, die benötigten Ressourcen nicht beschaffen zu können, oder das Risiko für den Ausfall von Ressourcen)
- **Kostenrisiko** (z. B. das Risiko für einen unerwarteten Anstieg der geplanten Projektkosten)
- **Realisierungsrisiko** (z. B. das Risiko, die Projektziele aufgrund unzureichender Ressourcenleistungen oder nicht erwarteter technischer Schwierigkeiten zu verfehlen)
- **Verwertungsrisiko** (z. B. das Risiko für unbrauchbare oder ungenügende Projektergebnisse)
- **Rechtsrisiko** (z. B. das Risiko für rechtliche Konflikte, zivil- oder strafrechtliche Konsequenzen)
- **Imagerisiko** (z. B. das Risiko für Imageschäden der Stakeholder*innen)
- etc.

Projektmanagement versucht, bereits in der Planungsphase Projektrisiken systematisch zu erfassen, abzuschätzen, zu beeinflussen und Vorsorgemaßnahmen für den Fall des Eintreffens bestimmter Umstände während der Ausführungsphase zu treffen. Dieser Teilbereich des Projektmanagements kann als **Risikoplanung** bezeichnet werden und behandelt den geplanten Umgang mit möglichen **Risiken** während der Ausführungsphase. Die Risikoplanung muss Risiken erkennen, bewerten und diesen in angemessener Form entgegentreten. Dazu ist es zuerst notwendig, zu verstehen, was Risiko ist und wie es bewertet werden kann.

2.4.1   Definition von Risiko

Der PMBOK® Guide definiert den Begriff „Risiko":

▶ **Risiko**

„Ein unbestimmtes Ereignis oder eine Bedingung, die im Fall des Eintretens eine positive oder negative Auswirkung auf ein oder mehrere Projektziel/e haben." (Project Management Institute, 2021, S. 249)

Um eine objektive Bewertungsmöglichkeit für Risiken zu schaffen, sodass unterschiedliche Risiken gegeneinander abgewogen werden können, wird Risiko oftmals als das Produkt (mathematisch) von finanziellen Konsequenzen und deren Eintrittswahrscheinlichkeiten erfasst:

$$\text{Risiko} = \text{Konsequenzen}_{\text{finanziell}} \times \text{Eintrittswahrscheinlichkeit} \qquad \text{(Gl. 2.11)}$$

Risiko kann somit, interpretiert als Erwartungswert für das Eintreffen bestimmter finanzieller Konsequenzen, in Geldeinheiten gemessen und in weiterer Folge können unterschiedliche Risiken gegeneinander abgewogen werden.

Die Risikoplanung hat die Aufgabe, Risiko zu analysieren (erkennen und vorher abschätzen), zu gestalten (beeinflussen bzw. ändern) und zu kontrollieren (messen und eventuell Gegenmaßnahmen ergreifen). Dabei können Maßnahmen gesetzt werden, welche einerseits die finanziellen Konsequenzen (Schaden) oder anderseits die Eintrittswahrscheinlichkeit beeinflussen, um das

---

[8]Luc de Clapiers (Jungwirth, 2019).

Produkt aus beiden Risikodimensionen zu minimieren:

$$\text{Risiko}_{\text{Minimum}} = \text{Konsequenzen}_{\text{Minimum}} \times$$
$$\text{Eintrittswahrscheinlichkeit}_{\text{Minium}} \quad \text{(Gl. 2.12)}$$

Natürlich können die mit einer bestimmten
Wahrscheinlichkeit auftretenden finanziellen
Konsequenzen auch positiv sein (Nutzen). In die-
sem Fall spricht man von einer **Chance** oder
Möglichkeit:

$$\text{Chance}_{\text{Maximum}} = \text{Konsequenzen}_{\text{Maximum}}$$
$$\times \text{Eintrittswahrscheinlichkeit}_{\text{Maximum}} \quad \text{(Gl. 2.13)}$$

Im Gegensatz zu den Risiken wird bei einer
Chance versucht, die Eintrittswahrscheinlichkeit
sowie die finanziellen Konsequenzen zu erhöhen
und deren Produkt zu maximieren.

Derartig errechnete Risiken und Chancen
können vergleichend betrachtet und deshalb auch
kumulativ miteinander in Beziehung gesetzt werden.

2.4.2   Risikoportfolio

Eine einfache Methode zur Veranschaulichung
und zum Management von Risiken und Chancen
ist die **Portfolio-Technik.**[9] Die Methode des
Risikoportfolios ist insbesondere für große Projekte mit vielen unterschiedlichen Chancen und
Risiken geeignet. Dabei werden Chancen und Risiken identifiziert und hinsichtlich Konsequenzen
und Eintrittswahrscheinlichkeiten bewertet. Für
die Bewertung sind alle sinnvollen Skalierungen
zulässig (z. B. 1, 2 und 3 für niedrig, mittel und
hoch). Die Multiplikation von Konsequenz und
Eintrittswahrscheinlichkeit ergibt die Risikoprioritätszahl (RPZ).

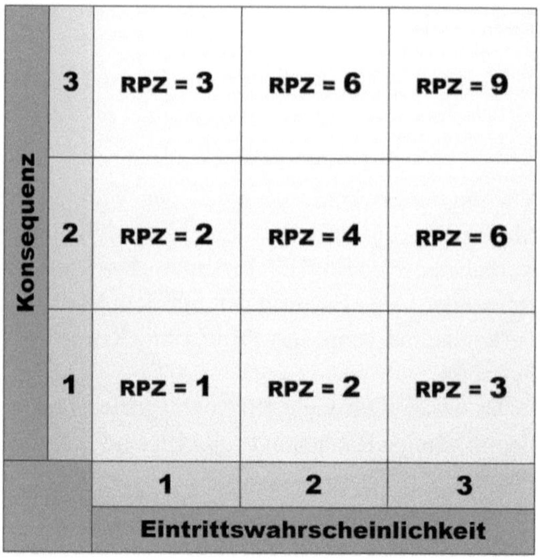

Abb. 2.43 Risikomatrix. (In Anlehnung an Gilland,
1993, S. 116; In Anlehnung an Timinger, 2017,
S. 127–130)

Anschließend werden die Risiken und Chancen in eine zweidimensionale Risikomatrix
eingetragen. Die Dimensionen der Achsen entsprechen den gewählten Skalierungen für die Bewertung der Konsequenzen und Eintrittswahrscheinlichkeiten. Risiken oder Chancen werden
auf der Matrix entsprechend ihren Konsequenzen
(z. B. auf der y-Achse) und ihrer Eintrittswahrscheinlichkeiten (z. B. auf der x-Achse) auf-
getragen, um eine übersichtliche „Risiko-Land-
karte" zu erhalten (Abb. 2.43).

Die Anzahl der Felder in der Matrix entspricht
dem Produkt der Skalenwerte der beiden Achsen.
Jedes der Felder repräsentiert eine Risikopriori-
tätszahl, welche ein quantitatives Maß für die
Dringlichkeit der darin platzierten Risiken bzw.
Chancen darstellt.

Das Risikoportfolio von DigiCirCont

Die identifizierten Risiken und Chancen im
Forschungsprojekt DigiCirCont wurden eben-
falls in einem Risikoportfolio zusammengefasst.
In Abb. 2.44 sind die bedeutendsten Risiken

---

[9]Dies Methode wird auch als Risk-Mapping bezeichnet
(Gilland, 1993).

Nr.	Risiko/ Chance	Konsequenz	Eintrittswahr-scheinlichkeit	Risikoprioritäts-zahl (RPZ)
Risiken				
1	Der Mehrwegtransportbehälter bricht während der Pilotierung.	3	1	3
2	Der Fertigstellungstermin kann nicht gehalten werden.	2	2	4
3	Der Patentantrag ist nicht erfolgreich.	3	2	6
Chancen				
4	Der Einsatz des Mehrwegsystems führt langfristig zu einer Reduktion von CO_2-Emissionen.	3	1	3
5	Die Möglichkeit zur Voll- oder Teilautomatisierung von Mehrwegsystemen führt zur Reduktion des Arbeitskräftemangels.	1	2	2
6	Die Projektergebnisse ermöglichen Folgeprojekte.	2	1	2

Abb. 2.44 Die bedeutendsten Risiken und Chancen von DigiCirCont

und Chancen des Projektes gelistet. Es ist ersichtlich, dass Risiko Nr. 3 („Der Patentantrag ist nicht erfolgreich") mit RPZ = 6 die höchste Risikoprioritätszahl besitzt und daher die höchste Dringlichkeit aller angeführten Risiken besitzt. Die beiden Chancen 5 und 6 sind hinsichtlich der RPZ (= 2) gleichwertig, obwohl die zugrunde liegenden Werte für die Konsequenz und die Eintrittswahrscheinlichkeit vertauscht sind.

Die Risikomatrix der in Abb. 2.44 gelisteten Risiken und Chancen ist in Abb. 2.45 dargestellt. ◄

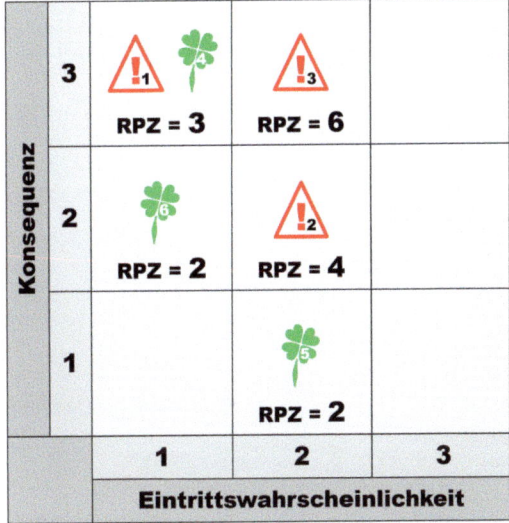

Abb. 2.45 Die bedeutendsten Risiken und Chancen von DigiCirCont in einer Risikomatrix

2.4.3   Risikoprävention und Chancenoptimierung im Risikoportfolio

Durch geeignete Maßnahmen können die individuellen RPZ von Risiken und Chancen vermindert bzw. erhöht werden. Man ist bestrebt, durch Beeinflussung der Eintrittswahrscheinlichkeit und/oder Konsequenz, die Risiken in Richtung der linken unteren Ecke und die Chancen in die rechte obere Ecke der Risikomatrix zu bewegen (Abb. 2.46). Dabei ist zu beachten, dass die getätigten Maßnahmen für Verschiebungen im Risikoportfolio mit Kosten verbunden sind, welche vor der Durchführung gegen die potenzielle Verminderung des Risikos abgewogen werden müssen.

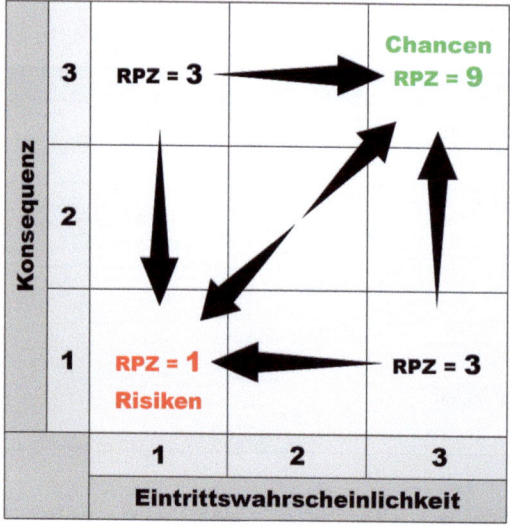

Abb. 2.46 Durch geeignete Maßnahmen lassen sich Risiken minimieren (rot) und Chancen maximieren (grün)

Risikoprävention und Chancenoptimierung in DigiCirCont

Um im Projekt DigiCirCont die Risiken zu minimieren bzw. die Chancen zu maximieren, waren die in Abb. 2.47 blau hervorgehobenen Maßnahmen vorgesehen.

Die erwarteten Auswirkungen der in Abb. 2.47 geplanten Maßnahmen zur Minimierung der Risiken und Maximierung der Chancen lassen sich in der Risikomatrix darstellen (Abb. 2.48). ◄

Nr.	Risiko/ Chance	Konsequenz	Eintrittswahr-scheinlichkeit	Risikoprioritäts-zahl (RPZ)
Risiken				
1	Der Mehrwegtransportbehälter bricht während der Pilotierung.	3	1	3
	→ Ersatzbehälter, inklusive Hardware bereitstellen	2	1	2
2	Der Fertigstellungstermin kann nicht gehalten werden.	2	2	4
	→ Zusätzliches Projektpersonal einstellen	2	1	2
	→ Zeitreserve am Projektende einplanen	1	1	1
3	Der Patentantrag ist nicht erfolgreich.	3	2	6
	→ Spezialisierten Patentanwalt beauftragen	3	1	3
Chancen				
4	Der Einsatz des Mehrwegsystems führt langfristig zu einer Reduktion von CO_2-Emissionen.	3	1	3
	→ Für die Pilotierung des Mehrwegsystems werden Methoden zur Erhebung von Emissionsdaten entwickelt.	3	2	6
	→ In den Analysearbeiten werden geeignete Modelle entwickelt, um langfristige Einsatzszenarien simulieren zu können.	3	3	9
5	Die Möglichkeit zur Voll- oder Teilautomatisierung von Mehrwegsystemen führt zur Reduktion des Arbeitskräftemangels.	1	2	2
	→ Partnerschaft mit einer Robotik-Firma aufbauen	2	2	4
6	Die Projektergebnisse ermöglichen Folgeprojekte.	2	1	2
	→ Einplanen geeigneter Messeauftritte	3	1	3
	→ Teilnahmen an wissenschaftlichen Konferenzen	3	2	6

Abb. 2.47 Maßnahmen (blau) zur Minimierung der Risiken oder Maximierung der Chancen im Risikoportfolio von DigiCirCont

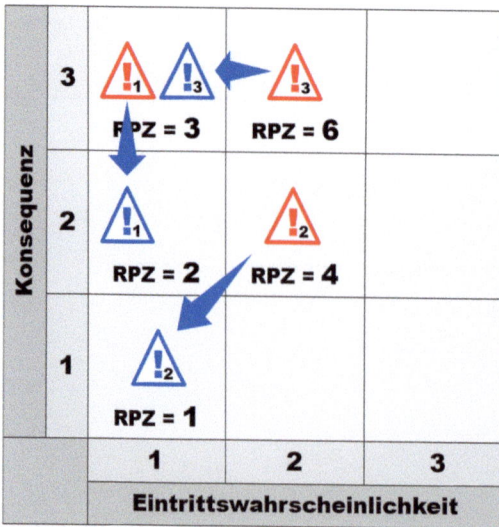

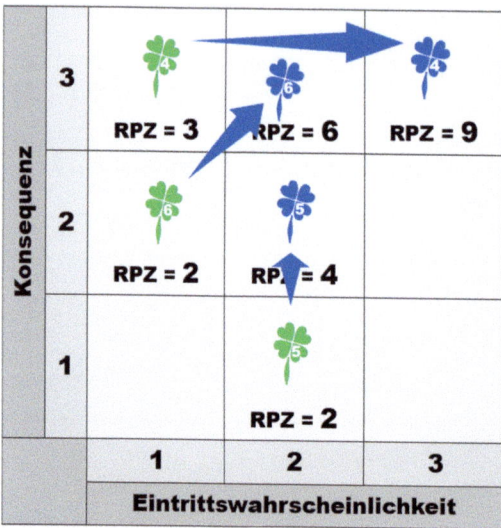

Abb. 2.48 Verschiebungen der Risiken und Chancen in der Risikomatrix aufgrund von Maßnahmen zur Risikominimierung oder Chancenmaximierung

Literatur

The authors of the Agile Manifesto. (2001). *Manifest für Agile Softwareentwicklung*. https://agilemanifesto.org/iso/de/manifesto.html. Zugegriffen am 13.11.2023.

Bourne, L. (2012). The Gantt you might not know, *26*(3), 25. https://www.pmi.org/learning/library/stake-gantt-know-3846. Zugegriffen am 23.06.2024.

Brechner, E., & Waletzky, J. (2015). *Agile project management with Kanban*. Microsoft Press.

Gilland, J. R. (1993). *Project management systems*. University of Colorado.

Jungwirth, K. (2019). *133 Zitate rund ums Projektmanagement*. https://www.inloox.de/unternehmen/blog/artikel/133-zitate-rund-ums-projektmanagement/. Zugegriffen: 23.06.2024.

Patzak, G., & Rattay, G. (2023). *Projektmanagement: Projekte, Projektportfolios, Programme und projektorientierte Unternehmen* (7., akt. Aufl.). *Linde international*. Linde Verlag Ges.m.b.H.

Project Management Institute. (2017). *Agile practice guide*. Project Management Institute.

Project Management Institute. (2021). *A guide to the project management body of knowledge: (PMBOK guide)* (Siebte Ausgabe). Project Management Institute.

Rubin, K. S. (2012). *Essential scrum: A practical guide to the most popular agile process* (1. Auflage). *Addison-Wesley Signature Series [Cohn]*. Addison-Wesley.

Schwaber, K., & Sutherland, J. (2020). *Der Scrum Guide – Der gültige Leitfaden für Scrum: Die Spielregeln* (German, genderneutral). https://scrumguides.org/download.html

SCRUMstudy™. (2022). *A guide to the SCRUM BODY OF KNOWLEDGE (SBOK™ GUIDE): (guía SBOK™)* (3. Ausgabe). SCRUMstudy™.

Timinger, H. (2017). *Modernes Projektmanagement: Mit traditionellem, agilem und hybridem Vorgehen zum Erfolg* (1. Aufl.). Wiley.

Windolph, A. (2015). *Die 135 besten Projektmanagement-Zitate*. https://projekte-leicht-gemacht.de/blog/lesestoff/die-75-besten-projektmanagement-zitate/#Projektalltag. Zugegriffen am 23.06.2024.

Projektcontrolling

3

„Das Leben besteht hauptsächlich darin, dass man mit dem Unvorhergesehenen fertig werden muss."

John Steinbeck (Windolph, 2015).

Die Definition des Projektcontrolling nach der DIN 69901 lautet:

▶ **Projektcontrolling**

„Unter dem Oberbegriff Projektcontrolling sind alle für das Projektmanagement speziellen Methoden zusammengefasst. […] Die Controlling-Methoden werden im Wesentlichen zum Überwachen und Steuern von Projekten verwendet. Sie dienen also dem Zweck, das Geplante mit der Realität abzugleichen, um dann gegebenenfalls daraus Projektveränderungen abzuleiten. […] Das Projektcontrolling ist integraler Bestandteil des Projektmanagements." (DIN-Gruppe, 2009, DIN 69901-3, S. 5)

Das Projektcontrolling ist also ein Sammelbegriff für eine Reihe von Aufgaben, die fester Bestandteil eines Projektmanagement-Regelkreises sind (Abb. 3.1).

Damit das Projektcontrolling seinen Pflichten nachkommen kann, muss es jedoch noch durch Aufgaben der Leistungsdomäne Messung erweitert werden, welches der PMBOK® Guide folgendermaßen definiert (Project Management Institute, 2021, S. 93):

▶ **Leistungsdomäne Messung:**

„Die Leistungsdomäne Messung befasst sich mit Aktivitäten und Funktionen, die mit der Bewertung der Projektleistung und der Ergreifung geeigneter Maßnahmen zur Aufrechterhaltung einer akzeptablen Leistung verbunden sind."

Die gesamten Aufgaben des Projektcontrollings können wie folgt zusammengefasst werden (Patzak & Rattay, 2023, S. 394):

I. Hilfestellung bei der Festlegung von Projektzielen und Erfolgskriterien
II. Entwicklung von Kennzahlen- und Mess-Systemen
III. Implementierung von Controllingstandards und -zyklen
IV. Soll/Ist-Vergleiche der Projektpläne
V. Vorschlag von Steuerungsmaßnahmen
VI. Erstellung von Projektberichten
VII. Erstellung der Projektdokumentation
VIII. Verfolgung der Projektumfeldentwicklung

Übergeordnet steht die Sicherstellung der Erreichung der Projektziele unter Einhaltung von Terminen und Kosten im Zentrum der Aktivitäten.

© Der/die Autor(en), exklusiv lizenziert an Springer Fachmedien Wiesbaden GmbH, ein Teil von Springer Nature 2025
W. Mayrhofer, G. Schneikart, *Hybrides Projektmanagement*, Forschung und Praxis an der FHWien der WKW, https://doi.org/10.1007/978-3-658-46536-0_3

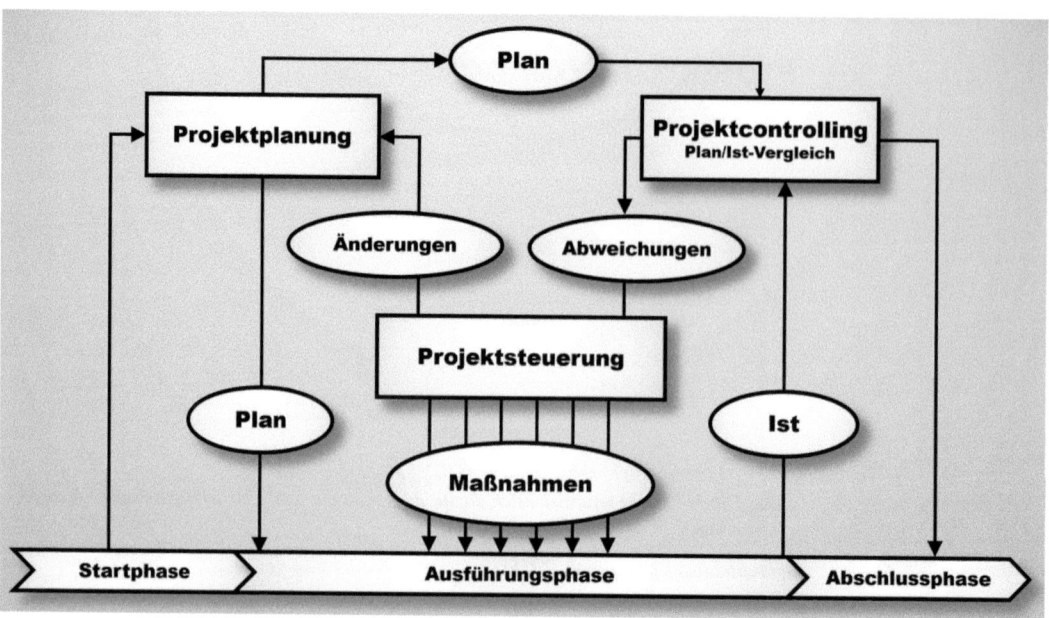

Abb. 3.1 Projektmanagement-Regelkreis. (In Anlehnung an Burghardt, 2012, S. 22)

3.1   Termin- und Ressourcencontrolling

Etwaige Zielveränderungen im Laufe eines Projektes, das eventuelle Auftreten von Störfällen (Störgrößen) sowie mögliche Fehler in der Projektplanung, wie z. B. Fehlkalkulationen oder Fehler bei Schätzverfahren, machen es notwendig, den Projektverlauf in Hinblick auf Kosten, Termine und Leistungen zu überprüfen.

Dazu stehen zu jedem Kriterium unterschiedliche Methoden und Techniken zur Verfügung. Für die Kostenkontrolle können Rechnungen aller Art (Reiseabrechnungen, Lieferscheine, Endabrechnungen etc.) und ähnliche Unterlagen verwendet werden. Terminkontrollen können z. B. über aktualisierte Terminpläne in Zusammenhang mit Leistungsfortschrittsmessverfahren (z. B. Mengenmessung oder Schätzung der geleisteten Arbeit oder Schätzung der Restarbeit) durchgeführt werden.

Nachfolgend werden vier allgemeine Verfahren zum Controlling detaillierter vorgestellt.

Auswahl eines Statusdatums im Projekt DigiCirCont zur Veranschaulichung der gezeigten Controlling-Methoden

Zwecks Demonstration dieser Methoden anhand des Beispielprojektes DigiCirCont wurde das Statusdatum 5. Mai 2023 gewählt, da die Entwicklungen bis zu diesem Zeitpunkt ein ideales Szenario zur Veranschaulichung potenzieller Probleme im Controlling liefern. Zu diesem Zeitpunkt war die „Anforderungsanalyse" bereits abgeschlossen und die Entwicklungsarbeiten der Hauptaufgabe 3 „Entwicklung eines smarten Boxensystems" wurden bereits aufgenommen. ◀

3.1.1   Meilensteintrendanalyse

Die Meilensteintrendanalyse ist ein Verfahren zur Terminkontrolle anhand der Meilensteine. Eine Grundvoraussetzung dafür ist die regelmäßige terminliche Aktualisierung der Meilensteine, um die über die Zeit aufgezeichneten Veränderungen als Trends in der Analyse einbinden zu können. In einem Gitter werden die Abweichungen von den geplanten Fertigstellungsterminen oder die Unterschiede zwischen Soll und Ist im Fertigstellungsausmaß zum Stichtag (Review-Termin) aufgezeichnet. Dabei stellt die horizontale Achse die Stichtage und die vertikale Achse die Unter- bzw. Überschreitung der Planwerte in einer einheitlichen Skala dar.

Verbindet man die Abweichungen der jeweiligen Prozesse, lassen sich Trends ablesen. Eine horizontale Linie bedeutet, dass der Fortschritt im Arbeitspaket oder der Teilaufgabe wie geplant vorangeht, wohingegen eine fallende Linie eine Unterschreitung und eine steigende Linie eine Überschreitung der geplanten Termine signalisiert (Abb. 3.2).

Eine Meilensteintrendanalyse zur Terminkontrolle in DigiCirCont

Die Meilensteintrendanalyse der zum Zeitpunkt des Statusdatums (5. Mai 2023) abgeschlossenen Meilensteine zeigt, dass die Meilensteine „Lastenheft erstellen" und „Pflichtenheft erstellen" frühzeitig erreicht wurden (Abb. 3.3).

Beide Meilensteine liegen auf dem kritischen Pfad (Abb. 2.10), weshalb sich die frühzeitige Erreichung beider Termine erwartungsmäßig positiv auf die nachfolgenden kritischen Vorgänge hätte auswirken sollen. Dennoch kam es bei den beiden Folgeterminen „Alle Komponenten geliefert" und „Erster Prototyp des smarten Boxensystems fertiggestellt" zu Verspätungen.

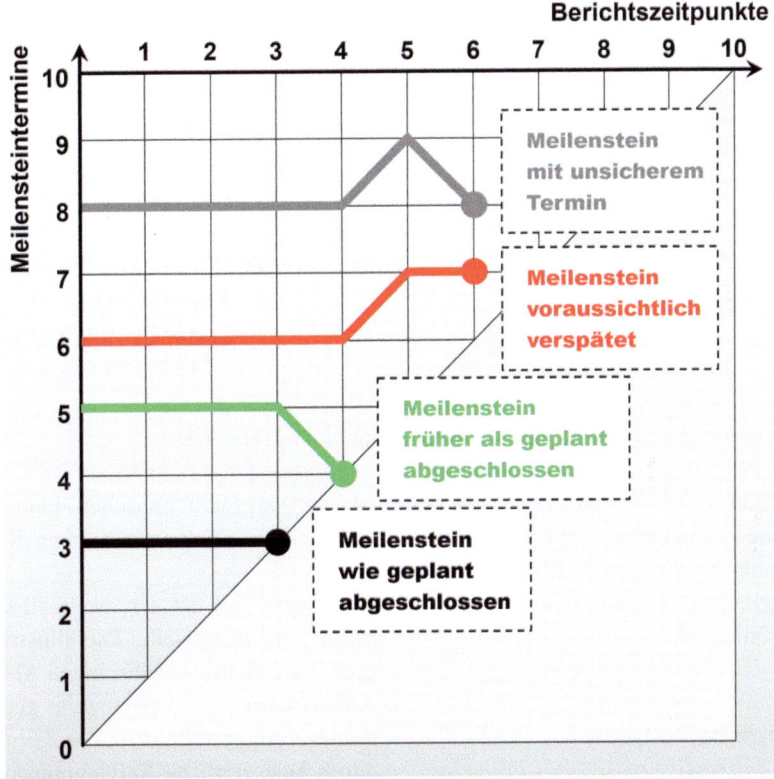

Abb. 3.2 Meilensteintrendanalyse

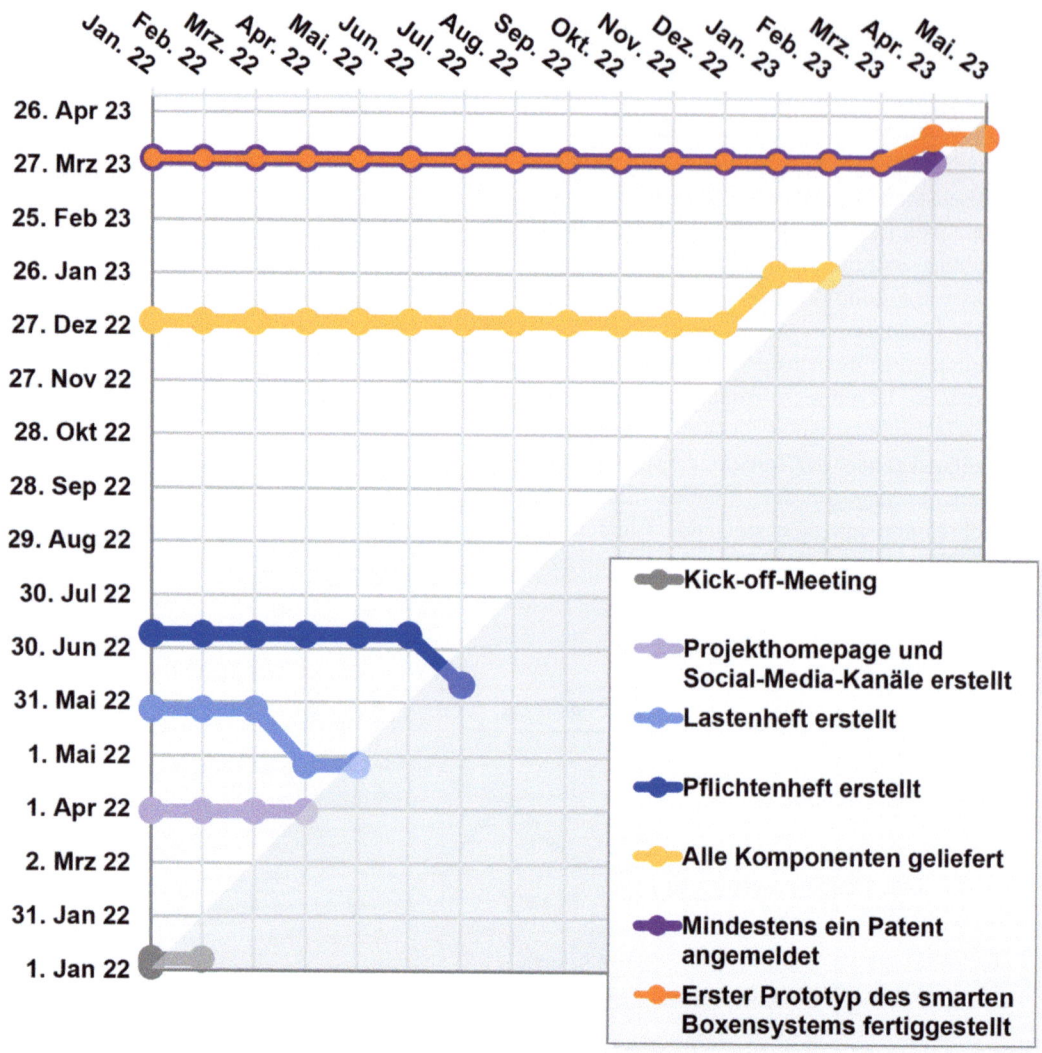

Abb. 3.3 Meilensteintrendanalyse von DigiCirCont zum Statusdatum 5. Mai 2023

Die Termine der beiden nichtkritischen Meilensteine „Projekthomepage und Social-Media-Kanäle erstellt" sowie „Mindestens ein Patent angemeldet" konnten wie geplant eingehalten werden. ◄

3.1.2 Doppelbalkenplan

Der Balkenplan ist eine leicht verständliche Abbildung der Terminplanung und eignet sich auch bestens für die Terminkontrolle. Im **Doppelbalkenplan** wird dem Balkenplan, welcher der Planung entspringt, ein Balken entsprechend den Ist-Terminen hinzugefügt. Damit

ist der Vergleich zwischen Plan- (Soll-) und Ist-Terminen samt terminlichen Konsequenzen ersichtlich.

In Abb. 3.4 ist ein beispielhafter Doppelbalkenplan dargestellt. Die illustrierte Teilaufgabe 1 wurde trotz frühzeitigen Abschlusses des Arbeitspakets 1.1 (erst) zum geplanten Endtermin fertiggestellt, denn der Zeitgewinn wurde durch eine zeitliche Verlängerung des nachfolgenden Arbeitspakets 1.2 wieder kompensiert. Zusätzlich kam es im Arbeitspaket 1.4 zu einer Verschiebung des Anfangstermins. Diese Verspätung wurde jedoch durch eine kürzere Ist-Dauer kompensiert und das Arbeitspaket 1.4 wurde wie geplant abgeschlossen.

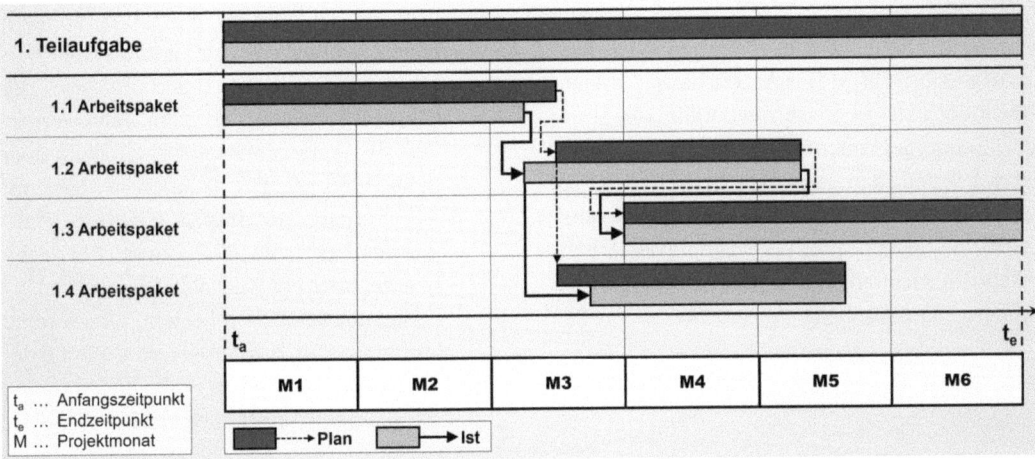

Abb. 3.4 Doppelbalkenplan einer abgeschlossenen Teilaufgabe

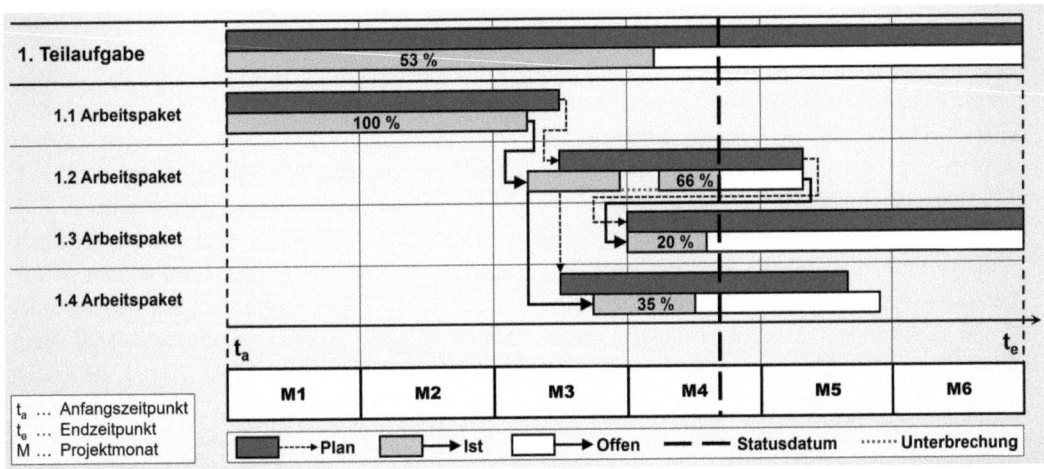

Abb. 3.5 Doppelbalkenplan mit Termin- und Leistungskontrolle

Ein Doppelbalkenplan kann natürlich zu jedem Zeitpunkt (Statusdatum) zur Termin- und Leistungskontrolle eingesetzt werden und beschränkt sich nicht nur auf abgeschlossene Aufgaben. Dabei wird ersichtlich, welche Arbeitspakete noch nicht, früher, pünktlich oder zu spät begonnen oder auch unterbrochen wurden. Da all diese Ereignisse Auswirkungen auf die Anfangs- oder Endtermine der Aufgaben haben, kann durch geeignete Markierungen des Fertigstellungsgrades einzelner Arbeitsvorgänge der gesamte Fortschritt einer Aufgabe bzw. des Projektes überblicksmäßig dargestellt werden.

Der in Abb. 3.5 illustrierte Doppelbalkenplan zeigt die gleiche Teilaufgabe 1 wie der Doppelbalkenplan in Abb. 3.4, nur mehr als zwei Monate vor dem geplanten Abschlusstermin. Das Statusdatum liegt bei ungefähr zwei Drittel des Projektmonats 4, d. h., beinahe vier Monate von insgesamt sechs Monaten sind bereits verstrichen. Trotzdem ist die Teilaufgabe 1 erst zu 53 % abgeschlossen; es besteht also ein Rückstand.

Obwohl das Arbeitspaket 1.1 frühzeitig abgeschlossen und das nachfolgende Arbeitspaket 1.2 somit früher anfangen würde, entspricht dessen Fortschritt dem Plan-Zustand von 66 %, weil es zwischenzeitlich zu einer Unterbrechung kam.

Bei den anderen beiden parallel laufenden Arbeitspaketen 1.3 und 1.4 bestehen Rückstände im Arbeitsfortschritt. Das Arbeitspaket 1.4 wurde zudem verspätet begonnen. Allerdings liegt zwischen dem geplanten Endtermin von Arbeitspaket 1.4 und dem geplanten Ende der Teilaufgabe 1 mehr als ein Monat (Pufferzeit), weshalb sich die voraussichtliche Verzögerung des Arbeitspakets 1.4 nicht auf das geplante Ende der Teilaufgabe 1 auswirkt.

Ein Doppelbalkenplan zur Terminkontrolle in DigiCirCont

Der Doppelbalkenplan in Abb. 3.6 visualisiert den Projektstatus von DigiCirCont am 5. Mai 2023 und illustriert, wie es zu den in der Meilensteintrendanalyse (Abb. 3.3) frühzeitigen oder verspäteten Meilensteinterminen kam. Obwohl der Projekt-Kick-off beinahe um eine Woche verzögert stattfand, konnten die Arbeitsvorgänge der „Anforderungsanalyse" frühzeitig abgeschlossen werden. Beim Vergleich der entsprechenden Ist-Werte mit den Soll-Werten in der Tabelle wird nachvollziehbar, dass die frühzeitigen Erledigungen aufgrund von kürzeren Dauern zustande kamen. Dies könnte ein Hinweis sein, dass bei der Terminplanung Sicherheitspuffer eingeplant oder die Dauern überschätzt wurden. Dennoch traten Verzögerungen von Terminen in der anschließenden Hauptaufgabe 3 „Entwicklung eines smarten Mehrwegboxen-Prototyps" auf. Dies hatte verschiedene Gründe:

a. Nachdem das „Pflichtenheft erstellt" war, konnten unverzüglich die Bestellungen der benötigten Komponenten vorgenommen werden. Jedoch wurden einige Materialien aufgrund globaler Lieferengpässe während der Corona-Krise fast fünf Monate verzögert geliefert, weil teilweise neue Lieferant*innen gefunden werden mussten. Dies führte schließlich zu einer Verspätung des Anfangstermins von Vorgang 3.4.2 „Bau des Boxensystems".

b. Bei der Teilaufgabe 3.3 „Softwaretechnische Entwicklungen" kam es ebenfalls zu Verzögerungen. Der Fortschritt der Entwicklungen sollte zum Statustermin bei 59 % liegen; tatsächlich beträgt er jedoch 55 %. Der Grund ist, dass mit der Aufgabe 3.6 „Implementierung sämtlicher Komponenten" zwar begonnen wurde, aber ein Rückstand bei den zu erledigenden Arbeiten besteht. Dies könnte ein Indiz sein, dass das Team während der Entwicklungsarbeiten mit unerwarteten Problemen konfrontiert wurde. ◀

3.1.3   Earned-Value-Analyse

Die **Earned-Value-Analyse** (Deutsch: Ertragswert- oder Fertigstellungswertanalyse) ermöglicht ein integriertes Controlling. Dabei können mittels dreier Kostenvariablen, gemessen zu einem bestimmten Kontrolltermin (z. B. das aktuelle Projektstatusdatum), Rückschlüsse über den Projektfortschritt, Aussagen über die Einhaltung des Budgets und Prognosen über den voraussichtlichen Projektausgang getroffen werden (Marx & Klotz, 2020, S. 58; Project Management Institute, 2017, S. 69, 2021, S. 101, 105; Tim Weinbrecht, o. J.).

Da in diesem Lehrbuch die Planung und das Controlling des Beispielprojektes DigiCirCont überwiegend mit MS Project durchgeführt wurden, sind nachfolgend die Kennzahlen-Bezeichnungen der deutschen Version von MS Project fett hervorgehoben. Zwecks Lernunterstützung sind zusätzlich die in der Literatur gängigen alternativen sowie die englischen Bezeichnungen und Abkürzungen angeführt.

Die **Ist-Kosten der bereits abgeschlossenen Arbeit (IKAA**; Englisch: *ACWP, Actual Cost of Work Performed; AC, Actual Cost*) stellen die kumulierten Kosten dar, die für die erledigte Arbeit bis zum betrachteten Termin entstanden sind (Summe der Personalkosten und zusätzliche Kosten):

$$IKAA = \text{Ist} - \text{Kosten} \times \text{Ist} - \text{Arbeit} \qquad \text{(Gl. 3.1)}$$

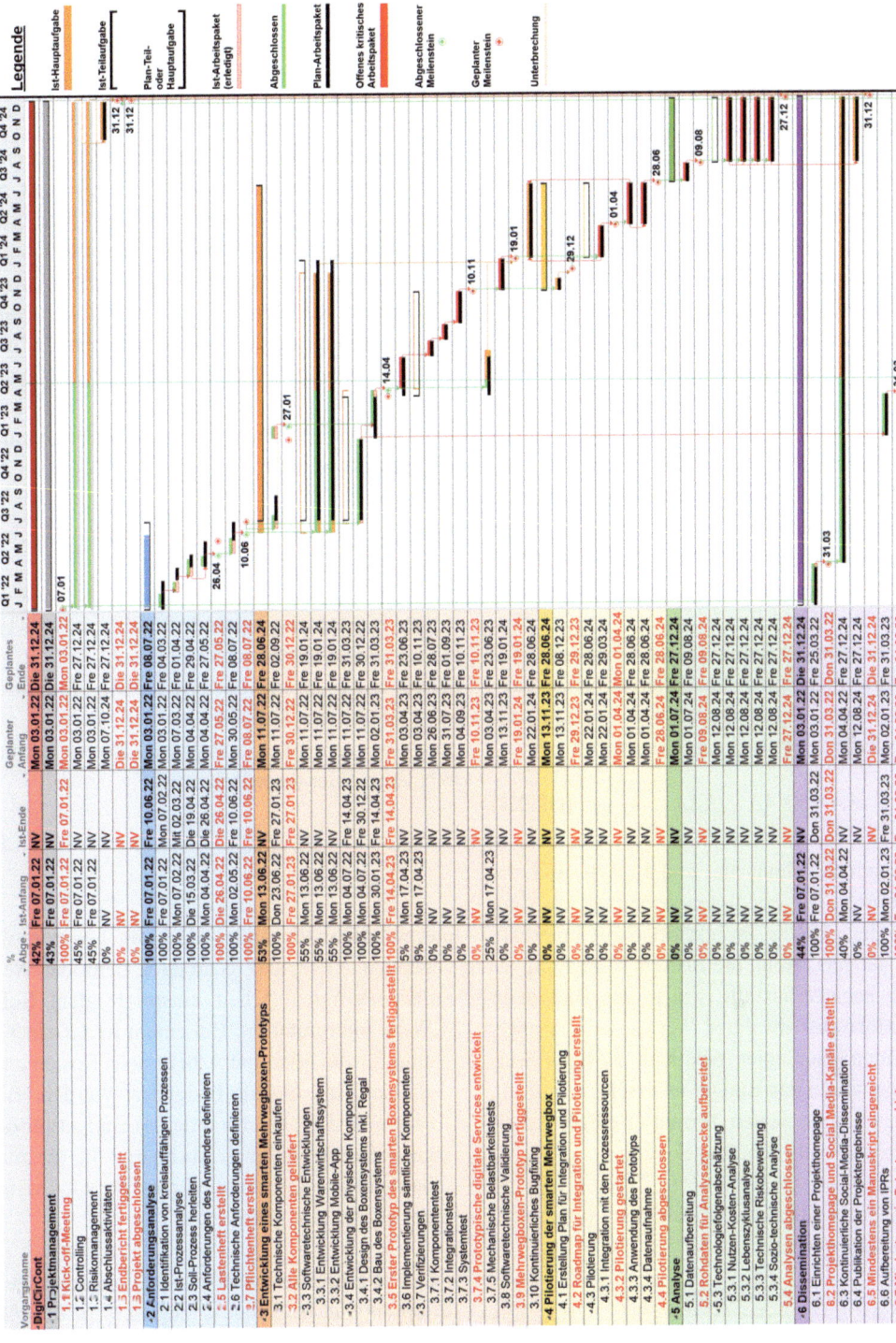

Abb. 3.6 Der Doppelbalkenplan von DigiCirCont zum Statusdatum 5. Mai 2023

Die **Soll-Kosten der berechneten Arbeit** (**SKBA**; Englisch: *BCWS, Budgeted Cost of Work Scheduled;* auch: *PV, Planned Value*) stellen die kumulierten budgetierten Kosten für die geplante Arbeit bis zum betrachteten Termin dar:

$$SKBA = Soll-Kosten \times Soll-Arbeit \quad \text{(Gl. 3.2)}$$

Die **Soll-Kosten der bereits abgeschlossenen Arbeit** (**SKAA**; Englisch: *BCWP, Budgeted Cost of Work Performed;* auch: *EV, Earned Value*) stellen den sogenannten Ertragswert oder Fertigstellungswert dar, der den kumulierten, budgetierten Kosten für die erledigte Arbeit bis zum betrachteten Termin entspricht:

$$SKAA = Soll-Kosten \times Ist-Arbeit \quad \text{(Gl. 3.3)}$$

Aus diesen drei Kostenvarianten können die nachfolgenden Abweichungen in Geldeinheiten oder Prozente zum betrachteten Termin errechnet werden (Marx & Klotz, 2020, S. 58; Project Management Institute, 2017, S. 69, 2021, S. 101, 105; Tim Weinbrecht, o. J.).

Die **Kostenabweichung** (**KA**; Englisch: *CV, Cost Variance*) entspricht der Differenz den Ist-Kosten der bereits abgeschlossenen Arbeit und den Soll-Kosten der bereits abgeschlossenen Arbeit:

$$KA = SKAA - IKAA \quad \text{(Gl. 3.4)}$$

Interpretation: Wenn die Soll-Kosten und die Ist-Kosten der erledigten Arbeit gleich sind, liegt der aktuelle Projektfortschritt innerhalb des Budgets. Wenn die Kostenabweichung jedoch negativ ausfällt, wurde das Budget in der Höhe des absoluten Wertes der KA überschritten. Bei einer positiven Kostenabweichung wurde das Budget unterschritten; d. h., die zum betrachteten Termin erledigte Arbeit hat weniger als geplant gekostet.

Die Kostenabweichung kann auch prozentual ausgedrückt werden:

$$KAP = \frac{\left(SKAA - IKAA\right)}{SKAA} \times 100 \quad \text{(Gl. 3.5)}$$

Die **Planabweichung** (**PA**; Englisch: *SV, Schedule Variance*) entspricht der Differenz zwischen den Soll-Kosten der berechneten Arbeit und den Soll-Kosten der bereits abgeschlossenen Arbeit:

$$PA = SKAA - SKBA \quad \text{(Gl. 3.6)}$$

Interpretation: Wenn SKAA und SKBA gleich sind, liegt der aktuelle Projektfortschritt im Plan, d. h., es wurde genau so viel Arbeit erledigt wie geplant. Wenn die Planabweichung negativ ausfällt, befindet sich der Projektfortschritt im Rückstand. Bei einer positiven Planabweichung wurde bis zum betrachteten Termin bereits mehr Arbeit erledigt als geplant.

Die Planabweichung kann auch prozentual ausgedrückt werden:

$$PAP = \frac{\left(SKAA - SKBA\right)}{SKBA} \times 100 \quad \text{(Gl. 3.7)}$$

Der **Kostenleistungsindex** (**KLI**; auch: KEI, Kostenentwicklungsindex; Englisch: *CPI, Cost Performance Index*) entspricht dem Verhältnis zwischen den Soll-Kosten der bereits abgeschlossenen Arbeit und den Ist-Kosten der bereits abgeschlossenen Arbeit:

$$KLI = \frac{SKAA}{IKAA} \quad \text{(Gl. 3.8)}$$

Interpretation: Bei einem KLI von 1 wurde mit geplanter Effizienz gearbeitet, denn der Wert der erledigten Arbeit entspricht dem Soll-Wert. Interpretation: Bei einem KLI kleiner 1 sind für die erledigte Arbeit mehr Kosten entstanden, als hierfür budgetiert wurden. Bei einem KLI größer 1 wurde das Budget für die geleistete Arbeit unterschritten; d. h., die zum betrachteten Termin erledigte Arbeit hat weniger als geplant gekostet.

Der **Planleistungsindex** (**PLI**; auch: TEI, Terminentwicklungsindex; Englisch: *SPI, Schedule Performance Index*) entspricht dem Verhältnis zwischen den Soll-Kosten der bereits abgeschlossenen Arbeit und Soll-Kosten der berechneten Arbeit:

$$PLI = \frac{SKAA}{SKBA} \qquad \text{(Gl. 3.9)}$$

Interpretation: Bei einem PLI von 1, liegt der aktuelle Projektfortschritt im Plan, d. h., es wurde genau so viel Arbeit erledigt wie geplant. Bei einem PLI kleiner 1 befindet sich der Projektfortschritt im Rückstand. Bei einem PLI größer 1 wurde bis zum betrachteten Termin bereits mehr Arbeit erledigt als geplant.

Beim Betrachten dieser Kontrollwerte über den zeitlichen Verlauf lassen sich zusätzlich Prognosen über den bevorstehenden Projektverlauf und den möglichen Ausgang anstellen (Abb. 3.7) (Marx & Klotz, 2020, S. 58; Project Management Institute, 2017, S. 69, 2021, S. 101, 105; Tim Weinbrecht, o. J.).

Die **berechneten Kosten** (**BK**; auch: EGK, erwartete Gesamtkosten; Englisch: *EAC, Estimate at Completion*) entsprechen den erwarteten Gesamtkosten zum geschätzten Projektende. Die

berechneten Kosten werden anhand des zeitlichen Verlaufs der erledigten Arbeiten und der Ist-Kosten bis zum betrachteten Termin prognostiziert (unter der Annahme, dass die bisherigen Entwicklungen für die zukünftigen Prognosen ausreichend relevant sind):

$$BK = IKAA + \frac{(PK - SKAA)}{KLI} \qquad \text{(Gl. 3.10)}$$

Die **Abweichung nach Abschluss** (**ANA**; auch: GKA, Gesamtkostenabweichung; Englisch: *VAC, Variance at Completion*) entspricht der Differenz zwischen den berechneten Kosten und den **Plan-Kosten** (**PK**; Englisch: *BAC, Budget at Completion*), die bis zum Projektende bei der Planung budgetiert wurden:

$$ANA = PK - BK \qquad \text{(Gl. 3.11)}$$

Interpretation: Wenn die ANA negativ ausfällt, wird das Projekt bis zum geschätzten Projektende voraussichtlich das geplante Budget in der Höhe des absoluten Wertes der ANA

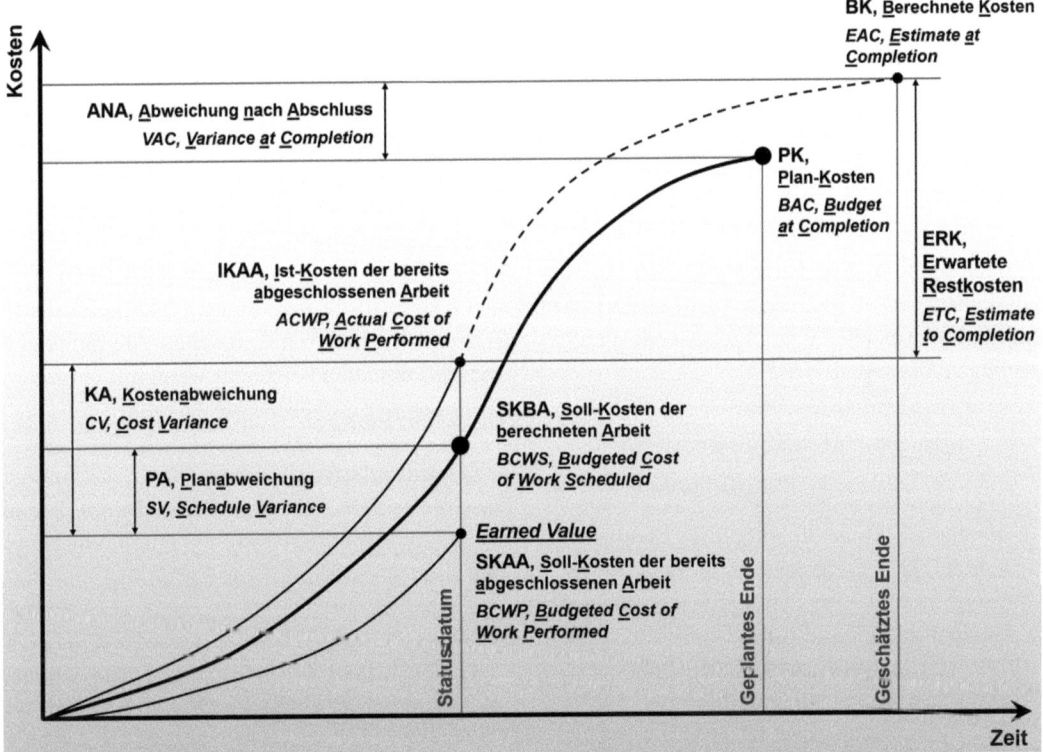

Abb. 3.7 Earned-Value-Analyse

überschreiten. Bei einer positiven ANA ist eine Unterschreitung des geplanten Projektbudgets zu erwarten.

Der **Abschlussleistungsindex** (**ALI**; auch: LI, zu erbringender Leistungsindex; Englisch: *TCPI, To-Complete Performance Index*) entspricht folgendem Verhältnis:

$$ALI = \frac{(PK - SKAA)}{(PK - IKAA)} \quad \text{(Gl. 3.12)}$$

Interpretation: Der ALI stellt den Kostenleistungsindex dar, der bis zur Erreichung des Budgets (oder den angepeilten Zielkosten) aufrechterhalten werden muss. Interpretation: Bei einem ALI von 1 kann das Budgetziel mit der bisherigen Effizienz der Arbeiten (KLI) erreicht werden. Bei einem ALI größer als 1 muss effizienter (sparsamer) gearbeitet werden. Wenn der ALI kleiner als 1 ausfällt, kann bis zum voraussichtlichen Projektende ineffizienter, d. h. „verschwenderischer" im Sinne des Budgetverbrauchs, gearbeitet werden.

Die **erwarteten Restkosten** (**ERK**; Englisch: *ETC, Estimate to Complete*) der Differenz zwischen den berechneten Kosten und den Ist-Kosten der bereits abgeschlossenen Arbeit:

$$ERK = IKAA - BK \quad \text{(Gl. 3.13)}$$

Interpretation: Die ERK stellen die voraussichtlichen Kosten dar, die ab dem betrachteten Termin bis zum geschätzten Projektende anfallen werden.

Eine Earned-Value-Analyse zur Fortschrittskontrolle in DigiCirCont

Die Earned-Value-Analyse zum Statusdatum 5. Mai 2023 ergab, dass der aktuelle Projektfortschritt fast dem Plan entspricht, denn die Planabweichung fällt mit rund € 16.600,– (PA) relativ niedrig aus. Jedoch übersteigen die Ist-Kosten der abgeschlossenen Arbeiten

(IKAA) um mehr als € 73.600,– (KA) die entsprechenden Soll-Kosten (SKAA, *Earned Value*) (Abb. 3.8).

Diese relativ hohe Budgetüberschreitung hat damit zu tun, dass es bedingt durch die Corona-Pandemie zu teilweisen Lieferausfällen kam. Deshalb mussten alternative Komponenten von anderen Lieferant*innen bestellt werden, die jedoch teurer waren als die ursprünglich im Budget geplanten Komponenten. Diese potenzielle Budgetüberschreitung hätte bei der Kostenplanung als Risikofaktor berücksichtigt werden sollen.

Da jedoch für dieses Forschungsprojekt von der Fördergebergesellschaft keine zusätzlichen Förderzuschüsse zu erwarten waren, bedeutete diese Information für das Projektteam, bei der Erledigung der restlichen Aufgaben effizienter arbeiten zu müssen (ALI = 1,11 > 1), um das ursprüngliche Budget von € 1.644.992,– (PK) nicht noch weiter zu überschreiten. ◄

3.1.4　Kumulierte Cashflow-Analyse

Projektkosten, die im Laufe des Projektes anfallen, müssen früher oder später finanziert werden. Mittels der **kumulierten Cashflow-Analyse** kann ermittelt werden, wann und in welchem Ausmaß die Erträge des Projektes die anfallenden Kosten ausgleichen.

Der Cashflow CF_t zu einem bestimmten Termin t kann (nach der direkten Methode) durch Bildung der Differenz zwischen Auszahlungen und Einzahlungen berechnet werden:

$$CF_t = \text{Einzahlungen}_t - \text{Auszahlungen}_t \text{ (Gl. 3.14)}$$

Der **kumulierte Cashflow** CF_k ist die Summe der (n) Cashflows seit dem Projektbeginn bis zu einem bestimmten Termin (z. B. ein Statusdatum oder das Projektende):

$$CF_k = \sum CF_n \quad \text{(Gl. 3.15)}$$

Ein positiver CF_k bedeutet, dass die Summe der Einzahlungsströme, die bis zum betrachteten

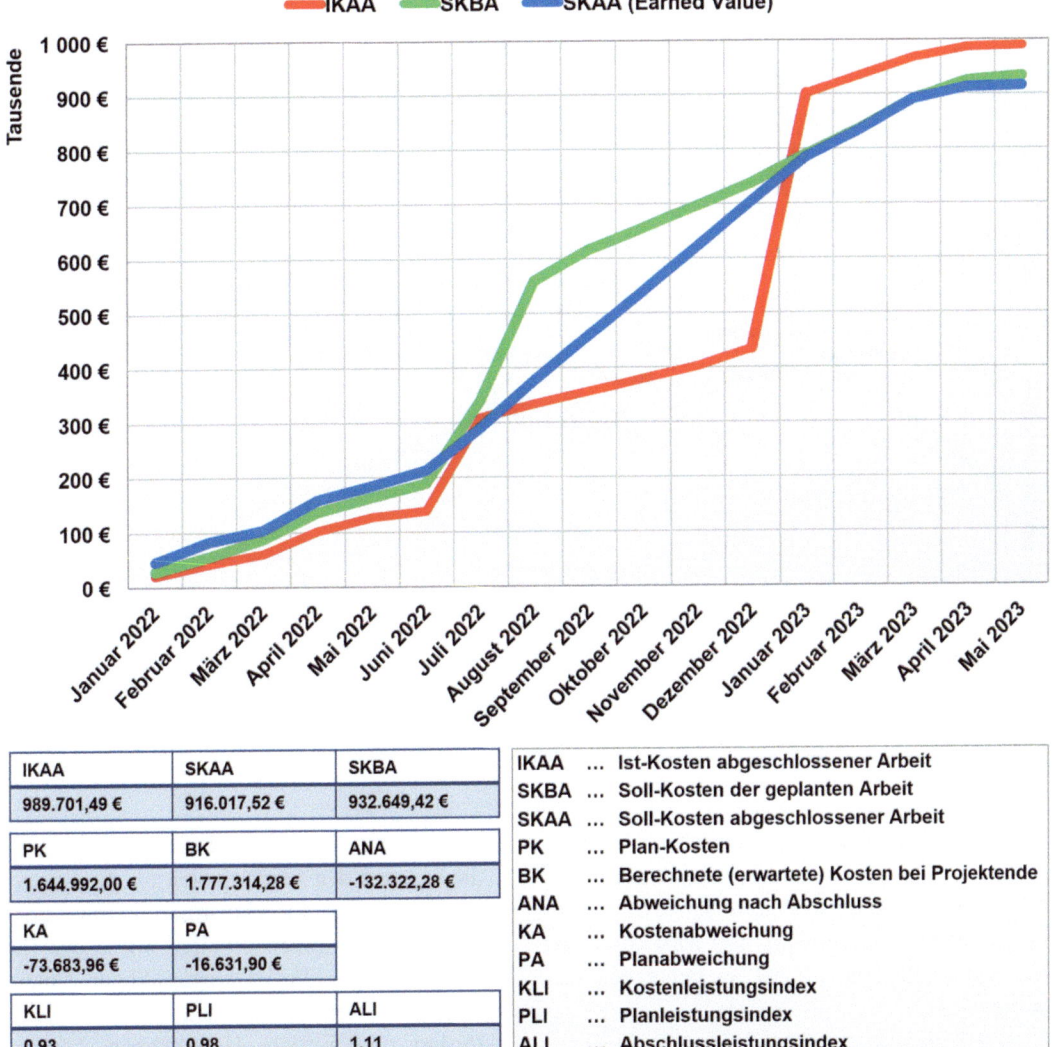

IKAA	SKAA	SKBA
989.701,49 €	916.017,52 €	932.649,42 €

PK	BK	ANA
1.644.992,00 €	1.777.314,28 €	-132.322,28 €

KA	PA	
----	----	
-73.683,96 €	-16.631,90 €	

KLI	PLI	ALI
0,93	0,98	1,11

IKAA	...	Ist-Kosten abgeschlossener Arbeit
SKBA	...	Soll-Kosten der geplanten Arbeit
SKAA	...	Soll-Kosten abgeschlossener Arbeit
PK	...	Plan-Kosten
BK	...	Berechnete (erwartete) Kosten bei Projektende
ANA	...	Abweichung nach Abschluss
KA	...	Kostenabweichung
PA	...	Planabweichung
KLI	...	Kostenleistungsindex
PLI	...	Planleistungsindex
ALI	...	Abschlussleistungsindex

Abb. 3.8   Earned-Value-Analyse von DigiCirCont zum Statusdatum 5. Mai 2023

Termin angefallenen Kosten ausgeglichen haben. Ein negativer CF_k deutet auf das Gegenteil hin; d. h., die Projektkosten müssen durch weitere Finanzierungen noch ausgeglichen werden.

Da sich Einzahlungs- und Auszahlungsströme über eine Periode verändern, wird die Entwicklung des CF_k zeitweise unausgeglichen verlaufen (positiv oder negativ). Um die Finanzierung der Projektkosten möglichst genau planen zu können, muss der CF_k auf eine Zeitachse projiziert werden (Abb. 3.9). Die Analyse des CF_k-Kurvenverlaufs lässt dann Rückschlüsse auf

mögliche finanzielle Risiken im Projekt zu, z. B. könnten ein häufiger Wechsel oder relativ hohe Extremwerte zwischen positivem und negativem CF_k auf ein Finanzierungsrisiko hindeuten.

Projiziert man zusätzlich zum geplanten Verlauf den tatsächlichen Verlauf des CF_k, bietet sich eine weitere Möglichkeit zum Monitoring der Kostenentwicklung im Projekt. Aufgrund von Veränderungen im Projektplan kann es durchaus zu abweichenden Projektkosten kommen. Die Gegenüberstellung des geplanten und des tatsächlichen CF_k-Verlaufs ist deshalb eine wichtige

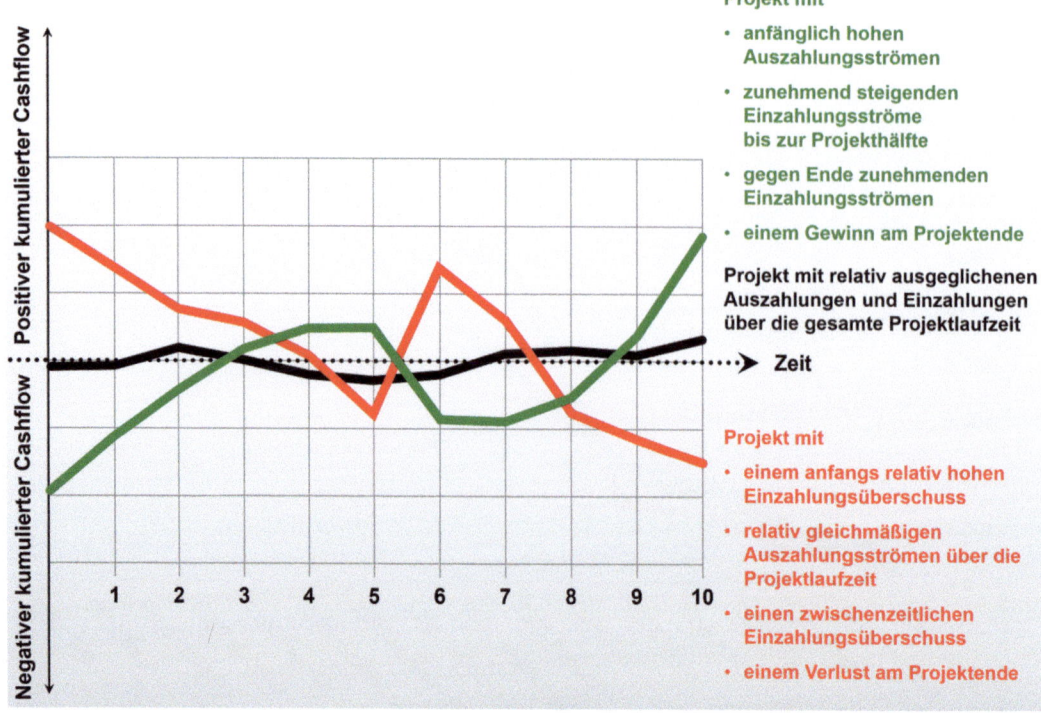

Abb. 3.9 Kumulierte Cashflow-Analyse von drei möglichen Projektszenarien

Entscheidungsgrundlage bei einer notwendigen Adaption von Finanzierungsmaßnahmen während der Projektlaufzeit. Eine derartige Cashflow-Gegenüberstellung (Plan vs. Ist) wird durch das Beispielprojekt DigiCirCont im Folgenden veranschaulicht.

Eine kumulierte Cashflow-Analyse von DigiCirCont

Ein Forschungsprojekt, wie DigiCirCont, wirft normalerweise keine kommerziellen Erträge ab, mit denen die Projektkosten finanziert werden könnten. Um dennoch Forschung zu ermöglichen, gibt es verschiedene Forschungsfonds, bei welchen eine zumindest teilweise Subvention des Forschungsvorhabens eingeworben werden kann.

Die Förderschiene hinter DigiCirCont hatte dem Projekt für eine Laufzeit von drei Jahren eine **Förderquote** von insgesamt 64 % der (im Forschungsvertrag festgelegten) förderbaren Projektkosten zugesichert. Diese

Förderquote ist eine Durchschnittsquote, die sich aus den Förderquoten für die Kosten der einzelnen Projektpartner ergibt; Forschungsinstitutionen erhalten 80 % der für sie anfallenden Projektkosten, kleine Unternehmen (Start-ups) werden mit 60 % gefördert und mittlere Unternehmen können Zuschüsse von maximal 40 % ihrer Projektkosten bekommen. Daraus ergeben sich in DigiCirCont die individuellen Förderquoten der Partner:

- Digitalization Institute: 80 %
- AI-Institute: 80 %
- BoxChain: 60 %
- Out-of-the-Box: 60 %
- A–Z Delivery: 40 %

Für die restlichen insgesamt 36 % der nichtsubventionierten Projektkosten (**Finanzierungslücke**) müssen die Projektpartner alternative Finanzierungen bereitstellen, wie z. B. Einnahmen aus dem operativen Geschäft oder zusätzliche Einnahmen aus anderen Fördermaßnahmen.

Ein weiterer Aspekt bei der (Teil-)Finanzierung durch einen oder eine Fördergeber*in ist die Verteilung der **Fördersumme** auf mehrere Überweisungstermine. Auch einmalige Überweisungen sind möglich; entweder vor Projektbeginn oder nach dem Projektende.

Im Falle der Förderschiene, die für DigiCirCont verwendet wurde, sind üblicherweise vier Überweisungstermine vorgesehen, wobei die Aufteilung der Fördersumme nicht gleich ist. Der größte Anteil wird zu Projektbeginn überwiesen, um einen erfolgreichen Start zu ermöglichen, während die restlichen Förderraten bis hin zur 4. Förderrate abnehmen.

In Abb. 3.10 sind die Beträge der jeweiligen Förderraten für DigiCirCont sowie die Termine der Überweisungen gelistet. Die Förderraten 2 bis 4 waren bzw. sind (zum Statusdatum 5. Mai 2023) erst nach einer positiven Beurteilung der Zwischenberichte bzw. des Endberichts fällig.

Die in Abb. 3.10 gelisteten vier Förderraten sind die primären Einzahlungen („Einnahmen") im Projekt DigiCirCont, womit sich eine kumulierte Cashflow-Analyse erstellen lässt. Die Finanzierungslücke teilt sich aufgrund der unterschiedlichen Förderquoten der Projektpartner auf die Partner auf und bleibt deshalb beim Controlling des gesamten Pro-

jektes unberücksichtigt. Die daraus resultierende Projektion des kumulierten Cashflows über die Projektlaufzeit (Plan) zeigt somit eine negative Tendenz, bis die Finanzierungslücke erreicht wird (Abb. 3.11). Die beiden Extremwerte im Verlauf des kumulierten Plan-Cashflows (März 2023 und März 2024) sind auf die Überweisungen der 2. und der 3. Förderrate zurückzuführen. Nach dem Projektende (Dezember 2024) bleibt die Kurve flach, da keine Ein- oder Auszahlungen bis zum Fälligkeitsdatum des Endberichts (März 2025) vorgesehen sind.

Die Gegenüberstellung mit dem Ist-Verlauf des kumulierten Cashflows (rot) zeigt tatsächlich Abweichungen, die auf die nötigen Einkäufe von teureren Komponenten bei alternativen Lieferant*innen mit höheren Einkaufspreisen zurückzuführen sind:

- Von Juli 2022 bis Dez 2022 fielen die Auszahlungen wegen der pandemiebedingten Lieferausfälle nicht wie geplant an.
- Erst im Januar 2023 sind die Auszahlungen wegen verspäteter Lieferungen der benötigten Komponenten ersichtlich.
- Zudem fallen diese Auszahlungen größer aus, da die Einkaufspreise bei den alternativen Lieferant*innen höher waren, als ursprünglich für die Komponenten budgetiert war.

Abb. 3.10 Teilfinanzierung des Forschungsprojektes DigiCirCont mit Fördermitteln

Geplante Projektkosten	−1 644 992,00 €	Termin
Maximale Fördersumme	1 052 794,88 €	
Förderquote gesamtes Projekt = 64 %		
1. Förderrate (40 % der Fördersumme)	421 117,95 €	01.01.2022: Projektbeginn
2. Förderrate (30 %)	315 838,46 €	31.03.2023: nach dem ersten Zwischenbericht
3. Förderrate (20 %)	210 558,98 €	31.03.2024: nach dem zweiten Zwischenbericht
4. Förderrate (10 %)	105 279,49 €	31.03.2025: nach dem Endbericht
Finanzierungslücke	−592 197,12 €	

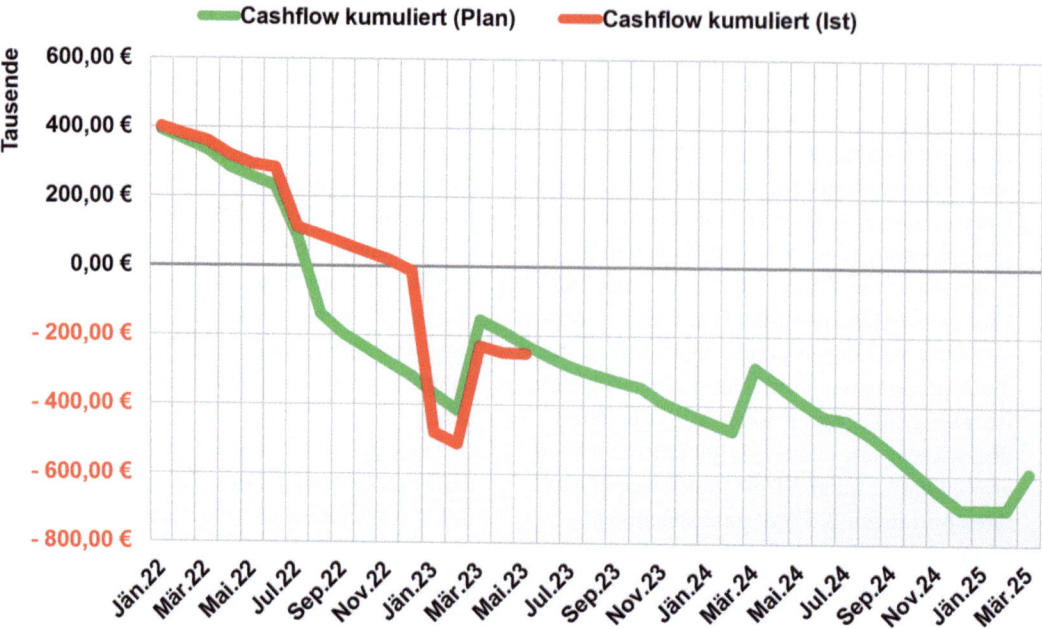

Abb. 3.11 Cashflow-Analyse von DigiCirCont zum Statusdatum 5. Mai 2023

Diese Abweichungen im kumulierten Ist-Cashflow erklären auch die Plan-Ist-Diskrepanzen in der Earned-Value-Analyse Abb. 3.8. ◀

3.2 Controlling in agilen Projekten

Beim agilen Ansatz muss berücksichtigt werden, dass im Gegensatz zum deterministischen Termin- und Ressourcencontrolling kein Basisplan als Referenz zur Fortschrittkontrolle herangezogen werden kann. Aufgrund des agilen, iterativen Vorgehens ist jederzeit mit Änderungen von Anforderungen zu rechnen, die eine neue Ausrichtung des Plans zur Folge haben würden. Deshalb wäre zu jedem Zeitpunkt ein ursprünglicher Basisplan als Referenz hinfällig.

Agile Projektmanagementmethoden setzen Lean-Konzepte für Optimierung und Effizienzsteigerung durch Empirie ein (Project Management Institute, 2017, S. 11, 61). In anderen Worten, es wird Erfahrung benötigt, um (genauere) Aussagen über bevorstehende Entwicklungen von benötigten Aufwänden treffen zu können.

Dies stellt insbesondere relativ unerfahrene Teams vor die Herausforderung, Aufwände von vorgesehenen Aufgaben möglichst genau zu schätzen.

In iterativen Projekten (Scrum) bestehen Unsicherheiten bezüglich der Machbarkeit in einem Iterations-Zyklus:

- Wie viele Tasks können in einem Sprint erledigt werden?
- Wie groß ist die Velocity des Teams?
- Wie viele Story Points haben die User Stories?
- Wie viel Zeit wird für die Erledigung eines Story Points benötigt?

In Projekten mit kontinuierlichem Arbeitsfluss (Kanban) wird man im Grunde mit der gleichen Problematik konfrontiert:

- Wie viel Zeit wird für ein Task benötigt?

Fragen wie diese können erst nach dem Vorliegen von Erfahrungswerten näher bestimmt werden. Dennoch müssen Schätzungen schon zu Beginn getroffen werden, z. B. zum Zwecke der Budgetierung. Dabei ist zu berücksichtigen, dass meist eine Tendenz besteht, ein Übermaß an Sicherheitspuffer einzuplanen (Timinger, 2017, S. 226), um die Gefahr der Verfehlung von Zeit- und Budgetzielen bestmöglich zu reduzieren.

Sobald mit den Arbeiten begonnen wurde, beginnt auch der Lernprozess in Bezug auf die Selbsteinschätzung und Effizienzsteigerung. Hat sich das Team eingearbeitet und kennt es seine Velocity bzw. seine eigenen Grenzen, können genauere Aussagen über die benötigten, zeitlichen Aufwände zur Erledigung bevorstehender Aufgaben und begleitender Risiken getroffen werden. Allerdings ist entlang des Projektverlaufs nach jeder Iteration bzw. zu jedem Zeitpunkt mit Anforderungsänderungen zu rechnen, weshalb sich die Notwendigkeit für eine Aktualisierung der Prognosen jederzeit ergeben kann.

Beispiel

Die mit Unsicherheiten verbundene Planung agiler Projekte und das Controlling sind vergleichbar mit dem Antritt einer Reise im Auto, die man von einem digitalen Navigationssystem planen hat lassen. Das System wählt eine „optimale" Route aus und prognostiziert eine Ankunftszeit, basierend auf der Annahme, dass diese Route mit einer bestimmten Durchschnittsgeschwindigkeit abgefahren wird. Erst nachdem man eine Weile unterwegs war, wird das Navigationssystem mit der bisher gemessenen Durchschnittsgeschwindigkeit und der tatsächlich gewählten Route eine Ankunftszeit mit höherer Sicherheit prognostizieren können. ◄

3.2.1 Burndown- und Burnup-Charts

Ein pragmatischer Ansatz zur Verfolgung des Projektverlaufs ist das Zählen der verbleibenden Aufgaben am Task Board in regelmäßigen Abständen (täglich beim Daily Scrum oder nach jedem Sprint-Ende). Der Verlauf der verbleibenden Aufgaben oder der noch offenen Story Points kann dann in einem sogenannten

Burndown-Chart dargestellt werden. Auf analoge Weise kann, anstelle der verbleibenden Aufgaben, auch die kumulierte Anzahl erledigter Aufgaben entlang des zeitlichen Verlaufs in einem **Burnup-Chart** analysiert werden (Abb. 3.12).

Liegt der Kurvenverlauf der verbleibenden Aufgaben im Burndown-Chart oberhalb bzw. der Kurvenverlauf der erledigten Aufgaben im Burnup-Chart unterhalb des prognostizierten Idealverlaufs, besteht ein Rückstand im Projektverlauf. Befindet sich jedoch der Kurvenlauf der verbleibenden Aufgaben im Burndown-Chart unterhalb bzw. im Burnup-Chart oberhalb, wurden bisher mehr Aufgaben als geplant erledigt (Project Management Institute, 2017, S. 62).

Die Steigung der Kurvenverläufe repräsentiert die relative Effizienz (Velocity). Zu Rückständen oder Vorsprüngen kommt es, wenn die Velocity des Teams niedriger bzw. höher ist als anfänglich angenommen (Project Management Institute, 2017, S. 64):

- Die Velocity ist niedriger als geplant – flacherer Kurvenverlauf im Vergleich zum prognostizierten Idealverlauf.
- Die Velocity ist höher als geplant – steilerer Kurvenverlauf im Vergleich zum prognostizierten Idealverlauf.

Zur Anpassung der Velocity in Sprint-Projekten gibt es situationsbedingt prinzipiell zwei Möglichkeiten:

- Anpassung des Sprint Plan
- Grooming des Product Backlog (siehe Abschn. 2.2.1)
- Reduktion bzw. Erhöhung der zur Erledigung geplanten Story Points pro Sprint

Allerdings sollte bei jeder Anpassung der Lerneffekt des Teams berücksichtigt werden. Bei zu geringer Velocity des Teams in den ersten Sprints kann bei entsprechenden Rahmenbedingungen (Teambuilding) nach den ersten Sprints mit einer Zunahme der Velocity in den nachfolgenden Sprints gerechnet werden.

Abb. 3.12 Burndown-Chart vs. Burnup-Chart. (In Anlehnung an Project Management Institute, 2017, S. 62)

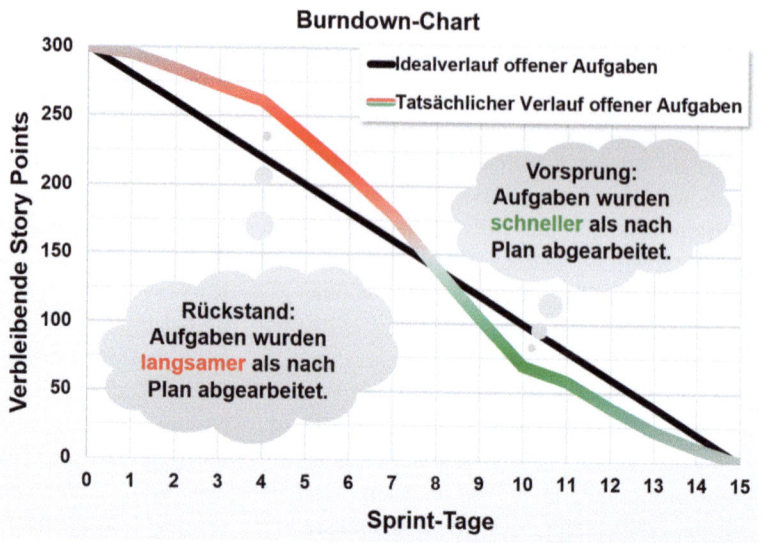

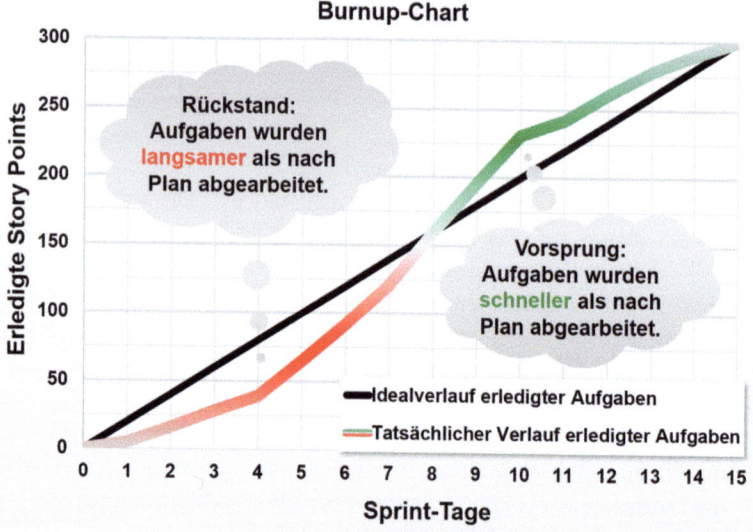

Beispiele für die Verwendung von Burndown- und Burnup-Charts zur Fortschrittskontrolle des Sprint Projektes (Teilaufgabe 3.3) „Softwaretechnische Entwicklungen" in DigiCirCont

Um zu demonstrieren, wie Burndown-Charts zur Fortschrittskontrolle einzelner Sprints in der Praxis analysiert werden können, sind in Abb. 3.13 die mit MS Project generierten Burndown-Charts der Sprints 1 und 2 zur „Entwicklung eines smarten Mehrwegboxen-Prototyps" im Projekt DigiCirCont dargestellt.

Die Burndown-Charts zeigen die entsprechenden Entwicklungen der Aufgabenerledigungen zum Projektstatusdatum 26. August 2022. Die grauen Trendlinien stellen die Erledigung der Aufgaben nach Plan dar, während die grünen Trendlinien die Erledigungen entsprechend den Ist-Terminen repräsentieren. Die rote Trendlinie repräsentiert noch offene Aufgaben.

Diese Entwicklungen der Aufgabenerledigungen sind auch in den jeweiligen Sprint-Plänen zu erkennen. Das obere Panel in Abb. 3.14 zeigt die Sprint-Pläne von Sprint 1 und Sprint

Abb. 3.13 Entwicklungen der Aufgabenerledigungen im abgeschlossenen Sprint 1 und im Sprint 2 zum Projektstatusdatum Freitag, 26.08.2022

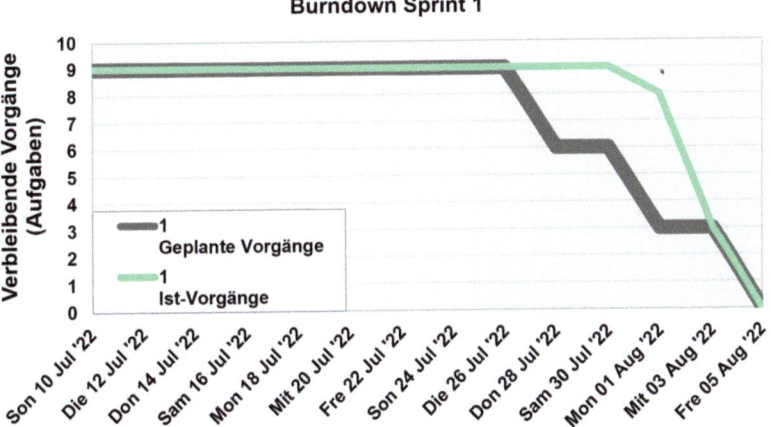

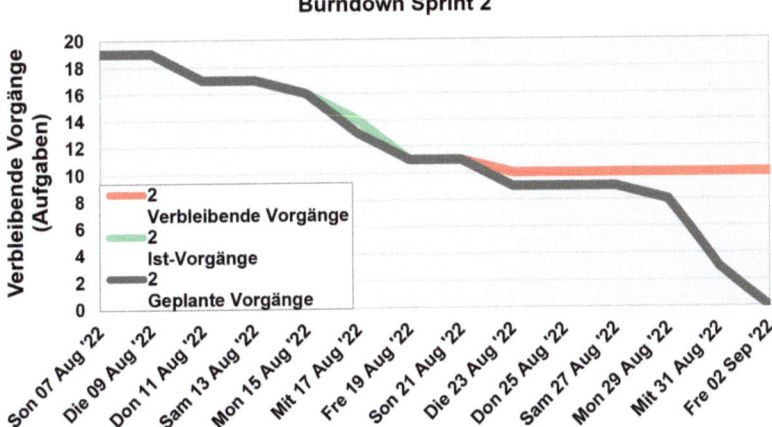

2 jeweils vor Beginn der Arbeiten (grau gefärbt). Dieselben Sprint-Pläne zum Projektstatusdatum 26. August 2022 sind im unteren Panel abgebildet. Die grüne Markierung von Aufgaben stellt den Status „abgeschlossen" dar. Die rote Markierung deutet auf eine Verspätung gegenüber den Plan-Terminen hin, während eine hellblaue Markierung signalisiert, dass der aktuelle Status der Abwicklung nach Plan verläuft.

Analyse des Sprint 1: Am Statusdatum Freitag, der 26. August 2022, war Sprint 1 bereits abgeschlossen. Zwischen Dienstag, dem 26. Juli, und Mittwoch, dem 3. August, kam es im Sprint 1 zur verzögerten Fertigstellung von Aufgaben, weshalb im Burndown Chart die grüne Linie der Ist-Vorgänge in diesem Zeitraum oberhalb der grauen Linie der Plan-Vorgänge verläuft. Dennoch wurden die Auf-

gaben rechtzeitig am geplanten Sprint-Ende abgeschlossen; die Ist-Trendlinie mündete, wie geplant, am Freitag, dem 5. August, in die x-Achse.

Analyse des Sprint 2: Im Falle von Sprint 2 ist zum aktuellem Statusdatum 26. August 2022 noch eine Woche zur Erledigung von Aufgaben vorgesehen. Im Sprint 2 kam es in der Woche vom 15. bis zum 19. August ebenfalls zu Verzögerungen in der Abwicklung von Aufgaben (siehe Burndown-Chart). Diese Rückstände konnten jedoch rasch aufgeholt werden, bis es ab Montag, dem 22. August, erneut zu Verzögerungen kam, die jedoch noch nicht kompensiert werden konnten.

Selbstverständlich können Burndown-Charts und Burnup-Charts auch zur Analyse der Velocity entlang des Release Plans herangezogen werden. In Abb. 3.15 ist der zeitliche Verlauf

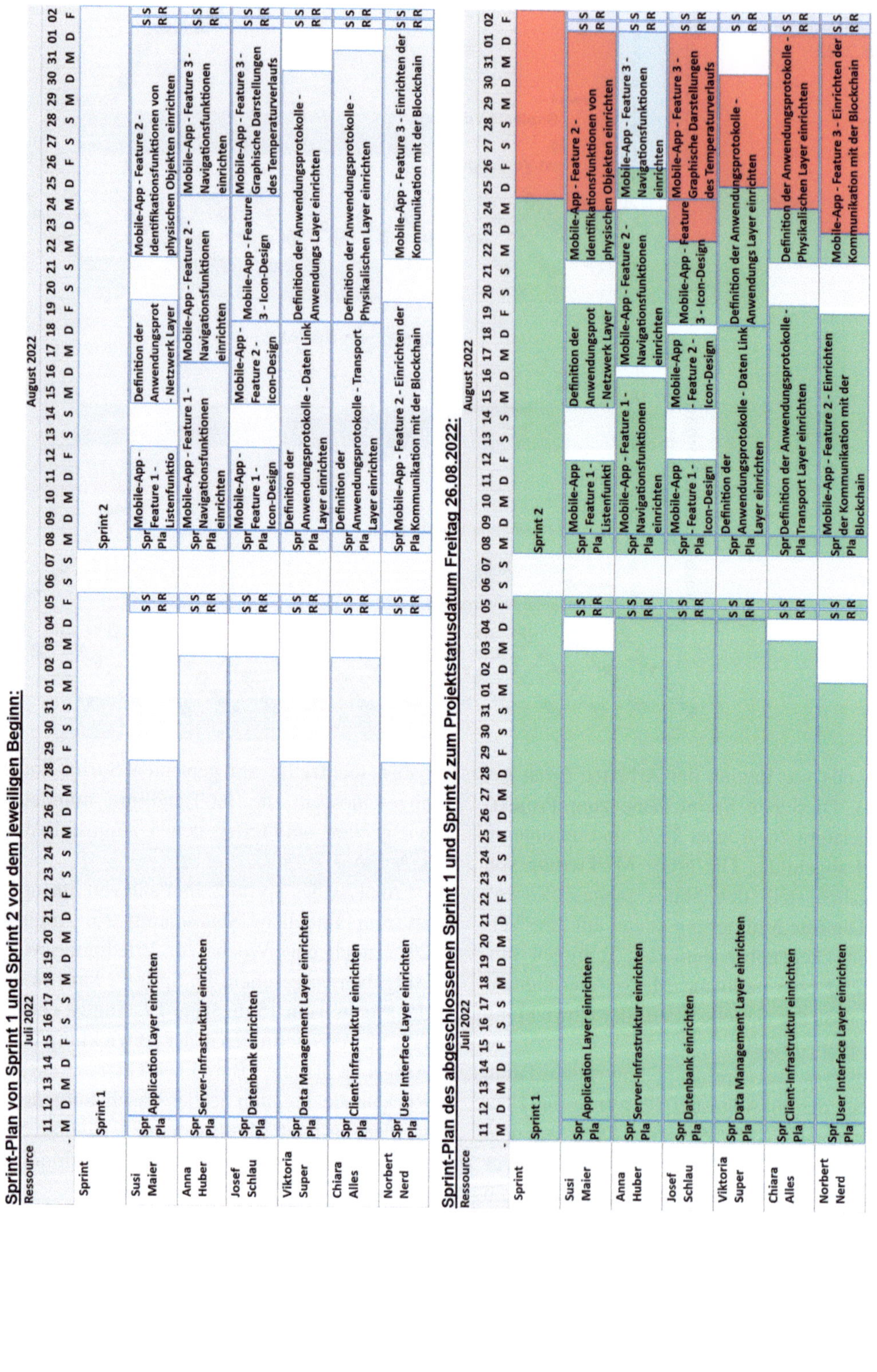

Sprint-Plan von Sprint 1 und Sprint 2 vor dem jeweiligen Beginn:

Sprint-Plan des abgeschlossenen Sprint 1 und Sprint 2 zum Projektstatusdatum Freitag 26.08.2022:

Abb. 3.14 Analyse des Fortschritts im abgeschlossenen Sprint 1 und des aktuellen Sprint 2 zum Statusdatum 26. August 2022 anhand der jeweiligen Sprint-Pläne

der erledigten Aufgaben zusammen mit der durchschnittlich geplanten Velocity bis zum Statusdatum 5. Mai 2023 geplottet. Es ist zu erkennen, dass das Team mit der Erledigung von Aufgaben kaum rückständig war. Erst im Sprint 10 entstand ein Rückstand. Dies könnte mit Veränderungen von Anforderungen zusammenhängen.

Zur genaueren Analyse soll die braune Kurve in Abb. 3.15 dienen, welche das gesamte Arbeitspensum im Product Backlog repräsentiert. Diese Kombi-Darstellung kann als **Variable-Scope-Release Burnup-Chart** bezeichnet werden (Rubin, 2012, S. 329), welcher den Verlauf der Entwicklungen realitätsnah abbildet, da sich in agilen Projekten Anforderungen jederzeit ändern können.

Im Falle von DigiCirCont wurde das Entwicklerteam im Sprint 10 mit neu erschienenen Aufgaben im Zusammenhang mit der „Imple-

mentierung" konfrontiert, deren Aufwand sie insgesamt als hoch bewerteten (40 zusätzliche Story Points). Außerdem mussten sie diesen Aufgaben (aufgrund von Abhängigkeiten) höhere Prioritäten zuschreiben und somit im Product Backlog vorreihen. Dies erklärt die plötzlich abflachende Velocity; das Team war offensichtlich mit der Situation überfordert.

Wegen des Rückstands im Sprint 10 ist folglich auch der aktuelle Fertigstellungsgrad am Sprint-Ende zum Statusdatum 5. Mai 2023 mit 55 % hinter die geplanten 59 % gerutscht (Abb. 3.6). Zur genaueren Ursachenanalyse bietet sich die Statusschrittmethode zur kumulativen Betrachtung des Fertigstellungsgrades nach jedem Sprint (Timinger, 2017, S. 461). Es sind Probleme bei der „Implementierung" im Sprint 10 erkennbar, denn es wurden nur zwei Story Points anstelle von 20 geplanten Story Points (Abb. 3.16) als erledigt angegeben.

Abb. 3.15 Burnup-Chart mit variablem Backlog (In Anlehnung an Rubin, 2012, S. 329)

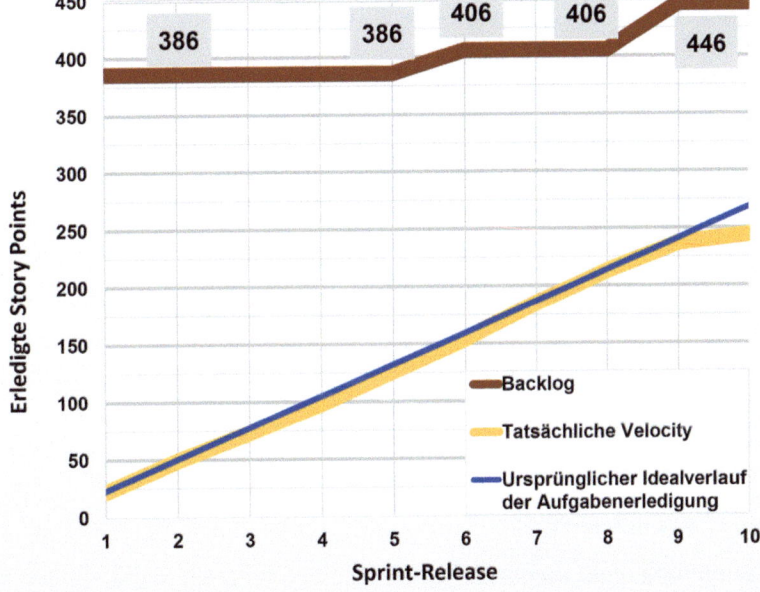

Sprinten	Arbeitspaket	Tatsächlicher Fertigstellungsgrad	Tatsächliche Story Points	Geplanter Fertigstellungsgrad	Geplante Story Points
Sprint 1	Server-/Systemarchitektur	4%	20	4%	20
Sprint 1	Mobile-App - User Interface	0%	2	0%	2
Fertigstellungsgrad nach Sprint 1		5%	22	5%	22
	Rest Sprint 1	0%	0		0
Sprint 2	Definition der Anwendungsprotokolle	4%	20	4%	20
Sprint 2	Mobile-App - Feature 1	1%	5	1%	5
Sprint 2	Mobile-App - Feature 2	0%	1	0%	1
Sprint 2	Mobile-App - Feature 3	0%	1	0%	1
Fertigstellungsgrad nach Sprint 2		11%	49	11%	49
	Rest Sprint 2	0%	0		0
Sprint 3	Entwicklung Schnittstellen	4%	18	4%	20
Sprint 3	Mobile-App - Feature 4	1%	5	1%	5
Sprint 3	Mobile-App - Feature 5	0%	1	0%	1
Fertigstellungsgrad nach Sprint 3		16%	73	17%	75
	Rest Sprint 3	0%	2		2
Sprint 4	Ansteuerung der RTI Infrastruktur	3%	15	4%	20
Sprint 4	Mobile-App - Feature 6	2%	8	2%	8
Fertigstellungsgrad nach Sprint 4		22%	98	23%	103
	Rest Sprint 4	1%	5		5
Sprint 5	Mobile-App - Feature 7	2%	8	2%	8
Sprint 5	Systemintegration	3%	15	4%	20
Fertigstellungsgrad nach Sprint 5		28%	126	29%	131
	Rest Sprint 5	1%	5		5
Sprint 6	Mobile-App - Feature 8	2%	8	3%	13
Sprint 6	Service Umsetzung - Stammdatenverwaltung	3%	15	4%	20
Fertigstellungsgrad nach Sprint 6		35%	154	37%	164
	Rest Sprint 6	1%	5		10
Sprint 7	Mobile-App - Feature 9	2%	8	3%	13
Sprint 7	Service Umsetzung - Tracking, Tracing, Kommissionierung	4%	18	4%	20
Fertigstellungsgrad nach Sprint 7		41%	185	44%	197
	Rest Sprint 7	2%	8		12
Sprint 8	Mobile-App - Integration mit dem Warenwirtschaftssystem	4%	20	4%	20
Fertigstellungsgrad nach Sprint 8		48%	213	49%	217
	Rest Sprint 8	1%	4		4
Sprint 9	Iterative Integrationstests aller entwickelten Komponenten	4%	20	4%	20
Fertigstellungsgrad nach Sprint 9		53%	237	53%	237
	Rest Sprint 9	0%	0		0
Sprint 10	Mobile-App - Feature 10	1%	5	1%	5
Sprint 10	Implementierung	0%	2	4%	20
Fertigstellungsgrad nach Sprint 10		55%	244	59%	262
Sprint 11	Mobile-App - Feature 11			1%	5
Sprint 11	Komponententest			3%	13
Fertigstellungsgrad nach Sprint 11				63%	280
Sprint 12	Mobile-App - Feature 12			1%	5
Sprint 12	Integrationstest			3%	13
Fertigstellungsgrad nach Sprint 12				67%	298
Sprint 13	Mobile-App - Feature 13			2%	8
Sprint 13	Verifizierung			4%	20
Fertigstellungsgrad nach Sprint 13				73%	326
Sprint 14	Systemtest und Bugfixing 1			4%	20
Fertigstellungsgrad nach Sprint 14				78%	346
Sprint 15	Systemtest und Bugfixing 2			4%	20
Fertigstellungsgrad nach Sprint 15				82%	366
Sprint 16	Validierung und Bugfixing 1			9%	40
Fertigstellungsgrad nach Sprint 16				91%	406
Sprint 17	Validierung und Bugfixing 2			9%	40
Fertigstellungsgrad nach Sprint 17				100%	446
Fertigstellungsgrad zum Statusdatum 5. Mai 2023		55%	244		

Abb. 3.16 Bestimmung des Fertigstellungsgrades der agil abgewickelten Teilaufgabe 3.3 „Softwaretechnische Entwicklungen" zum Statusdatum 5. Mai 2023 mittels der Statusschrittmethode (In Anlehnung an Timinger, 2017, S. 461)

Dies liefert weitere Indizien für Probleme bei der Entwicklung der Software, die bereits bei der Analyse des Doppelbalkenplans auftauchten (Abb. 3.6). ◀

3.2.2 Kanban Board analysieren

Bei der Anwendung des Kanban-Systems steht die Aufrechterhaltung des kontinuierlichen Arbeitsflusses im Vordergrund (d. h. die Bewegung der Tasks über das Kanban Board), denn dieser ist für den Projekterfolg entscheidend. Durch Zählen der Tasks in den einzelnen Status-Silos zu bestimmten Zeitpunkten kann der Arbeitsfluss im zeitlichen Verlauf anhand verschiedener Kennzahlen bestimmt werden (Abb. 3.17) (Project Management Institute, 2017, S. 65, 70; Timinger, 2017, S. 207):

- Die **Vorlaufzeit** entspricht der Zeitspanne vom Zeitpunkt, an dem ein Task für die nächste Bearbeitung übernommen wurde, bis zum Zeitpunkt der Fertigstellung.

- Die **Durchlaufzeit** entspricht der Summe aller Arbeitszeiten an einem Task in jedem Arbeitsschritt.

- Die **Reaktionszeit** entspricht der Zeitspanne vom Zeitpunkt, an dem ein Task für die nächste Bearbeitung übernommen wurde, bis zum Zeitpunkt, an dem die Arbeiten beginnen. Die Reaktionszeit berücksichtigt nur Tasks, an denen tatsächlich zu arbeiten begonnen wurde (bevor Tasks bearbeitet werden und sich im Status „Übernommen" befinden, können sie jederzeit aufgrund von Veränderungen im Backlog vom Kanban Board genommen und zurück in das Backlog verschoben oder komplett entfernt werden).

- **Work-in-Progress** (WIP) bezieht sich auf einen konkreten Arbeitsschritt und entspricht der gesamten Anzahl von Tasks in diesem Arbeitsschritt (bzw. der Summe der Tasks in den Sub-Silos „In Arbeit" und „Erledigt" des Arbeitsschritts).

- Der **Durchsatz** entspricht der Fertigstellungsrate von Tasks (pro Zeiteinheit).

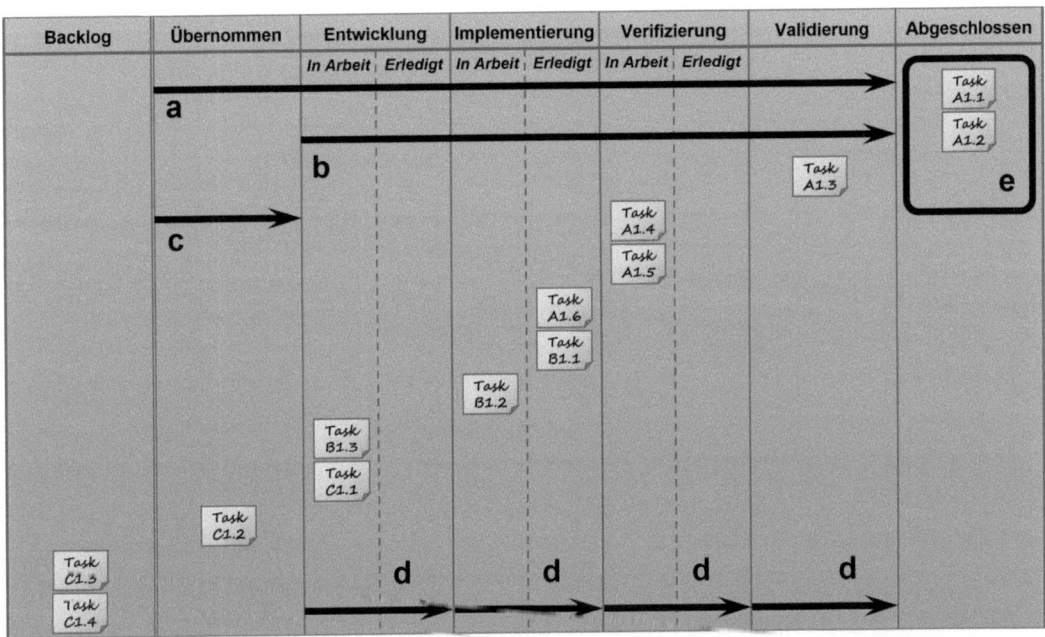

Abb. 3.17 Analyse des Arbeitsflusses am Kanban Board

Zusätzlich zu den Kennzahlen kann zwecks Analyse des Arbeitsflusses der zeitliche Verlauf der Anzahl der Tasks in den einzelnen Status-Silos in einem **kumulativen Flussdiagramm (KFD) der erledigten Arbeiten** dargestellt werden. Das beispielhafte KFD in Abb. 3.18 veranschaulicht die zuvor beschriebenen Kennzahlen (vgl. mit Abb. 3.17).

Die Analyse des KFD bietet die Möglichkeit, Hinweise auf Bottlenecks im Arbeitsfluss zu erkennen. Eine Abnahme der Anzahl von Tasks in einem oder mehreren Arbeitsschritten zeigt, dass die Arbeiten ins Stocken geraten sind. Durch genaueres Betrachten der Streifen, die den zeitlichen Verlauf der Anzahl von Tasks in den einzelnen Arbeitsschritten darstellen, kann man eventuell eruieren, wann die Tasks am Kanban Board „hängen geblieben" sind und in welchem Arbeitsschritt es zu einem möglichen Problem kam. Der rote, gestreifte Kreis in Abb. 3.18 deutet auf einen möglichen Zeitpunkt mit auftauchenden Problemen hin (zwischen den Zeitpunkten 15 und 18).

Ein kumulatives Flussdiagramm zur Analyse des Arbeitsflusses (am Kanban Board) in der Teilaufgabe „Entwicklung der physischen Komponenten" in DigiCirCont

Im Abschn. 3.1.2 wurde bei der Analyse des Beispielprojektes DigiCirCont zum Statusdatum 5. Mai 2023 erwähnt, dass es bedingt durch die Corona-Pandemie zu Verzögerungen bei der Lieferung benötigter technischer Komponenten kam. Die elektronischen Bauteile wurden erst Anfang Januar 2023 geliefert. Da die Teilaufgabe 3.4 „Entwicklung der physischen Komponenten" mittels Kanban abgewickelt wurde, kam es wegen der Lieferverzögerungen bei den Tasks der Buckets „Sensorik", „Kommunikationssystem", „Pick-by-Light System", „Energieversorgung" und „Software-Integration" (siehe Abb. 2.40) ab Januar 2023 zu einem vorübergehenden Stillstand. Im kumulativen Flussdiagramm der erledigten Arbeiten ist deshalb eine teilweise „Flussunterbrechung" im Zeitraum von Anfang Januar 2023 bis Februar

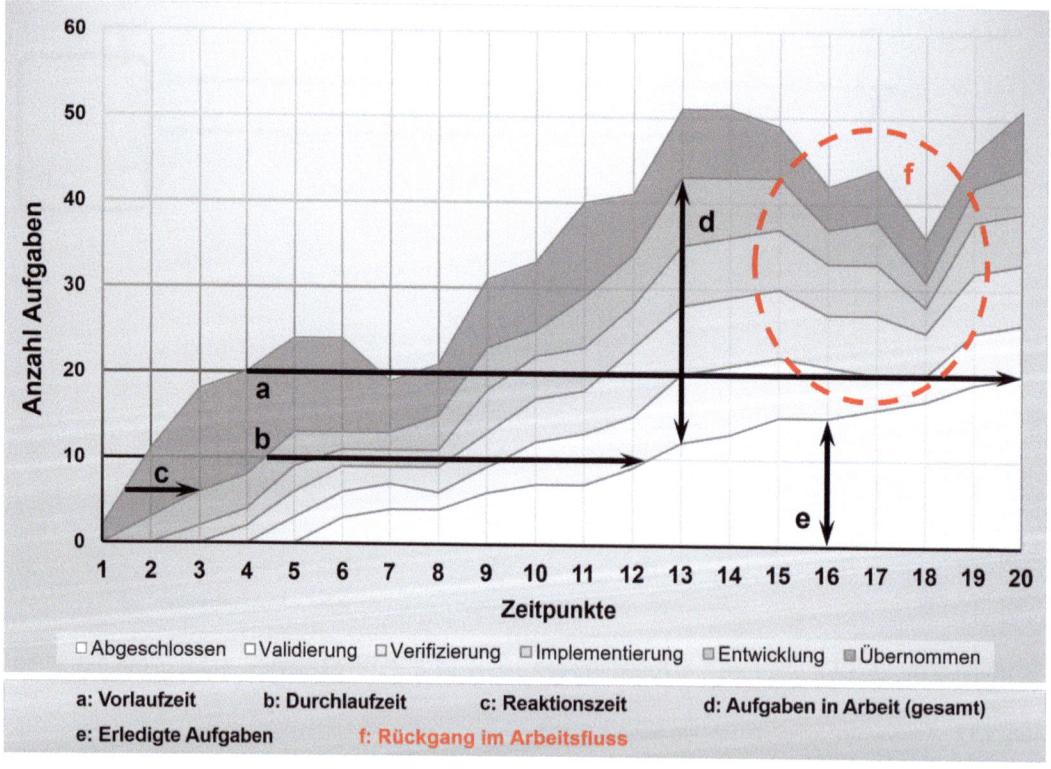

Abb. 3.18 Kanban-KFD-Analyse. (Project Management Institute, 2017, S. 70; Timinger, 2017, S. 207)

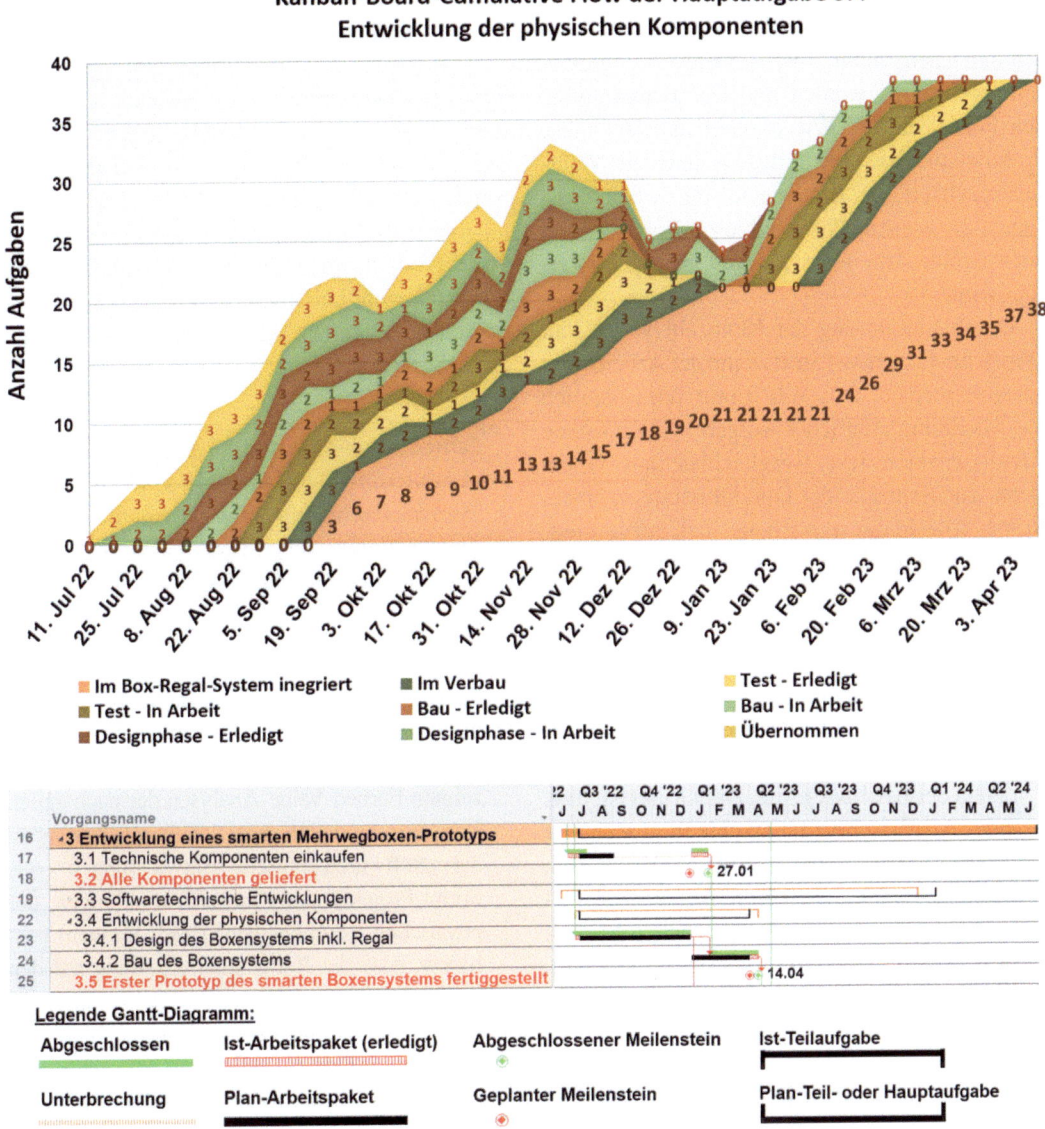

Abb. 3.19 Analyse des Kanban Boards im zeitlichen Verlauf, welches beim Bau des Box-Regal-Systems zur Visualisierung des Arbeitsflusses eingesetzt wurde

2023 erkennbar (Abb. 3.19). Die letzten Bauteile wurden bis Mitte April 2023 verbaut und der Meilenstein „Erster Prototyp des smarten Boxensystems fertiggestellt" am 14. April 2023, zwei Wochen hinter Plan, erreicht. ◄

3.2.3 Work-in-Progress-Limit

Die bisher genannten Kennzahlen und die Darstellung des Arbeitsflusses in einem KFD der erledigten Arbeiten bieten die Möglichkeit einer umfassenden Analyse des Arbeitsfortschritts zur Detektion möglicher Problemfelder. Diese können entstehen, wenn z. B. zu viele Tasks gleichzeitig bearbeitet werden und das Teammitglied den Fokus verliert. Wie reagiert man auf diese Problematik bzw. wie reduziert man die Wahrscheinlichkeit für Bottlenecks im Arbeitsfluss, sodass die Kanban-Philosophie zur Fokussierung auf einzelne Arbeiten (vgl. Abschn. 2.2.2.1) erfüllt wird?

Durch Limitierung der Kennzahl WIP-Limit (**Work-in-Progress-Limit**) kann der Arbeitsfluss geregelt werden. Das WIP-Limit setzt nämlich das Maximum möglicher Aufgaben in einzelnen Arbeitsschritten fest (vergleichbar mit einem Ventil zur Kontrolle der Durchflussrate in einem Rohr). Sowohl ein zu hoch als auch ein zu niedriges WIP-Limit können zu einem ungleichmäßigen Arbeitsfluss führen (Brechner & Waletzky, 2015, S. 10–12):

- Wenn das WIP-Limit, d. h. die Rate, mit der Tasks einen Arbeitsschritt passieren können, zu hoch ist, riskiert man einen Bottleneck in einem der Arbeitsschritte. Der Grund ist, dass jeder Arbeitsschritt unterschiedlich viel Zeit benötigt. Jeder Arbeitsschritt hat somit sein natürliches Durchflusslimit. In den Arbeitsschritten, wo Tasks länger bearbeitet werden, besteht eine größere Wahrscheinlichkeit, dass Tasks kumulieren („stecken bleiben"). Gleicht man jedoch die Anzahl der maximal bearbeitbaren Tasks in allen Arbeitsschritten mithilfe eines WIP-Limits an, generiert man theoretisch einen kontinuierlichen Arbeitsfluss.
- Wenn das WIP-Limit zu niedrig gesetzt wird, kann dies ebenfalls zu Problemen führen, z. B. besteht dann das Risiko, dass manche Arbeitsschritte unausgelastet bleiben.

3.2.4   Earned-Value-Analyse im agilen Projektmanagement

Für das Controlling agiler Projekte kann die Earned-Value-Analyse herangezogen werden (Abschn. 3.1.3). Allerdings muss bei ihrer Anwendung berücksichtigt werden, dass wegen möglicher Anforderungsänderungen während des Projektverlaufs im Vergleich zu deterministischen Projekten mehr Unsicherheiten in Bezug auf Prognosen bestehen (Project Management Institute, 2017, S. 69).

> **Earned-Value-Analysen der agil abgewickelten Teilaufgaben 3.3 „Softwaretechnische Entwicklungen" und 3.4 „Entwicklungen der physischen Komponenten" in DigiCirCont**

Die Earned-Value-Analyse auf der Ebene des gesamten Projektes DigiCirCont hat gezeigt, dass die Ist-Kosten am Statusdatum 5. Mai 2023 die Soll-Kosten der abgeschlossenen Arbeit übersteigen (Abb. 3.8). Aus den in Abb. 3.20 gezeigten Earned-Value-Analysen der nach agilen Vorgehensmodellen abgewickelten Teilaufgaben 3.3 „Softwaretechnische Entwicklungen" (als Sprint-Projekt) und 3.4 „Entwicklungen der physischen Komponenten" (nach Kanban) geht hervor, dass die Budgetüberschreitung auf den Bau des Box-Regal-Systems zurückzuführen ist.

Wie bereits erwähnt, wurden benötigte Bauteile verspätet geliefert (Abb. 3.6 und Abb. 3.19). Der Grund waren teilweise Lieferausfälle auf unbestimmte Zeit, weshalb alternative Bauteile bei anderen Lieferant*innen zu einem höheren Preis eingekauft werden mussten, um den Projektabschluss rechtzeitig innerhalb des geplanten Zeitrahmens sicherstellen zu können. ◀

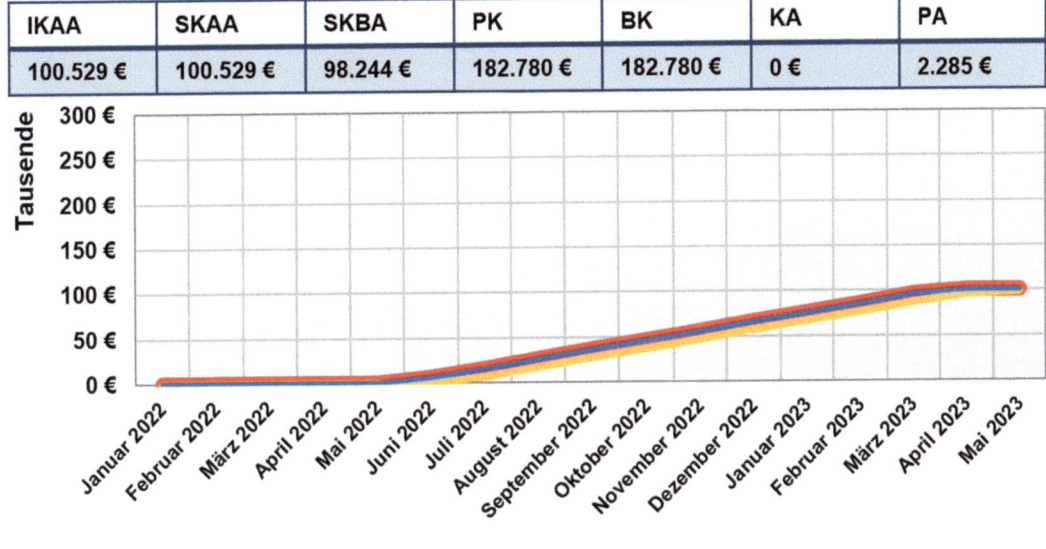

IKAA	SKAA	SKBA	PK	BK	KA	PA
100.529 €	100.529 €	98.244 €	182.780 €	182.780 €	0 €	2.285 €

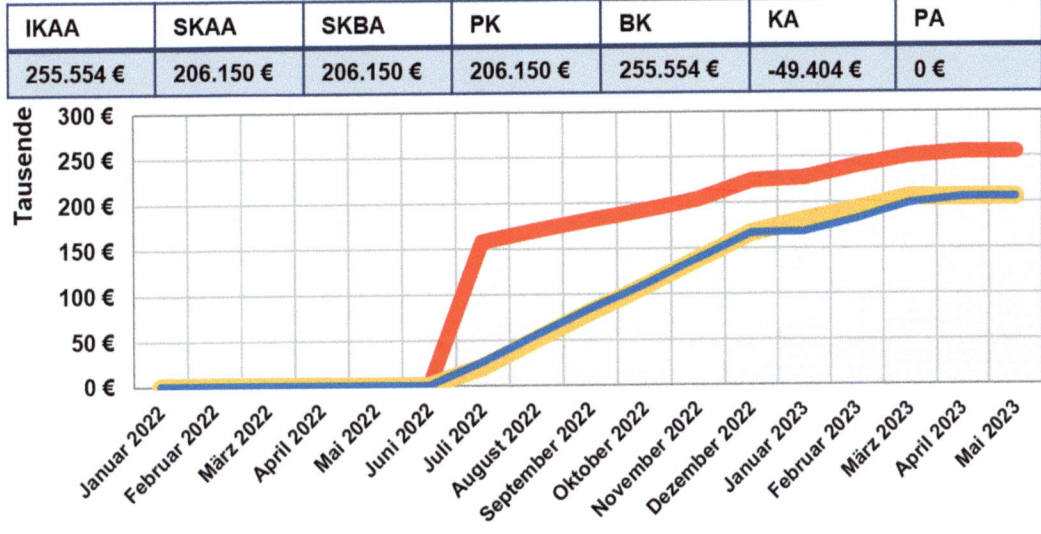

IKAA	SKAA	SKBA	PK	BK	KA	PA
255.554 €	206.150 €	206.150 €	206.150 €	255.554 €	-49.404 €	0 €

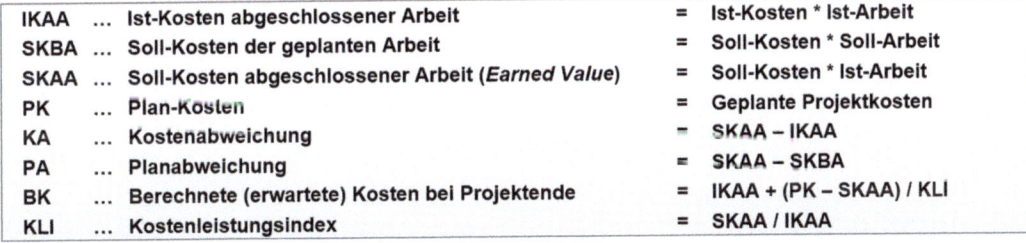

IKAA	...	Ist-Kosten abgeschlossener Arbeit	=	Ist-Kosten * Ist-Arbeit
SKBA	...	Soll-Kosten der geplanten Arbeit	=	Soll-Kosten * Soll-Arbeit
SKAA	...	Soll-Kosten abgeschlossener Arbeit (*Earned Value*)	=	Soll-Kosten * Ist-Arbeit
PK	...	Plan-Kosten	=	Geplante Projektkosten
KA	...	Kostenabweichung	=	SKAA – IKAA
PA	...	Planabweichung	=	SKAA – SKBA
BK	...	Berechnete (erwartete) Kosten bei Projektende	=	IKAA + (PK – SKAA) / KLI
KLI	...	Kostenleistungsindex	=	SKAA / IKAA

Abb. 3.20 Earned-Value-Analysen der agil abgewickelten Teilaufgaben 3.3 „Softwaretechnische Entwicklungen" und 3.4 „Entwicklungen der physischen Komponenten"

Literatur

Brechner, E., & Waletzky, J. (2015). *Agile project management with Kanban*. Microsoft Press.

Burghardt, M. (2012). *Projektmanagement: Leitfaden für die Planung, Überwachung und Steuerung von Projekten*. Publicis Publishing.

DIN-Gruppe. (2009) *DIN 69901-3:2009-01, Projektmanagement – Projektmanagementsysteme – Teil 3: Methoden*. Beuth Verlag GmbH.

Marx, S., & Klotz, M. (2020). Earned-Value-Analyse: Einführung und Beispiele, SIMAT Arbeitspapiere. *Hochschule Stralsund, Stralsund Information Management Team (SIMAT), Stralsund* (No. 12-20-036). https://www.econstor.eu/bitstream/10419/214916/1/1693125730.pdf. Zugegriffen am 27.06.2024.

Patzak, G., & Rattay, G. (2023). *Projektmanagement: Projekte, Projektportfolios, Programme und projektorientierte Unternehmen* (7., akt. Aufl.). *Linde international*. Linde Verlag Ges.m.b.H.

Project Management Institute. (2017). *Agile practice guide*. Project Management Institute.

Project Management Institute. (2021). *A guide to the project management body of knowledge: (PMBOK guide) (Siebte Ausgabe)*. Project Management Institute.

Rubin, K. S. (2012). *Essential scrum: A practical guide to the most popular agile process* (1. Aufl.). *Addison-Wesley Signature Series [Cohn]*. Addison-Wesley.

Weinbrecht, T. (o.J.). *MS Project 2013 – Übersicht der Verfügbaren Earned Value Spalten*. https://www.arksolutions.de/gs/project/blog/ms-project-2013-uebersicht-ueber-die-earned-value-spalten. Zugegriffen am 23.06.2024.

Timinger, H. (2017). *Modernes Projektmanagement: Mit traditionellem, agilem und hybridem Vorgehen zum Erfolg* (1. Aufl.). Wiley.

Windolph, A. (2015). *Die 135 besten Projektmanagement-Zitate*. https://projekte-leicht-gemacht.de/blog/lesestoff/die-75-besten-projektmanagement-zitate/#Projektalltag. Zugegriffen am 23.06.2024.

Resümee und Ausblick

Das vorliegende Lehrbuch hat das Ziel, eine praktisch orientierte Anleitung für angehende und leicht fortgeschrittene Projektmanager*innen zu liefern. Dabei war das zentrale Thema, nur „**so viel Theorie als unbedingt nötig**" zu liefern, was einen gewissen „**Mut zur Lücke**" erforderte. Im Ausgleich dafür soll die praktische Umsetzung der Methoden mit einem durchgehend geplanten Projekt möglichst praxisnah illustriert werden.

Für die softwaretechnische Unterstützung wurden MS Project und MS Excel gewählt, da diese aufgrund der Verfügbarkeit und Bekanntheit für viele angehende Projektmanager*innen die Software-Tools sind, welche zur Verfügung stehen oder am einfachsten zu erlangen sind. Bestimmte Limitationen oder Schwierigkeiten in der Bedienung (insbesondere bei MS Project) sind den Autoren bewusst, wurden aber aufgrund des pragmatischen Herangehens an das Thema Softwareunterstützung den Aspekten Verfügbarkeit und Bekanntheit untergeordnet.

Wie bereits zuvor erwähnt, gibt es keinen geschlossenen Rahmen für hybrides Projektmanagement. Vielmehr ermöglicht es eine „opportunistische" (im positiven Sinne des Wortes) Kombination von Methoden, die Möglichkeiten und die Stärken unterschiedlicher Ansätze auszunutzen. Das diesem Buch hinterlegte Projekt DigiCirCont soll exemplarisch zeigen, wie eine derartige hybride Projektplanung und -abwicklung erfolgen kann. Wir hoffen, dass dies zum Verständnis des hybriden Vorgehens und der sich daraus ergebenden Chancen beiträgt.

Hybrides Projektmanagement ist ein in Entstehung begriffener Ansatz, der sich kontinuierlich verändert. Die Kombination der Methoden des deterministischen Projektmanagements mit Werkzeugen des Lean-Managements und den agilen Methoden aus Softwareentwicklungsprojekten ist sicherlich eine Bereicherung und wird sich durch technologische Entwicklungen im Bereich des maschinellen Lernens und der künstlichen Intelligenz noch bedeutend erweitern und verändern.

Dahingehend wünschen wir unseren Lesern, auch persönlich agil zu bleiben, viel Vergnügen beim Studium dieses Buches und insbesondere umfassenden Erfolg bei allen zukünftigen Projekten!

© Der/die Herausgeber bzw. der/die Autor(en), exklusiv lizenziert an Springer Fachmedien Wiesbaden GmbH, ein Teil von Springer Nature 2025
W. Mayrhofer, G. Schneikart, *Hybrides Projektmanagement*, Forschung und Praxis an der FHWien der WKW, https://doi.org/10.1007/978-3-658-46536-0

Glossar

Ablauforganisation Die Ablauforganisation beschreibt, wie ein Prozess abläuft, in welcher Beziehung die Organisationseinheiten dabei zueinanderstehen, welche Aufgaben sie übernehmen und in welcher Weise sie miteinander zusammenarbeiten.

Ablaufplanung In der Ablaufplanung wird die logische Abfolge der einzelnen Arbeitspakete geplant.

Abschlussphase Die Abschlussphase beinhaltet mehrheitlich notwendige „Aufräumarbeiten", um das Projekt in einer geordneten Art und Weise zu Ende zu bringen.

Agile Handlungsprinzipien Die Autoren des agilen Manifests haben in den zwölf Handlungsprinzipien festgehalten, wie sie die agilen Werte im Beruf umsetzen.

Agile Werte Die agilen Werte fassen die Philosophie hinter dem agilen Vorgehen zusammen.

Anfangstermin Der Anfangstermin ist der Termin, an dem die Arbeiten an einem Vorgang laut Plan beginnen sollen (Plan-Anfang) oder tatsächlich begonnen wurden (Ist-Anfang). Er kann sich auf ein Projekt, eine Haupt- oder Teilaufgabe oder ein Arbeitspaket beziehen.

Anforderung an das Produkt Die Anforderungen an das Produkt bestimmen die Stakeholder*innen, allen voran der oder die Kund*innen bzw. der oder die User*innen.

Angebotsphase Die Angebotsphase kann als Teil der Startphase und als übergeordnete Phase der Explorations- und der Planungsphase betrachtet werden.

Anwender*in Bei Scrum bzw. Sprint-Projekten ist auch im Deutschen die englische Bezeichnung „User" gebräuchlich. Die User*innen stellen in agilen Projekten die wichtigste Stakeholder*innen-Gruppe dar.

Arbeitspaket Arbeitspakete sind die kleinsten Elemente eines Projektstrukturplans und können zu Sammelvorgängen, entweder Teilaufgaben oder Hauptaufgaben, zusammengefasst werden.

Arbeitsvorgang Ein Arbeitsvorgang kann eine Hauptaufgabe (ein Sammelvorgang), eine Teilaufgabe (ebenfalls ein Sammelvorgang) oder ein Arbeitspaket (kleinste Form von Arbeitsvorgängen) mit einer definierten Dauer der zugrunde liegenden Arbeiten sein.

Aufbauorganisation Aufbauorganisationen beschreiben hierarchische Strukturen und können grafisch in Form von Organigrammen dargestellt werden.

Aufgabe Eine Aufgabe ist eine zu erledigende Tätigkeit. In Projekten unterscheidet man zwischen Haupt- und Teilaufgaben, wobei Letztere Teil der Hauptaufgaben sind und aus mehreren Arbeitspaketen bestehen.

Ausführungsphase In der Ausführungsphase werden die Projektinhalte erarbeitet.

Backlog Das Backlog fasst alle noch offenen Aufgaben zusammen, welche in agilen Projekten als Tasks bezeichnet werden.

Balkendiagramm Das Balkendiagramm (auch Balkenplan oder Gantt-Chart genannt) basiert auf der Aufgabengliederung des Projektstrukturplanes und stellt diese Aufgaben in Relation zu einem Kalender dar.

Balkenplan Siehe Balkendiagramm.

Bedarfsermittlung Bei der Bedarfsermittlung wird ermittelt, welche Menge einer Ressource notwendig ist, um eine Aufgabe planmäßig durchführen zu können.

© Der/die Herausgeber bzw. der/die Autor(en), exklusiv lizenziert an Springer Fachmedien Wiesbaden GmbH, ein Teil von Springer Nature 2025
W. Mayrhofer, G. Schneikart, *Hybrides Projektmanagement*, Forschung und Praxis an der FHWien der WKW, https://doi.org/10.1007/978-3-658-46536-0

Buckets Der Begriff bezeichnet eine Gruppe von Tasks (Aufgaben) bei der Anwendung von Kanban.

Burndown-Chart Der zeitliche Verlauf von offenen Aufgaben oder noch zu erledigenden Story Points kann im Burndown-Chart dargestellt werden. Dadurch werden Rückstände oder Vorsprünge gegenüber dem Plan ersichtlich.

Burnup-Chart Der zeitliche Verlauf von abgeschlossenen (erledigten) Aufgaben oder Story Points kann im Burnup-Chart dargestellt werden. Dadurch werden Rückstände oder Vorsprünge gegenüber dem Plan ersichtlich.

Chance Mit einer bestimmten Wahrscheinlichkeit können auftretende finanzielle Konsequenzen positiv ausfallen (Nutzen). In diesem Fall spricht man von einer Chance. Im Gegensatz zu den Risiken wird bei einer Chance versucht, die Eintrittswahrscheinlichkeit sowie die finanziellen Konsequenzen zu erhöhen.

Daily Scrum Das Daily Scrum wird das tägliche Meeting bei der Anwendung von Scrum genannt, bei dem sich die Developer*innen über den Letztstand der Arbeiten und mögliche Adaptierungen des Sprint Backlog abstimmen.

Daily Standup Bei der Anwendung von Kanban, stellt das Daily Standup ein mit dem Daily Scrum vergleichbares, tägliches Meeting dar.

Dauer Die Dauer entspricht der Differenz zwischen dem Anfangstermin und dem Endtermin.

Definition of Done Die Definition of Done legt sämtliche Kriterien zur Erfüllung einer Anforderung fest.

Developer*in Der oder die Developer*in ist eine der drei Scrum-Rollen. Die Developer*innen erledigen die Arbeiten, die für den Sprint vorgesehen sind und im Sprint Backlog festgehalten werden. Sie sind auch für die Aktualität des Sprint Backlog zuständig.

Doppelbalkenplan Im Doppelbalkenplan wird jeder Aufgabe im Balkenplan, welcher der ursprünglichen Planung entspringt (Basisplan), ein weiterer Balken entsprechend den Ist-Terminen hinzugefügt, wodurch der Vergleich zwischen Soll- und Ist-Terminen samt terminlichen Konsequenzen ersichtlich wird.

Earned-Value-Analyse Die Earned-Value-Analyse ermöglicht ein integriertes Controlling mittels drei Kostenvariablen gemessen zu einem bestimmten Kontrolltermin. Dadurch können Rückschlüsse über den Projektfortschritt, Aussagen über die Einhaltung des Budgets und Prognosen über den voraussichtlichen Projektausgang getroffen werden.

Endtermin Der Endtermin ist der Termin, an dem die Arbeiten an einem Vorgang laut Plan enden sollen (Plan-Ende) oder tatsächlich abgeschlossen wurden (Ist-Ende). Er kann sich auf ein Projekt, eine Haupt- oder Teilaufgabe oder ein Arbeitspaket beziehen.

Engpassressource Eine Ressource wird zur Engpassressource, wenn entlang der Zeitachse eine Diskrepanz zwischen ihrer Verfügbarkeit und dem Bedarf nach ihr entsteht (Überbedarf) oder diese sehr kostenintensiv ist.

Epic Anforderungen werden als Epic bezeichnet, wenn die verfügbare Information unzureichend für eine Erledigung ist.

Estimation Meeting Scrum Teams schätzen im Estimation Meeting die Anzahl von Story Points einzelner User Stories.

Expert*innen-Pool Projektorganisation Entsprechend den personellen Anforderungen können Projektteams mit Expert*innen (aus einem Expert*innen-Pool heraus) zusammengestellt werden.

Explorationsphase Die Explorationsphase ist Teil der Startphase und liefert die Projektdefinition.

Finanzielle Ressource Finanzielle Ressourcen werden zur Finanzierung von Personal-, Material- und Informationsressourcen benötigt.

Finanzierungslücke Die Finanzierungslücke entspricht der Summe von ungedeckten Kosten.

Finanzierungsplan Im Finanzierungsplan werden die Finanzierungsquellen und die Einzahlungen aus diesen festgelegt.

Formalziele Die Formalziele legen die Bedingungen fest, die zur Realisierung der erwünschten Lösung nötig sind.

Förderquote Die Förderquote entspricht dem Anteil des Projektbudgets, der von einem oder einer Fördergeber*in subventioniert wird.

Fördersumme Die Fördersumme ist die Summe der finanziellen Zuschüsse und wird durch die Förderquote bestimmt.

Freie Puffer Der freie Puffer entspricht der Zeitspanne, in der die frühesten Termine eines Vorgangs verschoben werden können, ohne die frühesten Termine der nachfolgenden Vorgänge zu verschieben.

Fristenplanung Die Fristenplanung dient der Berechnung von Dauern der Arbeitspakete und ihrer gegenseitigen Abhängigkeiten sowie der Gesamtdauer des Projektes.

Frühester Termin Ein frühester Anfang und ein frühestes Ende sind die Termine, wann ein Arbeitsvorgang laut Plan frühestmöglich angefangen bzw. abgeschlossen wird.

Gantt-Chart Siehe Balkendiagramm.

Gesamtpuffer Der Gesamtpuffer entspricht der Zeitspanne, um die ein Arbeitsvorgang maximal verschoben werden kann.

Grooming Grooming ist ein Sammelbegriff für sämtliche Aktivitäten zur Veränderung von User Stories bzw. Product-Backlog-Einträgen.

Impediment Bei Scrum werden Probleme und Hindernisse als Impediments bezeichnet.

Impediment Backlog Der oder die Scrum Master*in protokolliert alle im Laufe der Entwicklungen auftretenden Impediments, und wie damit umgegangen wird, im Impediment Backlog.

Information (Ressource) Die Ressource Information fasst sämtliches Wissen zusammen, welches zur Verrichtung der Projektaufgaben benötigt wird.

Initialisierungsphase Die Initialisierungsphase kann als Teil der Vorprojektphase bzw. der Startphase definiert werden und steht somit am Beginn des Projektes. Sie wird durch eine Projektidee eingeleitet und dient der Überprüfung auf Projektwürdigkeit.

Increment Siehe Produktinkrement.

Ist-Kosten Die finanziellen Aufwände, die seit Projektbeginn bis zu einem betrachteten Termin im Projekt oder für einen Arbeitsvorgang tatsächlich angefallen sind, werden als Ist-Kosten bezeichnet.

Hauptaufgabe Als Hauptaufgabe wird die oberste Ebene (1. Ebene) von Sammelvorgängen bzw. Arbeitsvorgängen genannt. Hauptaufgaben lassen sich in Teilaufgaben oder Arbeitspakete (unterste Ebene von Arbeitsvorgängen) zergliedern.

Hybrides Projektmanagement Beim hybriden Projektmanagement werden Methoden, Rollen, Prozesse und Vorgehensmodelle unterschiedlicher Standards und Rahmenwerke zweckentsprechend kombiniert.

Kanban Kanban ist dem Lean-Thinking-Ansatz untergeordnet, kann teilweise als agile Vorgehensweise betrachtet werden und zeichnet sich aus durch a) das Bestreben, einen kontinuierlichen Arbeitsfluss zur Lieferung von Produktinkrementen aufrechtzuerhalten, sowie b) die Philosophie des Pull-Prinzips zur selbstständigen Zuteilung von Aufgaben.

Kanban Board Das Kanban Board dient zur Visualisierung und Kontrolle des Arbeitsflusses nach Kanban.

Kapazitätsplanung Die Kapazitätsplanung ist eine Ressourcenplanung unter Berücksichtigung individueller Kapazitäten der zugeteilten Ressourcen.

Konsortialführer In einem Projektkonsortium wird der Konsortialpartner, der das Projektmanagement übernimmt, als Konsortialführer bezeichnet.

Konsortialpartner In Konsortialprojekten setzt sich das Projektkonsortium aus mehreren Konsortialpartnern zusammen.

Konsortium Die Gesamtheit der Konsortialpartner in einem Konsortialprojekt wird als Konsortium bezeichnet.

Kostenermittlungsverfahren Beim (analytischen) Kostenermittlungsverfahren werden die Plan-Kosten basierend auf der Termin- und der Ressourcenplanung berechnet.

Kostenplanung Die Kostenplanung dient der Abschätzung der Projektkosten, um während der Projektabwicklung dem Projektmanagement zur richtigen Zeit die notwendigen finanziellen Mittel zur Verfügung stellen zu können.

Kritischer Pfad Die Vorgänge und die Meilensteine, zwischen denen sich keine oder die geringsten Pufferzeiten befinden, bestimmen das Projektende (bei der Vorwärtsterminierung) bzw. den Projektanfang (bei der Rückwärtsterminierung). Der kritische Pfad ist also jene Abfolge von Vorgängen (Pfad), welche bei einer Terminverschiebung zu einer Verzögerung des Projekt-Endtermins führen würde.

Kumulatives Flussdiagramm (KFD) der erledigten Arbeiten Bei der Anwendung von Kanban kann der zeitliche Verlauf der Anzahl der Tasks in den einzelnen Status-Silos in einem KFD der erledigten Arbeiten dargestellt werden, um mögliche Bottlenecks im Arbeitsfluss zu erkennen.

Kumulierter Cashflow Der kumulierte Cashflow ist die Summe aller Cashflows seit dem Projektbeginn bis zu einem betrachteten Termin.

Kumulierte Cashflow-Analyse Bei der Analyse des zeitlichen Verlaufs eines kumulierten Cashflows wird ersichtlich, wann Finanzierungscashflows benötigt werden.

Leistungsplanung In der Leistungsplanung werden die zur Bewältigung der Projektinhalte erforderlichen Arbeitsschritte durchgedacht und strukturiert.

Material Materialressourcen umfassen Sachanlagen und Betriebsmittel.

Matrix-Projektorganisation Als Mischung der Stab-Projektorganisation und der reinen Projektorganisation wird keine ausgegliederte Projektorganisation gebildet; dennoch kann die als Stabsstelle ausgegliederte Projektleitung eine Vorgesetztenrolle mit direktem Einfluss auf Linien übernehmen.

Meilenstein Meilensteine sind besondere Ereignisse oder klar erkennbare Ergebnisse im Projekt, die keine zugewiesenen betrieblichen Ressourcen und Dauern haben, sondern nur ein bestimmtes Datum.

Meilensteinplan Der Meilensteinplan bietet eine Terminübersicht der Meilensteine.

Meilensteintrendanalyse Die Meilensteintrendanalyse ist ein Verfahren zur Terminkontrolle anhand von Meilensteinen.

Minimal Viable Product Der Begriff „Minimal Viable Product" ist der englische Ausdruck für „kleinstes funktionsfähiges Produkt". Eine Voraussetzung für die Umsetzung des inkrementellen Projektlebenszyklus ist die Möglichkeit, zu geplanten Zeitpunkten kleinste funktionsfähige Produkte übergeben zu können.

Monitoring Die Aufgaben des Monitorings sind Bestandteil des Projektcontrollings zur Generierung von Performance-Daten, Performance-Parametern und die Kommunikation von Performance-Information.

Netzplan Netzpläne dienen der grafischanalytischen Darstellung komplexer Prozesse mit parallelen Abläufen und logischen Verknüpfungen für die Planung, die Koordinierung und das Controlling.

Nicht-Ziel Nicht-Ziele halten fest, welche Eventualitäten wegen fehlender Relevanz für das Projekt nicht innerhalb des Projektrahmens realisiert werden sollen.

Personal Personal, als Ressource, stellt Kompetenzen zur Verfügung und verrichtet Arbeit.

Plan-Kosten Die Plan-Kosten (auch Soll-Kosten) sind die finanziellen Aufwände, die bis zu einem betrachteten Termin im Projekt oder für einen Arbeitsvorgang laut Plan anfallen werden.

Planning Poker Das Planning Poker ist eine Methode zur Schätzung der Menge von Story Points von Aufgaben bzw. User Stories.

Planungsdreieck Die Leistungsplanung, die Ablauf-, Fristen- und Terminplanung sowie die Ressourcen- und Kostenplanung bilden das Planungsdreieck, welches in die Risikoplanung eingebettet ist.

Planungsphase Die Planungsphase lässt sich als Teil der Startphase betrachten und grenzt unmittelbar am Beginn der Umsetzungs- bzw. der Ausführungsphase an. In der Planungsphase wird ein vollständiger Projektplan in Form von Leistungs-, Ablauf-/Termin-, Ressourcen- und Kostenplänen sowie Risikoplänen erstellt, weshalb die Projektdefinition die wichtigste Voraussetzung für die Planungsphase ist.

Portfolio-Technik Bei der Risikoplanung dient die Portfolio-Technik der Bewertung von Chancen und Risiken hinsichtlich Konsequenzen und Eintrittswahrscheinlichkeiten sowie Auswirkungen von Maßnahmen zur Risikominimierung- bzw. Chancenmaximierung.

Product Backlog Anforderungen an das Produkt oder die Dienstleistung werden im Product Backlog mit absteigender Priorität gelistet.

Product Owner*in Der oder die Product Owner*in kann als Interessenvertreter*in der

Stakeholder*innen, z. B. Kund*innen oder User*innen, betrachtet werden und ist für die Aktualität des Product Backlog verantwortlich.

Produkt Der Begriff „Produkt" steht im Projektmanagement für ein physisches Objekt, eine Dienstleistung oder eine Lösung für ein Problem.

Produktanforderung Siehe Anforderung an das Produkt.

Produktinkrement Ein Produktinkrement ist eine fortschrittliche Erweiterung oder abgegrenzte Verbesserung des Produktes während der Entwicklung in Richtung des finalen Produktes bzw. des Produkt-Ziels (bei Scrum).

Produktversion Eine Produktversion ist ein abgegrenztes Produktinkrement mit teilweise integrierten Funktionalitäten, die den Stakeholder*innen bzw. den Kund*innen oder User*innen zur Testung übergeben werden können.

Produkt-Ziel Bei Scrum stellt das Produkt-Ziel den Zustand des finalen Produktes dar, welcher durch die Anforderungen im Product Backlog festgelegt wird.

Projekt Ein Projekt ist ein einmaliges Vorhaben, welches sich im Wesentlichen durch die Merkmale „Neuartigkeit", „zeitliche Abgrenzung" und konkrete Ziele (Sach- und Formalziele) von Nicht-Projekten abgrenzt.

Projektauftraggeber*in Der oder die Projektauftraggeber*in ist der oder die Stakeholder*in, der oder die das Projekt in Auftrag gibt; häufig handelt es sich hierbei um Kund*innen oder Anwender*innen.

Projektbedarf Wenn sich eine Projektidee als projektwürdig erweist, ergibt sich ein Projektbedarf.

Projektbudget Das Projektbudget entspricht den Plan-Kosten oder finanziellen Aufwänden, die laut Plan bis zum Projektende kumulieren, d. h. budgetiert wurden.

Projektcode Ein Projektcode oder eine Projektnummer ermöglichen eine eindeutige Identifikation des Projektes.

Projektcontrolling Das Projektcontrolling ist ein Sammelbegriff für eine Reihe von Aufgaben, die fester Bestandteil eines Projektmanagement-Regelkreises sind, darunter a) Leisten von Hilfestellung bei der Festlegung von Projektzielen und Erfolgskriterien, b) Entwicklung von Kennzahlen- und Mess-Systemen, c) Implementierung von Controllingstandards und -zyklen, d) Soll-/Ist-Vergleiche der Projektpläne, e) Vorschlagen von Steuerungsmaßnahmen, f) Erstellung von Projektberichten, g) Erstellung der Projektdokumentation und h) Verfolgung der Projektumfeldentwicklung.

Projektdefinition Die Projektdefinition enthält eine genaue Darstellung der Projektziele unter Berücksichtigung des Projektumfeldes, einen Meilensteinplan, eine inhaltliche Beschreibung des Projektvorhabens, eine zeitliche, organisatorische und kostenmäßige Abgrenzung sowie kritische Erfolgsfaktoren.

Projektidee Die Projektidee gibt mögliche Chancen bzw. den Wunsch des oder der Kund*in (Projektauftraggeber*in) in einer sehr allgemeinen Form wieder und muss erst auf Projektwürdigkeit geprüft werden.

Projektkonsortium Siehe Konsortium.

Projektlaufzeit Die Zeitspanne zwischen dem Anfangs- und dem Endtermin des Projektes.

Projektlebenszyklus Der Projektzyklus wird durch die Anordnung und die Häufigkeit der Projektphasen nach einem gewählten Vorgehensmodell bestimmt.

Projektleiter*in Der oder die Projektleiter*in ist hauptverantwortlich für die Projektmanagementaufgaben, d. h. die Projektplanung, das Projektcontrolling, das Organisieren (Projektadministration) und die Projektführung.

Projektlenkungsausschuss Der Projektlenkungsausschuss ist eine dem Projekt übergeordnete Instanz, die zur Koordination der Arbeit zwischen der Projektorganisation und dem Unternehmen dient. Aufgaben des Projektlenkungsausschusses sind die Verabschiedung der Projektziele, die begleitende Kontrolle und die Entscheidung über die Erreichung oder Nichterreichung der Ziele.

Projektmanagement Das Projektmanagement ist ein Sammelbegriff für sämtliche Aufgaben, welche das Projektmanagement betreffen (siehe Projektmanagementaufgaben).

Projektmanagementaufgaben Die Projektmanagementaufgaben sind vier Kategorien von Managementaufgaben, für welche die

Projektleitung die Hauptverantwortung trägt, darunter die Planung, das Controlling, das Organisieren (Projektadministration) und die Leitung und Führung des Projektes.

Projektmanager*innen   Siehe Projektleiter*in.

Projektname   Der Projektname ermöglicht eine Identifikation und Kommunikation der Projektziele.

Projektnummer   Siehe Projektcode.

Projektorganisationen   Abhängig vom Aufbau und der Verbindung zur Unternehmensorganisation kann man grundsätzlich zwischen reiner Projektorganisation, Stab-Projektorganisation, Matrix-Projektorganisation, Expert*innen-Pool-Projektorganisation und Projektkonsortium unterscheiden.

Projektphase   Typischerweise durchläuft ein Projekt, insbesondere ein deterministisches, eine Reihe von Projektphasen.

Projektplanung   Die Planungsphase liefert einen vollständigen Projektplan in Form von Leistungs-, Ablauf- / Termin-, Ressourcen- und Kostenplänen sowie Risikoplänen.

Project Scope   Der Projekt Scope fasst die zu erbringenden Leistungen hinsichtlich Inhalt, Umfang und Qualität zusammen.

Projektsteckbrief   Der Projektsteckbrief ist eine formularartige Aufbereitung der Projektdefinition.

Projektstrukturplan   Der Projektstrukturplan gliedert und stellt alle Arbeitsvorgänge (Hauptaufgaben, Teilaufgaben und Arbeitspakete) nach funktionalen, phasenorientierten oder organisatorischen Gesichtspunkten dar.

Projektumfeld   Das Projektumfeld fasst alle internen und externen Stakeholder*innen (Interessengruppen) zusammen, die direkt oder indirekt das Projekt beeinflussen oder vom Projekt beeinflusst werden.

Projektumfeldanalyse   Mittels Projektumfeldanalyse werden alle Stakeholder*innen systematisch erfasst, um Probleme im Projektumfeld frühzeitig erkennen und effektiv beseitigen zu können.

Projektziele   Im Sinne der Projektplanung ist ein Ziel jener Zustand, der mittels eines Planes (als eine sinnvolle Reihenfolge von Aktionen) erreicht werden soll.

Pufferzeit   Inwieweit eine Verschiebung der frühesten Termine von Arbeitsvorgängen möglich ist, ohne Termine von nachfolgenden Vorgängen zu gefährden oder eine Termineinschränkung zu überschreiten, wird durch die Pufferzeiten ausgedrückt.

Pull-Prinzip   Ein wesentlicher Aspekt des Kanban-Prinzips ist die Bewegung der Tasks durch die Bearbeitungsschritte hindurch mittels Pull-Prinzip. Das bedeutet, die Teammitglieder übernehmen selbstständig Tasks zur Bearbeitung und „ziehen" die Aufgaben durch das Projekt.

Refinement   Das Zerlegen von Einträgen im Product Backlog in kleinere Elemente wird Refinement genannt.

Reine Projektorganisation   Eine reine Projektorganisation wird zeitlich begrenzt, parallel zur Unternehmensorganisation, als selbstständiges Projektteam aufgebaut.

Release Plan   Der Release Plan ergibt sich aus der Festlegung von Terminen für bestimmte Produktinkremente oder Produktversionen.

Release Planning   Das Release Planning ist die Terminierung für die Erstellung oder Übergabe geplanter Produktinkremente oder Produktversionen.

Ressource   Ressourcen sind alle Einsatzmittel, die zur Projektabwicklung notwendig sind.

Ressourcenhistogramm   Das Ressourcenhistogramm dient der übersichtlichen Darstellung von Auslastungen oder Überlastungen einzelner Ressourcen.

Ressourcenleistung   Die Ressourcenleistung entspricht dem Quotienten von Arbeit und Dauer.

Ressourcenmenge   Die Ressourcenmenge entspricht dem Quotienten von Ressourcenleistung und Kapazität (einer Ressource).

Ressourcenplan   In Abhängigkeit vom Terminplan geht es bei der Ressourcenplanung um das Finden eines optimalen Ressourceneinsatzes, welcher die Gesamtkosten des Projektes minimiert und die Wertschöpfung des Projektes maximiert.

Risiko   Risiko wird als Erwartungswert für das Eintreffen bestimmter finanzieller Konsequenzen interpretiert.

Risikoplanung   Die Risikoplanung fasst sämtliche Aufgaben zusammen, die das Erkennen von Risiken (oder Chancen), die Bewertung von Risiken (oder Chancen) und das Setzen angemessener Maßnahmen zur Risikominimierung (oder Chancenmaximierung) betreffen.

Risikoportfolio Das Risikoportfolio ist eine Liste sämtlicher Risiken (oder Chancen), bewertet hinsichtlich Konsequenzen und Eintrittswahrscheinlichkeiten.

Risikoprioritätszahl Die Risikoprioritätszahl (RPZ) eines Risikos (oder einer Chance) ist das Produkt von Konsequenz und Eintrittswahrscheinlichkeit.

Rückwärtsterminierung Bei der Rückwärtsterminierung wird zur Errechnung von Dauern und Terminen bzw. einem Anfangstermin von einem definierten Endtermin ausgegangen.

Sachziele Die Sachziele richten ein Projekt auf die globale inhaltliche Problemlösung aus.

Scrum Scrum ist ein im offiziellem Scrum Guide von Ken Schwaber und Jeff Sutherland festgehaltenes Rahmenwerk zur Anwendung der agilen Handlungsprinzipien.

Scrum-Artefakt Der offizielle Scrum Guide von Ken Schwaber und Jeff Sutherland definiert drei Scrum-Artefakte, darunter der Product Backlog, der Sprint Backlog und das Increment; diese werden im Zuge der Scrum Events erstellt oder aktualisiert.

Scrum Event Der offizielle Scrum Guide von Ken Schwaber und Jeff Sutherland definiert fünf Ereignisse (Scrum Events), darunter der Sprint, das Sprint Planning, das Daily Scrum, das Sprint Review und die Sprint Retrospective.

Scrum Guide Der offizielle Scrum Guide von Ken Schwaber und Jeff Sutherland legt die „Spielregeln" zur Anwendung von Scrum als agiles Vorgehen fest.

Scrum Master*in Der oder die Scrum Master*in ist eine der drei Scrum-Rollen und ist für die Erschaffung und Aufrechterhaltung der Rahmenbedingungen verantwortlich, die das Scrum Team benötigt, um effektiv arbeiten zu können.

Scrum-Rollen Der offizielle Scrum Guide von Ken Schwaber und Jeff Sutherland definiert drei Scrum-Rollen, darunter der oder die Developer*innen, der oder die Scrum Master*in und der oder die Product Owner*in.

Scrum Team Das Scrum Team setzt sich laut offiziellem Scrum Guide von Ken Schwaber und Jeff Sutherland aus zehn oder weniger Teammitgliedern zusammen, die eine der drei Scrum-Rollen einnehmen: ein*e Scrum Master*in, ein*e Product Owner*in und die Developer*innen.

Soll-Kosten Siehe Plan-Kosten.

Spätester Termin Ein spätester Anfang und ein spätestes Ende sind die Termine, wann ein Arbeitsvorgang laut Plan spätestmöglich angefangen bzw. abgeschlossen werden muss, sodass es zu keinen Verschiebungen von nachfolgenden Arbeitsvorgängen oder dem Projektende kommt.

Sprint Ein Sprint zählt zu einem der fünf Scrum Events, wobei ein Sprint eine Iteration der sequenziellen Abfolge der Sprint Events ist: 1) das Sprint Planning, 2) der Sprint, 3) das Daily Scrum, 4) das Sprint Review und die 5) Sprint Retrospective. Ein Sprint folgt dem anderen und nach jedem Sprint entsteht ein neues Increment.

Sprint Backlog Der Sprint Backlog setzt sich aus dem Sprint-Ziel, der im Sprint zu erledigenden Tasks und dem Plan zur Erledigung der Tasks (Sprint Plan) zusammen.

Sprint Mapping Die Zuordnung von Product-Backlog-Einträgen zur Erledigung in bestimmten Sprints nennt man Sprint Mapping und ist somit eine Konsequenz des Sprint Planning.

Sprint Plan Der Sprint Plan ist ein Plan zur Erledigung ausgewählter Tasks innerhalb eines Sprints. Er ist Teil des Sprint Backlog und wird beim Sprint Planning vom Scrum Team erstellt.

Sprint Planning Im Sprint Planning erstellt das Scrum Team den Sprint Backlog, der das Sprint-Ziel, die zu erledigenden Tasks bzw. Product-Backlog-Einträge und den Sprint Plan zur Umsetzung des für den Sprint vorgesehenen Increments.

Sprint-Projekt In Sprint-Projekten erfolgt die Produktentwicklung inkrementell in Sprint-ähnlichen Iterationen, üblicherweise nach Scrum oder in Anlehnung an das Scrum Rahmenwerk.

Sprint Retrospective Die Sprint Retrospective ist eines der fünf Scrum Events und bildet den

Abschluss eines Sprints. Bei der Sprint Retrospective reflektiert das Scrum Team die gemeinsame Arbeitsweise mit dem Hintergrund, diese in den zukünftigen Sprints effizienter zu gestalten.

Sprint Review   Das Sprint Review ist eines der fünf Scrum Events und innerhalb eines Sprints das vorletzte Meeting, bei dem das Scrum Team zusammen mit den relevanten Stakeholder*innen fertiggestellte Tasks bzw. User Stories mit Hinblick auf das Produkt-Ziel untersucht und bestehende Product-Backlog-Einträge diskutiert und aktualisiert.

Sprint-Ziel   Das Sprint-Ziel legt den Beitrag der im Sprint umzusetzenden Tasks (Aufgaben) zur Erreichung des Produkt-Ziels fest.

Stab-Projektorganisation   Bei der Stab-Projektorganisation bleiben die Projektmitarbeiter*innen in ihren organisatorischen Einheiten eingegliedert und die Einflussmöglichkeiten der Projektleitung beschränken sich auf koordinierende und beratende Tätigkeiten.

Stakeholder*in   Stakeholder*innen können Individuen, Institutionen oder Interessenvertretungen sein, welche aktiv am Projekt beteiligt sind oder vom Projekt bzw. durch das Projektergebnis beeinflusst werden können.

Stakeholder*innen-Analyse   Siehe Projektumfeldanalyse.

Stakeholder*innen-Portfolio   Das Stakeholder*innen-Portfolio ist eine Liste sämtlicher Stakeholder*innen (Personen oder Interessengruppen), bewertet hinsichtlich verschiedener Einflussfaktoren in Bezug auf die Projektergebnisse.

Startphase   Die Startphase kann als Zusammenfassung einer Initialisierungs-, einer Explorations- und einer Planungsphase verstanden werden, denn in der Startphase werden alle notwendigen Vorbereitungen getroffen, um in der anschließenden Ausführungsphase die Projektidee umzusetzen.

Stichtag   Ein Stichtag ist ein Termin eines besonderen Ereignisses und deshalb mit einem Meilenstein vergleichbar.

Story Point   Story Points reflektieren den erwarteten zeitlichen Aufwand einer User Story, einer Anforderung oder einer Aufgabe basierend auf den Erfahrungen und den Kompetenzen, die das Team zur Bearbeitung einbringen kann, sowie potenzielle Risiken für Verzögerungen.

Task   Der Begriff „Task" ist das englische Wort für „Aufgabe".

Task Board   Ein Task Board wird für die Visualisierung eines Arbeitsflusses verwendet, denn es bietet eine aktuelle Übersicht über den Status einzelner Tasks. Das Anwendungsprinzip des Task Board ist vergleichbar mit dem Kanban Board.

Teilaufgabe   Eine Teilaufgabe ist ein Sammelvorgang bzw. ein Arbeitsvorgang und ist einer Hauptaufgabe untergeordnet. Eine Teilaufgabe kann in weitere Teilaufgaben oder Arbeitspakete (unterste Ebene von Arbeitsvorgängen) zergliedert werden.

Termineinschränkung   Eine Termineinschränkung legt eine zeitliche Begrenzung oder einen Termin fest, bis oder ab wann ein Arbeitsvorgang oder ein Ereignis angefangen oder abgeschlossen werden muss.

Terminplanung   Bei der Terminplanung werden die Fristen aus dem Fristenplan mit Kalenderdaten hinterlegt.

Timebox   Als Timebox wird eine zeitliche Begrenzung eines Ereignisses bezeichnet (vergleichbar mit der Dauer eines Arbeitsvorganges).

User*in   Siehe Anwender*in.

User Story   Die User Story ist ein Prinzip zur Formulierung einer Anforderung sowie deren (potenzieller) Nutzen bei Erfüllung in einem Satz und aus der Perspektive des oder der User*in.

Variable-Scope-Release Burnup-Chart   Ein Variable-Scope-Release Burnup-Chart dient der Darstellung des zeitlichen Verlaufs von abgeschlossenen Aufgaben oder Story Points, indem Rückstände oder Vorsprünge gegenüber einen sich ändernden Pensum von Aufgaben oder Story Points ersichtlich werden.

Velocity   Die Velocity (deutsch: Geschwindigkeit) ist ein Maß dafür, wie viele Story Points das Team in einer bestimmten Zeiteinheit (z. B. die Timebox des Sprints) erledigen kann.

Vorgehensmodell   Ein Vorgehensmodell dient der Einteilung der Projektphasen in einem zweckerfüllenden, chronologischen Kontext.

Vorprojektphase Die Vorprojektphase kann als Teil der Startphase betrachtet werden und als übergeordnete Phase der Initialisierungs- und Explorationsphase.

Vorwärtsterminierung Bei der Vorwärtsterminierung wird zur Errechnung von Dauern und Terminen bzw. einem Endtermin von einem definierten Anfangstermin ausgegangen.

Wasserfallmodell Das Wasserfallmodell ist ein deterministisches Vorgehensmodell, bei dem jede Phase sequenziell durchlaufen wird und das Projektergebnis (Produkt oder Dienstleistung) erst am Projektende übergeben wird.

Work-in-Progress Als Kennzahl zur Analyse des Kanban Boards entspricht der Work-in-Progress (WIP) der gesamten Anzahl von Tasks in einem bestimmten Arbeitsschritt (Summe der Tasks in den Sub-Silos „In Arbeit" und „Erledigt" des Arbeitsschritts).

Work-in-Progress-Limit Mit dem Festlegen eines Work-in-Progress-Limits wird das Maximum möglicher Aufgaben in einzelnen Arbeitsschritten festgelegt, um einen kontinuierlichen Arbeitsfluss (bei der Anwendung von Kanban) zu gewährleisten

MIX
Papier aus verantwortungsvollen Quellen
Paper from responsible sources
FSC® C105338

If you have any concerns about our products,
you can contact us on
ProductSafety@springernature.com

In case Publisher is established outside the EU,
the EU authorized representative is:
Springer Nature Customer Service Center GmbH
Europaplatz 3, 69115 Heidelberg, Germany

Printed by Libri Plureos GmbH
in Hamburg, Germany